SÉRIES DE SERMÕES — C. H. SPURGEON

SERMÕES DE
SPURGEON
SOBRE AS GRANDES ORAÇÕES
DA BÍBLIA

SÉRIES DE SERMÕES — C. H. SPURGEON

SERMÕES DE
SPURGEON
SOBRE AS GRANDES ORAÇÕES
DA BÍBLIA

C. H. SPURGEON

© 1995 by Charles Haddon Spurgeon under the title
Spurgeon's Sermons on Great Prayers of the Bible.
Originally published in the USA by Kregel Publications, Grand Rapids, Michigan.
Translated and printed by permission. All rights reserved.

Coordenação editorial: Dayse Fontoura
Tradução: Maria Emília de Oliveira, Dayse Fontoura
Revisão: Lozane Winter, Rita Rosário
Projeto gráfico: Audrey Novac Ribeiro
Capa e diagramação: Audrey Novac Ribeiro

Dados Internacionais de Catalogação na Publicação (CIP)

Spurgeon, Charles Haddon, 1834–92.
Sermões de Spurgeon sobre as grandes orações da Bíblia, Charles Haddon Spurgeon.
Tradução: Maria Emília de Oliveira, Dayse Fontoura — Curitiba/PR, Publicações Pão Diário.
Título original: *Spurgeon's Sermons on Great Prayers of the Bible*
1. Teologia prática   2. Religião prática   3. Vida cristã

Proibida a reprodução total ou parcial, sem prévia autorização, por escrito, da editora.

Todos os direitos reservados e protegidos pela Lei 9.610, de 19/02/1998.

Exceto quando indicado no texto, os trechos bíblicos mencionados são da edição Revista e Atualizada de João Ferreira de Almeida © 2009 Sociedade Bíblica do Brasil.

Publicações Pão Diário
Caixa Postal 4190,
82501-970 Curitiba/PR, Brasil
publicacoes@paodiario.com
www.paodiario.com
Telefone: (41) 3257-4028

CJ199
ISBN: 978-1-68043-376-0

1.ª edição: 2018• 3.ª impressão: 2021

Impresso no Brasil

SUMÁRIO

Apresentação.. 7

1. A mediação de Moisés
   (Êx 32:14) 9
2. O pedido de Acsa — um modelo de oração
   (Jz 1:12-15) 25
3. A oração de Jabez
   (1 Cr 4:10) 41
4. Os dois guardas — orando e vigiando
   (Ne 4:9) 61
5. A oração do jovem
   (Sl 90:14) 77
6. A oração do estudante
   (Sl 119:27) 99
7. Jesus intercede pelos transgressores
   (Is 53:12) 121
8. Daniel — um modelo para os que suplicam
   (Dn 9:19) 143
9. Não nos deixes cair em tentação
   (Mt 6:13) 161
10. A menor oração de Pedro
    (Mt 14:30) 183

11. As orações preparatórias de Cristo
    (Lc 3:21,22; 6:12,13; 9:28,29; Mt 14:23-25;
    Jo 11:41,42; Lc 22:31,32; 23:46) 199
12. A oração do Redentor
    (Jo 17:24) 217
13. A primeira doxologia de João
    (Ap 1:5,6) 235

APRESENTAÇÃO

Uma voz poderosa no púlpito. Assim, podemos definir o "Príncipe dos pregadores", Charles H. Spurgeon. No entanto, o poder de Deus não se manifestava somente em seu ministério nas plataformas das igrejas. Sua vida de oração e os resultados advindos dela são inspiração para os cristãos de qualquer era.

Harold Lindsell, autor do livro *When you pray* (Quando você ora), relata sobre uma ocasião em que uma família, na Inglaterra, pediu que Spurgeon fizesse publicamente uma oração pela salvação de um parente que morava na Austrália. Esse parente jamais vira ou ouvira Spurgeon, mas no mesmo momento em que o pregador orava, esse homem recebeu, pelo Espírito Santo, profunda convicção de pecado e entregou sua vida a Jesus.

Neste volume, você verá o coração pulsante desse importante servo de Deus por uma vida de oração e como instruía suas ovelhas a elevarem preces simples, mas sinceras ao Pai. Personagens do Antigo e Novo Testamento são usados como ilustração de como a fé bíblica e a proximidade com o Senhor podem transformar realidades. Nas palavras do próprio Spurgeon:

> *Agora, amados, vocês realmente desejam atingir as maiores realizações possíveis na vida cristã? No mais profundo de sua alma anseiam pelas alegrias mais seletas que podem ser conhecidas por seres humanos deste lado do Céu? Almejam erguer-se à plena comunhão com o Senhor Jesus Cristo*

*e serem transformados à Sua imagem
de glória em glória? Se sim, o caminho está aberto diante
de vocês agora; é o caminho da oração e somente
lá encontrarão bênçãos inestimáveis.*

Nosso desejo é que você conheça melhor a essência de Deus e ande em conformidade com Sua vontade, tendo sempre Jesus como modelo da vida rendida à vontade do Pai.
Inspire-se!

Dos editores

1

A MEDIAÇÃO DE MOISÉS

Então, se arrependeu o SENHOR
*do mal que dissera havia de fazer
ao povo* (Êxodo 32:14).

 uponho que não necessito dizer que esse versículo fala à maneira dos homens. Não sei de que outra maneira poderíamos exprimir. Falar de Deus como Ele fala de si mesmo está reservado ao próprio Deus, e os homens mortais não poderiam compreender essa fala. Nesse sentido, o Senhor fala com frequência, não de acordo com o fato literal, mas de acordo com a aparência das coisas para nós, a fim de que possamos entender até onde o humano é capaz de compreender o divino. Os propósitos do Senhor não mudam nunca. Sua vontade eterna será sempre a mesma, porque Ele não pode mudar, uma vez que teria de mudar para melhor ou para pior. O Senhor não pode mudar para melhor, porque Ele é infinitamente bom; seria uma blasfêmia supor que Ele pudesse mudar para pior. Aquele que vê tudo de uma só vez e percebe em um rápido

olhar o começo e o fim de todas as coisas, não necessita arrepender-se. "Deus não é homem, para que minta; nem filho de homem para que se arrependa". Porém, no decorrer de Sua ação, parece-nos haver, às vezes, uma grande mudança. E, da mesma forma que dizemos que o Sol nasce e se põe — embora na verdade ele não faça isso — e não nos enganamos quando nos expressamos dessa maneira, dizemos a respeito de Deus, na linguagem usada no texto: "Então, se arrependeu o Senhor do mal que dissera havia de fazer ao povo". Parece-nos ser assim, e é assim no agir de Deus; no entanto, essa afirmação não deixa nem uma dúvida sobre a grandiosa e gloriosa doutrina da imutabilidade de Deus.

Falando à maneira dos homens, a mediação de Moisés forjou essa mudança na mente do Senhor. O Deus em Moisés parecia sobrepujar o Deus fora de Moisés. Deus no Mediador, o Homem Jesus Cristo, aparenta ser mais misericordioso que o Deus afastado do Mediador. As palavras de nosso texto são maravilhosas demais e merecem nossa mais sincera e cuidadosa consideração.

Pensem, apenas por um instante, em Moisés lá no alto, em serena solidão com Deus. Moisés havia deixado as tendas de Israel no sopé da montanha e atravessado o círculo místico de fogo do qual ninguém pode aproximar-se, a não ser aquele que foi especialmente convidado, e ali, a sós com Deus, Moisés passou um tempo glorioso de comunhão com o Altíssimo. Ouviu com atenção as instruções do Todo-Poderoso a respeito do sacerdócio, do Tabernáculo e do altar; estava desfrutando de uma paz profunda na mente quando, de repente, ele se sobressaltou. Todo o tom do discurso do Senhor parece ter mudado e Ele diz a Moisés: "Vai, desce; porque o teu povo, que fizeste sair do Egito, se corrompeu". É difícil imaginar que pensamentos passaram pela mente do grande líder. Como Moisés deve ter tremido na presença de Deus! Toda a alegria que ele sentira parecia ter desaparecido, deixando, no entanto, para trás um pouco da força que sempre se origina da comunhão com Deus. Agora, aquele Moisés necessitava dessa força como talvez nunca houvera necessitado em toda sua vida, porque aquele era o período crucial na sua história, sua mais severa provação, quando, a sós com Deus no pico do monte, ele foi chamado a sair da serenidade feliz de seu espírito e a ouvir a voz de um Deus irado, dizendo: "Agora, pois, deixa-me, para que se acenda contra eles o meu furor, e eu os consuma".

A linguagem de Deus foi muito dura, e deveria ser depois de tudo o que Ele havia feito por aquele povo. Quando o cântico de Miriã mal havia terminado, quando quase podíamos ouvir os ecos daquele som jubiloso: "Cantarei ao Senhor, porque triunfou gloriosamente; lançou ao mar o cavalo e o seu cavaleiro", podíamos também ouvir, logo em seguida, um grito diferente: "Levanta-te, faze-nos deuses". Na presença do bezerro feito por Arão, as mesmas pessoas exclamaram em tom de blasfêmia: "São estes, ó Israel, os teus deuses, que te tiraram da terra do Egito". Essa prostituição da língua do povo ao proferir blasfêmias terríveis contra Jeová, essa distorção da verdade em relação aos mais torpes falsos deuses devem certamente ter provocado a ira do Deus justo e zeloso.

É importante notar que Moisés não se perdeu naquele momento de provação. Lemos a seguir: "Moisés suplicou ao Senhor, seu Deus". Sem dúvida, ele era um homem de oração, mas precisava estar continuamente em espírito de intercessão, do contrário eu poderia imaginá-lo, naquele momento, caindo com o rosto em terra, imóvel e em terrível silêncio. Poderia imaginá-lo precipitando-se monte abaixo com uma pressa exacerbada para ver o que o povo havia feito. No entanto, é maravilhoso saber que ele não fez nenhuma dessas duas coisas, mas começou a orar. Ah, amigos, se fizéssemos da oração um hábito, saberíamos como orar quando os tempos de orar se tornam mais prementes que o normal! O homem que vai lutar com o anjo precisa antes estar familiarizado com os anjos. Vocês não podem entrar em seu quarto, fechar a porta e começar a fazer uma poderosa oração intercessora se nunca estiveram diante do propiciatório.

Não, Moisés é "o homem de Deus". Lembrem-se de que ele nos deixou uma oração, no Salmo 90, cujo título é o seguinte: "Oração de Moisés, homem de Deus". Não há homem de Deus se não houver oração, porque a oração transforma o homem em homem de Deus. Portanto, instintivamente, embora perplexo e triste ao extremo, Moisés está ajoelhado, suplicando ao Senhor seu Deus.

NADA É CAPAZ DE IMPEDIR O VERDADEIRO ESPÍRITO DE AMOR DE SUPLICAR PELOS OBJETOS DE SEU AMOR

Havia muitas coisas que poderiam ter impedido Moisés de fazer uma oração intercessora, e a primeira era *o alarmante tamanho do pecado do povo*. O próprio Deus disse isso a Moisés em linguagem muito forte. Ele disse: "...o teu povo [...] se corrompeu e depressa se desviou do caminho que lhe havia eu ordenado; fez para si um bezerro fundido, e o adorou, e lhe sacrificou, e diz: São estes, ó Israel, os teus deuses, que te tiraram da terra do Egito". Essa acusação terrível vinda da boca de Deus, com palavras do próprio Senhor, deve ter impressionado grandemente Moisés com a marca terrível do pecado de Israel, porque, mais adiante, o encontramos dizendo a Deus: "Ora, o povo cometeu grande pecado, fazendo para si um deus de ouro". Aconteceu com vocês, suponho, da mesma forma que aconteceu comigo. Ao ver um grande pecado, quase hesitamos em orar por isso. A pessoa pecou de modo tão brutal, sob circunstâncias tão peculiarmente deploráveis, transgrediu de modo tão premeditado e sem a menor justificativa, que nos sentimos empurrados do propiciatório e impedidos de suplicar por tal pecador, mas não foi assim com Moisés. A idolatria é um pecado terrível, porém Moisés não deixou de suplicar o perdão por ela. A idolatria do povo deixa-o atônito, sua ira acende-se contra ela e, ainda assim, ele continua suplicando pelos transgressores. O que mais ele poderia fazer a não ser orar? E ele o faz da melhor maneira possível. Ah, quando vemos um grande pecado, nunca devemos dizer: "Estou horrorizado; não posso orar por essa pessoa; sinto-me enojado; eu a abomino". Algum tempo atrás, tomamos conhecimento dos crimes mais abomináveis nesta grande cidade, dos quais não podemos sequer esquecer completamente; devo confessar que, às vezes, senti que não conseguiria orar por algumas daquelas pessoas desprezíveis que pecaram de modo tão vil. Precisamos, porém, nos livrar desse tipo de sentimento e, mesmo na presença da iniquidade mais atroz, temos de continuar a dizer: "Orarei por esses pecadores de Jerusalém, para que Deus os liberte da escravidão de seus pecados".

Um segundo aspecto que poderia ter sido um obstáculo para Moisés não foi apenas o pecado, mas *a evidente obstinação daqueles que haviam cometido o pecado*. Pelo fato de conhecer o coração de Deus, Moisés tinha provas de que aquele povo era extremamente perverso. O Senhor disse: "Tenho visto este povo, e eis que é povo de dura cerviz". Pobre Moisés! Ele teve de aprender, nos anos seguintes, a grande verdade contida nessas palavras, porque embora ele derramasse sua alma em favor do povo e fosse tão zeloso quanto a ama ao cuidar de uma criança, eles sempre o irritavam e lhe aborreciam o espírito a ponto de Moisés clamar ao Senhor: "Concebi eu, porventura, todo este povo? Dei-o à luz, para que me digas: Leva-o ao teu colo, como a ama leva a criança que mama, à terra que, sob juramento, prometi a teus pais?". Moisés estava esmagado sob o peso da perversidade de Israel, contudo, apesar de o próprio Deus ter-lhe dito que o povo era de dura cerviz, Moisés rogou ao Senhor em favor daqueles obstinados pecadores.

E terceiro, a oração de Moisés poderia ter sido impedida em razão da *grande da ira de Deus*, mas ele disse: "Por que se acende, Senhor, a tua ira contra o teu povo?". Devo orar pelo homem com quem Deus está irado? Devo atrever-me a ser um intercessor diante de Deus, que tem razão para estar irado? Ora, alguns de nós raramente oramos ao Deus misericordioso nesta dispensação do evangelho no qual Ele é cheio de bondade e longanimidade; há algumas pessoas que professam ser povo de Deus, mas pouco intercedem pelos ímpios. Receio que, se elas já presenciaram a ira de Deus, tenham dito: "Não vale a pena orar por aqueles idólatras. Deus não se ira sem motivo. Ele sabe o que faz, e eu preciso deixar esse assunto como está". Mas o amor poderoso ousa lançar-se sobre a própria face, mesmo perante um Deus irado; ousa lhe suplicar e perguntar: "Por que se acende a tua ira?", embora conheça o motivo e não lance culpa alguma sobre a justiça de Deus. Sim, juntos, o amor e a fé proporcionam uma ousadia tão santa no coração dos homens de Deus que eles podem aproximar-se da presença do Rei dos reis e prostrar-se diante dele, mesmo quando Ele está irado, e dizer: "Ó Deus, salva teu povo; tem misericórdia daqueles com quem estás merecidamente irado"!

Talvez haja ainda algo mais extraordinário: Moisés não foi impedido de orar a Deus, embora *ele tivesse se solidarizado com Deus em Sua ira*, em grande medida nessa ocasião e muito mais depois. Lemos como a ira de Moisés se acendeu quando ele viu o bezerro e as danças; vocês podem ver o homem santo atirando as preciosas tábuas no chão de terra, considerando-as sagradas demais para que os olhos ímpios dos idólatras as contemplassem? Ele salva as tábuas, por assim dizer, da profanação do contato com pessoas que cometeram tão grave pecado, reduzindo-as a pequenos fragmentos no chão. Vocês conseguem ver como os seus olhos lançam faíscas quando ele derruba o ídolo do povo, queima-o, o reduz a pó, espalhando-o sobre a água e dando-o de beber aos israelitas? Ele quer ter certeza de que o ídolo chegará às entranhas do povo; eles saberão que tipo de coisa é aquilo que chamaram de deus. Moisés estava extremamente indignado com Arão; quando ordenou aos filhos de Levi que pegassem a espada da vingança e matassem os rebeldes audaciosos, sua ira estava no auge, e com razão. No entanto, ele ora pelos pecadores. Ó, jamais permitam que sua indignação contra o pecado o impeça de orar pelos pecadores! Se a tempestade vier e seus olhos lançarem chamas e as palavras de seus lábios soarem como trovões ensurdecedores, ainda assim permitam que as gotas prateadas das lágrimas misericordiosas rolem por seu rosto e orem ao Senhor para que a chuva abençoada seja aceitável a Ele, principalmente quando suplicarem em nome de Jesus. Nada pode impedir o verdadeiro amor na alma dos homens de suplicar pelos pecadores; não, nem mesmo em nossa mais ardente indignação contra a abominável iniquidade. Nós o vemos e todo o nosso sangue ferve, mas nós nos ajoelhamos e clamamos: "Deus, tem misericórdia destes grandes pecadores e perdoa-lhes, em nome de Jesus!".

Há outro impedimento à oração de Moisés maior do que aqueles que mencionei: *o pedido de Deus para que a súplica cessasse*. O próprio Senhor disse ao intercessor: "Agora, pois, deixa-me". Ah, amigos, receio que vocês e eu teríamos pensado que havia chegado o momento de desistir de orar quando o Senhor a quem suplicávamos disse: "Deixa-me, deixa-me". Contudo, creio que Moisés orou com mais fervor por causa daquela aparente objeção. Sob a capa daquela expressão, se vocês analisarem atentamente, verão que a oração de Moisés foi realmente prevalecente perante Deus. Enquanto a oração se formava na alma de Moisés, antes mesmo de ele tê-la proferido, Jeová sentiu sua força, caso contrário não teria dito: "Deixa-me".

E aparentemente Moisés adquiriu coragem com essas palavras, que poderiam ter reprimido um suplicante menos convicto; parece ter dito a si mesmo: "Evidentemente Deus sente a força de meus mais fortes desejos, portanto lutarei com Ele até que eu prevaleça". Foi uma objeção verdadeira e, sem dúvida, planejada pelo Senhor para pôr à prova a paciência, a perseverança, a confiança, o amor abnegado de Moisés. Jeová diz: "Agora, pois, deixa-me, para que se acenda contra eles o meu furor, e eu os consuma"; Moisés, porém, não obedeceu à ordem do Senhor de deixá-lo. Ó, vocês que amam o Senhor, não lhe deem descanso até que Ele salve os homens; embora

Ele pareça dizer-lhes: "Deixa-me", não o deixem, porque Ele deseja que vocês o importunem, como a viúva importunou o juiz iníquo! Aquele homem cruel atendeu ao pedido da pobre mulher porque ela o importunava continuamente, e Deus os está testando e provando para ver se suas orações são, de fato, sinceras. Ele os fará esperar algum tempo e até parecerá repeli-los a ponto de vocês dizerem, com coragem e intrepidez: "Eu me aproximarei de ti; derrubarei todos os obstáculos para me achegar a ti. Ainda que seja contra a lei, irei ter com o Rei dos reis e, se perecer, pereci, mas orarei pelos pecadores ainda que eu pereça no ato".

E, caros amigos, há um aspecto a mais que poderia ter impedido a oração de Moisés. Quero esclarecer esse ponto, para que vocês vejam como o amor compassivo ora apesar de todas as dificuldades. *Moisés orou contra seus interesses pessoais*, porque Jeová lhe disse: "Deixa-me, para que [...] eu os consuma", e depois, lançando um olhar de assombrosa satisfação para Seu servo fiel, Ele declarou: "Farei de ti uma grande nação". Que grande oportunidade para um homem ambicioso! Moisés poderia ter sido o fundador de uma grande nação, se quisesse. Vocês sabem como os homens e as mulheres daquela época ansiavam por serem progenitores de inumeráveis povos e consideravam essa possibilidade como a maior honra que um mortal poderia receber — povoar a terra com sua semente. Aquela era a oportunidade para Moisés ser o pai de uma nação que Deus abençoaria. Todas as bênçãos de Abraão, Isaque e Jacó se reuniriam em Moisés e sua semente; mas não, ele não as terá. Ele se volta para Deus e clama para que o Senhor abençoe o povo pecador. Foi como se ele tivesse rejeitado a oferta que Deus fez, *sub silentio*, conforme dizemos; deixando-a em completo silêncio, ele clama: "Salva teu povo, e abençoa tua herança".

NADA PODE IMPEDIR OS ARGUMENTOS DO ESPÍRITO AMOROSO QUANDO ELE ORA PELOS OUTROS

Uma coisa é estar disposto a encurralar o trono da graça; outra bem diferente é munir-se da oração. Às vezes, não podemos orar, porque oração significa súplica baseada em argumentos, e há ocasiões em que nos faltam argumentos, ocasiões em que não conseguimos pensar em nenhuma razão pela qual devamos orar. Não havia nenhum argumento em favor daqueles homens, nenhum motivo que Moisés pudesse encontrar para suplicar a Deus por eles, portanto ele desviou o foco, olhou para Deus e suplicou pelo que via no Senhor.

O primeiro argumento de Moisés foi que *o Senhor havia chamado aquele povo de "meu povo"*. Moisés disse: "Por que se acende, Senhor, a tua ira contra o teu povo?". O Senhor havia dito a Moisés: "Desce, porque o teu povo se corrompeu". "Não", diz Moisés, "eles não são *meu* povo; são *teu* povo". Foi uma nobre "réplica cortês", por assim dizer, ao bendito Senhor. "Em Tua ira tu os chamaste meu povo, mas sabes que eles não são meus; são Teus. Tu escolheste seus pais e firmaste uma aliança com eles, e quero lembrar-te de que eles são Teus escolhidos, os objetos de Teu amor e misericórdia; portanto, ó Senhor, por quê, já que eles são Teus, tu não os abençoarias?" Ó, usem esse argumento em suas súplicas! Se não conseguirem referir-se a um pecador como escolhido de Deus, ao menos conseguirão dizer que ele é criatura de Deus; portanto, usem esta súplica: "Ó Deus, não permitas que Tua criatura pereça!".

A seguir, Moisés alega que o Senhor havia feito maravilhas por eles, porque diz: "Por que se acende, Senhor, a tua ira contra o teu povo, que tiraste da terra do Egito, com grande fortaleza e poderosa mão?". "Eu não tirei Israel do Egito", diz Moisés. "Como poderia ter feito isso? Não dividi o mar Vermelho; não puni o Faraó; tu o puniste. Ó Senhor, somente tu o puniste. Uma vez que fizeste tudo isso, não terminarias o que começaste?" Essa foi a grande súplica da parte de Moisés, e não tenho dúvida de que ela foi eficaz. Ora, se vocês virem algum sinal de graça, alguma prova da obra de Deus no coração, supliquem ao Senhor. Digam: "Tu fizeste muitas coisas, ó Senhor; por favor, faz o restante e permite que estas pessoas sejam salvas com Tua salvação eterna!".

E, em seguida, Moisés prossegue mencionando que *o nome do Senhor ficaria comprometido se Israel fosse destruído*. Ele diz: "Por que hão de dizer os egípcios: Com maus intentos os tirou, para matá-los nos montes e para consumi-los da face da terra?". Se o povo de Deus não for salvo, se Cristo não vir o sofrimento da alma do Pai, a majestade de Deus e a honra do Redentor ficarão comprometidas. Não haverá nenhum propósito na morte de Cristo? O evangelho será pregado em vão? O Espírito Santo será derramado inutilmente? Assim, vamos suplicar a Deus, e não ficaremos sem os argumentos para insistir com Ele.

Moisés prossegue mencionando que *Deus fez uma aliança com aquele povo*. Vejam como ele se expressa no versículo 13: "Lembra-te de Abraão, de Isaque e de Israel, teus servos, aos quais por ti mesmo tens jurado e lhes disseste: Multiplicarei a vossa descendência, como as estrelas do céu, e toda esta terra de que tenho falado, dá-la-ei à vossa descendência, para que a possuam por herança eternamente". Não existe súplica maior a Deus do que lembrar-lhe de Sua aliança. Apoderem-se de uma promessa de Deus, e poderão orar com grande ousadia, porque o Senhor não voltará atrás em Sua Palavra; mas apoderem-se da aliança, e poderão suplicar com a maior confiança possível. Se eu comparasse uma simples promessa a uma arma poderosa no treinamento para sitiar o Céu, então a aliança seria semelhante a um parque completo de artilharia; com isso, vocês poderiam sitiar o Céu e sair vencedores. Moisés suplica assim ao Senhor: "Como podes destruir este povo, embora estejas irado com eles, e eles mereçam Tua ira? Prometeste a Abraão, a

Isaque e a Jacó que a semente deles herdaria a terra, e se eles forem destruídos, como poderão entrar em Canaã e possuir a terra?". Trata-se de uma súplica extraordinária, mas vejam a coragem de Moisés quando ele ousa dizer a Deus: "Lembra-te da tua aliança. Torna-te do furor da tua ira e arrepende-te deste mal contra o teu povo"! Ó Senhor, ensina-nos também a suplicar dessa maneira!

E a Moisés não faltava outro argumento, o mais esplêndido de todos. Se vocês lerem o versículo 16 do capítulo seguinte, observarão o que Moisés diz na realidade a Deus: *"Eu não posso separar-me deste povo; com eles viverei; com eles morrerei. Se riscares o nome deles de Teu livro, risca o meu também. Se a tua presença não vai comigo, não nos faças subir deste lugar. Pois como se há de saber que achamos graça aos teus olhos, eu e o teu povo? Não é, porventura, em andares conosco...".*

Vejam como ele se expressa: *"eu e o teu povo... em andares conosco...".* "Não", diz Moisés, "não receberei o favor sozinho; nadarei ou afundarei com este povo". E realmente penso que é assim que o Senhor Jesus Cristo suplica por Sua Igreja quando intercede por ela perante Deus. "Meu Pai", Ele diz, "eu preciso ter meu povo. Minha Igreja é minha Noiva, e eu, o Noivo, não posso perder minha esposa. Morrerei por ela; se eu viver, ela também precisará viver; se eu subir à glória, ela terá de ser levada à glória comigo."

Vejam como é: "Eu e o Teu povo"; essa é a gloriosa ligação de Cristo conosco, assim como ocorreu com Moisés em relação aos filhos de Israel. Nunca oramos com tanta eficácia como quando nos ligamos às pessoas pelas quais intercedemos. Vocês não podem se erguer acima delas, como se lhes fossem superiores, e querer que suas orações sejam bem-sucedidas; precisam abaixar-se ao lado do pecador e dizer: *"Vamos* suplicar a Deus". Às vezes, quando estão pregando às pessoas ou orando por elas, vocês precisam sentir que poderiam morrer por elas, para que sejam salvas, e se estiverem perdidas, sentir que vocês também perderam tudo. Rutherford [N.E.:

Samuel Rutherford, teólogo, pregador e autor escocês.] disse que seria duplamente Céu se uma única alma de Anwoth [N.E.: Cidade onde Rutherford pastoreava.] estivesse com ele ao lado direito de Deus; sem dúvida, sentiremos o mesmo, e às vezes nos sentimos como se tivéssemos o inferno só em pensar que um de nossos ouvintes está sendo lançado no inferno. Quando vocês conseguirem orar assim, quando se colocarem lado a lado com a alma pela qual estão suplicando, vocês serão bem-sucedidos. Serão como Eliseu quando se deitou sobre o filho da sunamita e pôs a boca sobre a boca da criança, os olhos sobre os olhos da criança, as mãos sobre as mãos da criança e pareceu identificar-se com a criança morta. Só então, ele conseguiu ressuscitar o menino. Que Deus nos ajude a suplicar dessa forma em nossas orações pelos pecadores!

Há outro aspecto que, segundo penso, dificilmente alguém notou e que foi o modo pelo qual Moisés terminou sua oração de súplica à *soberana misericórdia do Senhor*. Quando vocês estiverem suplicando por um homem, é às vezes recomendável parar de suplicar e permitir que o homem fale, e que o argumento saia de sua própria boca. Quando Moisés suplicou a Deus pelo povo e teve, a princípio, apenas uma resposta, ele virou-se para o Senhor e disse: "Tu me favoreceste e me prometeste grandes coisas; agora peço-te mais uma coisa. Rogo-te que me mostres a tua glória". Não penso que essa tenha sido uma vã curiosidade da parte de Moisés, mas que ele quis usar isso como a grande e magistral súplica em oração. Quando o Senhor lhe disse: "Farei passar toda a minha bondade diante de ti", parece que vejo lágrimas nos olhos de Moisés e o ouço dizer: "Ele não pode castigar o povo, não pode destruí-lo. Ele vai passar toda a Sua bondade diante de mim, e sei o que isso representa: amor infinito, misericórdia infinita, misericórdia que dura para sempre". E então, quando o Senhor disse: "[Eu] te proclamarei o nome do Senhor; terei misericórdia de quem eu tiver misericórdia e me compadecerei de quem eu me compadecer", penso que o coração de Moisés deu um salto dentro em si, que lhe provocou estas palavras: "Lá está, aquela verdade gloriosa da soberania divina; o Senhor mostrará misericórdia de quem Ele tiver misericórdia. Por esse motivo, então, Ele pode ter misericórdia destes pecadores miseráveis que fizeram um bezerro de ouro e se curvaram diante dele!". Encanto-me, às vezes, por recorrer à soberania de Deus e dizer: "Senhor, aqui está um pecador miserável; não vejo nenhum motivo para que o salves! Vejo muitos motivos para que o condenes; mas faça-se a Tua vontade. Ó, amplia Tua graça soberana e salva este grande pecador! Que os homens vejam que és um Rei poderoso e que seguras com realeza o cetro de prata de Tua misericórdia perdoadora".

Esse é um extraordinário argumento, porque rende toda a glória a Deus; coloca-o assentado no trono; reconhece que Ele é o Soberano absoluto que não recebe ordens nem pode ser preso com laços e cordas. Não cumprirá Ele a Sua vontade com Seu povo? Precisamos sempre ouvir a verdade sublime que ecoa do trono de Deus como o som de um trovão: "Terei misericórdia de quem eu tiver misericórdia e me compadecerei de quem eu me compadecer. Então não é do pecador aquele desejo, não é dele aquele transbordamento, mas de Deus que mostrou misericórdia". Dessa verdade vem a melhor súplica que faz tremer os lábios do suplicante. "Grande Rei, eterno, imortal, invisível, tem misericórdia de nós! Divino Soberano, exerce Teu poder de graça e providência e permite que os culpados rebeldes vivam!"

NADA PODE IMPEDIR QUE O ESPÍRITO SUPLICANTE TENHA SUCESSO

Se vocês e eu soubéssemos suplicar pelos pecadores, não haveria motivos para não termos sucesso, porque, antes de tudo, não há nenhum motivo no *caráter de Deus*. Tentem, se puderem, ter uma ideia do que Deus é, e embora vocês tremam diante de Sua soberania, adorem Sua santidade e glorifiquem Sua justiça, lembrem-se de que Ele é, acima de tudo, amor. "Deus é amor" e esse amor brilha em todos os atributos divinos. Sua glória não é diminuída por nenhum deles. Todos os atributos de Deus convivem em harmonia, e o amor parece ser o centro exato do círculo. Que nunca tenhamos medo de suplicar a Deus. Ele nunca se ofenderá quando orarmos pelos pecadores, porque estamos orando segundo a mente do Senhor. "Tão certo como eu vivo, diz o Senhor Deus, não tenho prazer na morte do perverso, mas em que o perverso se converta do seu caminho e viva." O caráter de Deus é infinitamente cheio de graça; mesmo em Sua soberania, é a graça que reina; portanto, não devemos ter medo de suplicar ao Senhor. Certamente teremos sucesso, porque não há nada no caráter de Deus que nos atrapalhe.

E também não há nada *no pensamento de Deus* que atrapalhe o sucesso do suplicante. Vejam o texto: "Então, se arrependeu o Senhor do mal que dissera havia de fazer ao povo". Assim, nenhuma concepção do propósito divino impedirá minha súplica, seja qual for aquele propósito. Há algumas pessoas que têm pavor daquilo que chamam de "os horríveis decretos de Deus". Nenhum decreto divino é horrível para mim e nunca me impedirá de suplicar ao Senhor pela salvação dos homens. Ele é Deus; portanto, deixe que Ele faça o que lhe parece bom; a autoridade absoluta está bem segura em Suas mãos. Porém, mesmo que Ele tivesse pensado em fazer o mal a Seu povo, não haveria nenhum motivo para cessarmos de orar; teremos êxito, porque o texto diz: "Então, se arrependeu o Senhor do mal que dissera havia de fazer ao povo".

Vou um pouco mais adiante e digo que não há nada *no agir de Deus* que nos impeça de ter sucesso em nossas súplicas. Se Deus começou a castigar o pecador, eu continuarei a suplicar por aquele pecador enquanto ele viver neste mundo. Lembrem-se de que, quando a chuva de fogo caiu sobre Sodoma e Gomorra e as cidades moralmente desprezíveis da planície foram cobertas com chuva betuminosa, Zoar foi preservada em resposta às orações de Ló. Olhe para Davi: ele foi um grande pecador e foi responsável por uma praga terrível sobre seu povo; o anjo destruidor se apresentou com sua espada estendida sobre Jerusalém; mas quando viu o anjo, Davi disse ao Senhor: "Eu é que pequei, eu é que procedi perversamente; porém estas ovelhas que fizeram?". Então o Senhor aceitou as súplicas em favor da terra, e a praga foi afastada de Israel. Por isso, se eu os visse entre as portas do inferno, e se elas ainda não os tivessem engolido, eu oraria por vocês! Deus não permita que pequemos contra qualquer culpado, cessando de orar por ele por mais desesperadora que seja a sua situação! Aparentemente, meu texto apresenta esse assunto com força e poder assombrosos; o mal que Deus havia cogitado fazer foi evitado pela intercessão de Seu servo Moisés.

A MEDIAÇÃO DE CRISTO É MAIOR QUE A DE MOISÉS

Não há nada na mediação de Moisés que se compare à mediação de nosso maior intercessor, o Senhor Jesus Cristo. Lembrem-se, irmãos, de que Ele não somente orou e se dispôs a morrer voluntariamente por nós, mas também *morreu de fato por nós*. Seu nome foi riscado do livro dos viventes; Ele morreu para que pudéssemos viver. Cristo não disse a Deus: "Talvez eu queira expiar os pecados dos culpados"; *Ele fez a expiação, e Sua súplica pelos pecadores prevalece perpetuamente*. Deus está ouvindo Cristo neste momento, enquanto Ele intercede pelos pecadores, e está permitindo ao Pai ver o sofrimento de Sua alma. Sendo este o caso, nada deve impedir qualquer pecador de suplicar por si mesmo por intermédio de Jesus Cristo. Se vocês pensam que Deus tem a intenção de destruí-los, ainda assim recorram e orem a Ele, porque "se arrependeu o Senhor do mal que dissera havia de fazer ao povo". E dessa forma, que Ele os trate com misericórdia, por amor de Seu Filho amado! Amém.

Este sermão foi extraído de *O Púlpito do Tabernáculo Metropolitano* e pregado na noite de quinta-feira, 17 de fevereiro de 1887.

2

O PEDIDO DE ACSA — UM MODELO DE ORAÇÃO

Disse Calebe: A quem derrotar Quiriate-Sefer e a tomar, darei minha filha Acsa por mulher. Tomou-a, pois, Otniel, filho de Quenaz, o irmão de Calebe, mais novo do que ele; e Calebe lhe deu sua filha Acsa por mulher. Esta, quando se foi a ele, insistiu com ele para que pedisse um campo ao pai dela; e ela apeou do jumento; então, Calebe lhe perguntou: Que desejas? Respondeu ela: Dá-me um presente; deste-me terra seca, dá-me também fontes de água. Então, Calebe lhe deu as fontes superiores e as fontes inferiores (Juízes 1:12-15).

Na vida doméstica, quase sempre nos deparamos com simbolismos da vida na família de Deus. Tenho certeza de que temos permissão para encontrá-los lá porque nosso Salvador disse: "Ora, se vós, que sois maus, sabeis dar boas dádivas aos vossos filhos, quanto mais vosso Pai, que está nos céus, dará boas coisas aos que lhe pedirem?". Deus é Pai e assemelha-se a nós, os pais; nós, que somos cristãos, somos filhos de Deus, e temos permissão para nos assemelhar a nossos filhos. Assim como nos tratamos mutuamente, devemos também tratar com Deus e esperar que Ele nos trate. Essa curta história de uma filha e seu pai está registrada duas vezes na Bíblia. Vocês a encontrarão no capítulo 15 do livro de Josué, bem como neste primeiro capítulo do livro de Juízes. E está inserida duas vezes por bons motivos. Vou usá-la esta noite desta simples maneira — o modo pelo qual aquela mulher se dirigiu a seu pai e a forma com qual o pai a tratou, ensinam-nos a recorrer a nosso Pai que está no céu, e o que esperar se recorrermos a Ele desse modo.

Eu gostaria de expor essa bondosa mulher, Acsa, diante de vocês esta noite como um tipo de modelo ou parábola. Nossa parábola será Acsa, a filha de Calebe; ela será o retrato do verdadeiro bem-sucedido suplicante ao nosso Pai no Céu.

SUA PONDERAÇÃO SOBRE O ASSUNTO

Acsa era recém-casada, e possuía uma propriedade que passaria a ser de seu marido. Naturalmente, ela queria que o marido encontrasse naquela propriedade tudo o que fosse conveniente e tudo o que pudesse ser rentável; ao olhar toda a propriedade, *ela percebeu o que queria*. Antes de orar, saibam quais são as suas necessidades. O homem que comete o erro de ajoelhar-se sem ter nada em mente errará de novo e não receberá resposta para seus sofrimentos. Quando aquela moça se dirige ao pai para lhe fazer um pedido, ela sabe o que vai pedir. Só abre a boca depois que seu coração tem pleno conhecimento de qual será o seu pedido. Ela viu que a terra que o pai lhe dera seria pouco útil para seu marido e para ela, porque lá não havia fontes de água. Portanto, ela se dirige ao pai com um pedido muito definido: "Dá-me também fontes de água".

Meus caros amigos, antes de orar, vocês sempre pensam no que vão pedir? "Ah!", diz alguém, "eu profiro algumas palavras adequadas." Deus quer suas palavras? Pensem no que vão pedir antes de começar a orar, e depois orem como homens de negócios. Aquela mulher não diz ao pai: "Pai, ouça o que eu tenho a lhe dizer" e depois faz um pequeno discurso a respeito de algo insignificante; ela sabe o que vai pedir e por que vai pedi-lo. Vê sua necessidade e valoriza o favor que está prestes a pedir. Ah, prestem atenção, vocês que oram muito, a fim de que não corram para realizar o exercício santo "como o cavalo que corre na batalha"; a fim de que não se arrisquem lançando-se ao mar da oração sem saber a que distância seu porto se encontra! Creio realmente que Deus os fará pensar em muito mais coisas enquanto oram; o Espírito os ajudará em suas fraquezas e lhes sugerirá outras súplicas, porém, antes que a palavra saia de seus lábios, eu os aconselho a fazerem o que Acsa fez, que saibam quais são suas reais necessidades.

Aquela bondosa mulher, antes de dirigir-se ao pai para fazer o pedido, *solicitou a ajuda do marido*. Quando ela se aproximou do marido, "insistiu com ele para que pedisse um campo ao pai dela". Ora, Otniel era um homem muito corajoso, e os homens muito corajosos são, em geral, muito retraídos. Os homens covardes é que costumam ser petulantes e impertinentes. Otniel, porém, era muito acanhado e provavelmente não teria feito mais um pedido a seu tio Calebe; seria querer demais. O tio lhe dera uma esposa e um campo, e Otniel poderia ter dito: "Não, minha honrada esposa, está certo o que você me ofereceu até agora, mas não me sinto à vontade para pedir mais nada para mim". Ainda assim, aprendam esta lição: esposas bondosas, incentivem seus maridos a orarem com vocês. Irmãos, peçam a seus irmãos que orem com vocês. Irmãs, não se contentem em aproximar-se sozinhas do trono da graça; peçam às suas irmãs que orem com vocês. Em geral, a oração torna-se mais eficaz quando duas pessoas concordam em tocar no mesmo ponto que envolve o reino de Cristo. Um conjunto de almas que ora ao redor do trono da graça certamente prevalecerá. Deus ajuda-nos a ser anelantes na oração para obter a ajuda dos outros! Um amigo, algum tempo atrás, disse-me: "Meu caro pastor, todas as vezes que não consigo orar por mim, e há ocasiões em que sinto não ter palavras para dizer a meu respeito, sempre começo a orar pelo senhor: 'Deus, abençoa-o, em qualquer circunstância!', e logo depois de orar pelo senhor começo a me sentir capaz de orar por mim". Eu gostaria de tornar-me objeto dessas partes atípicas da oração. Todas as vezes que um de vocês sentir que lhe faltam palavras, ore por mim. A oração lhes fará bem, e eu serei abençoado. Lembrem-se do que está escrito a respeito de Jó: "Mudou o Senhor a sorte de Jó, quando este orava pelos seus amigos…". Enquanto orava por ele próprio, Jó continuou preso a seu destino, mas, quando orou por aqueles amigos que não eram tão amigos assim, Deus sorriu para ele e mudou-lhe a sorte. Portanto, é recomendável imitar essa mulher, Acsa, no que se refere à oração. Saibam o que desejam, e peçam a outras pessoas que orem com vocês. Esposas, peçam especialmente a seu marido; maridos, peçam especialmente à sua esposa. Penso que não há oração mais doce na terra do que a oração do marido em conjunto com a esposa, quando os dois suplicam pelos filhos e quando invocam bênçãos um sobre o outro e sobre a obra do Senhor.

A seguir, Acsa teve um único pensamento: *ela apresentaria o seu pedido ao seu pai*. Suponho que ela não teria pedido a ninguém mais, porém disse a si mesma: "Vamos Acsa, Calebe é seu pai. O favor que vou pedir não será dirigido a um estranho que não me conhece, mas a um pai, sob cujos cuidados estive desde que nasci". Esse pensamento deve ajudar-nos na oração, e nos ajudará quando lembrarmos que não vamos fazer um pedido a um inimigo nem suplicar a uma pessoa estranha, mas diremos: "Pai nosso, que estás nos céus". Há sinceridade em suas palavras? Vocês acreditam realmente que Deus é seu Pai? Sentem o espírito de filiação em seu coração? Se sim, esse sentimento deveria ajudá-los a orar num tom de fé. Seu Pai lhes dará tudo de que vocês necessitam. Quando havia algo que eu queria e devia pedir, eu esperava que meu prezado pai, idoso e com a saúde debilitada, atendesse ao meu pedido, desde que estivesse dentro de suas possibilidades; certamente, nosso grandioso e glorioso Pai, com quem convivemos desde que nascemos de novo, nos favorece de tal forma que deveríamos pedir com muita ousadia e com a familiaridade semelhante à de uma criança, descansando com a certeza de que nosso Pai nunca se irritará conosco pelo fato de pedirmos essas coisas. Ele sabe, de fato, tudo de que necessitamos antes que lhe peçamos.

Portanto, aquela bondosa mulher, Acsa, ao sentir que era a seu pai que deveria fazer o pedido e ao ver a hesitação do marido em concordar com ela, decidiu seguir o melhor caminho e orar sozinha. "Ora, ora, Otniel, eu gostaria que você fosse comigo, mas como não vai, irei sozinha." E assim, ela monta no jumento, uma forma de transporte comum para as mulheres naquela época, e vai ao encontro do pai. O notório homem idoso vê a filha chegando e, pela sua aparência, sabe que ela vem a negócio. Havia algo em seu olhar que informava ao pai que ela vinha com um pedido. Essa não era a primeira vez que ela lhe pedia algo. Ele conhecia sua maneira de olhar quando tinha um pedido a lhe fazer, portanto vai a seu encontro. Ela apeia do jumento, um profundo sinal de respeito, conforme fez Rebeca quando viu Isaque e apeou do camelo. Acsa queria mostrar o profundo respeito que dedicava àquele importante homem, de quem tinha a honra de ser filha. Calebe viveu um pouco mais que Josué e, mesmo em idade avançada, saiu para lutar com os cananeus e conquistou Hebrom, que o Senhor lhe dera. Acsa presta reverência ao pai, mas, ainda assim, é muito sincera no que vai lhe dizer.

Queridos amigos, aprendam mais uma vez a orar com essa bondosa mulher. *Ela foi com humildade, ainda que ansiosamente.* Se outras pessoas não forem com vocês, vão sozinhos; e quando forem, vão com muita reverência. É vergonhoso saber que existem orações irreverentes. Vocês estão na Terra, e Deus está no Céu; não multipliquem suas palavras como se estivessem conversando com alguém igual a vocês. Não falem com Deus como se pudessem lhe dar ordens e fazer a vontade de vocês prevalecer, como se Ele fosse seu lacaio. Curvem-se diante do Altíssimo; reconheçam que são indignos de aproximar-se dele, falem em tom de quem está suplicando por aquilo que seria uma grande doação de caridade. Portanto, aproximem-se de Deus corretamente; porém, mesmo em atitude de humildade, demonstrem desejo em seus olhos e expectativa em seu semblante. Orem como alguém que tem certeza de que receberá o que está pedindo. Não digam como alguém disse: "Eu peço uma vez o que quero; se não receber, não peço mais". Essa atitude é anticristã. Supliquem, se souberem que o que vão pedir é correto. Sejam como a viúva que importunou o juiz; voltem outra vez, outra vez e outra vez. Sejam como o servo do profeta: "Volte sete vezes". Finalmente, vocês prevalecerão. Aquela bondosa mulher não teve de importunar ninguém. Sua aparência demonstrou que ela queria algo; portanto seu pai perguntou: "Que desejas?".

Penso que, no início de nossa meditação, aprendemos uma lição que deveria nos ajudar na oração. Se vocês puserem pelo menos essa lição em prática, ainda que nada mais tenha sido dito, poderão sair abençoados. Deus permite-nos conhecer nossa necessidade e ficar ansiosos por ter a ajuda de nossos irmãos cristãos, mas lembrem-se de que, quando recorremos ao nosso Pai, mesmo que ninguém vá conosco, podemos ir sozinhos por intermédio de Jesus Cristo, nosso Senhor, e suplicar por nossa causa ao nosso Pai que está no Céu!

SEU ENCORAJAMENTO

"Ah!", diz alguém, "eu poderia pedir qualquer coisa se meu pai me dissesse: 'O que você deseja?'" É exatamente isto que nosso grande Pai diz a cada um de vocês esta noite: "O que você deseja?". Com toda a generosidade de Seu enorme coração, Deus manifesta-se ao homem que ora ou à mulher que suplica e diz: "O que você deseja? Qual é o seu pedido, qual é a sua solicitação?".

O que eu deduzo desta pergunta: "O que você deseja?". Ora, isto. *Primeiro, vocês devem saber o que desejam*. Será que alguns cristãos aqui poderiam, se Deus lhes perguntasse: "O que você deseja?", responder a Ele? Vocês não acham que nos enredamos em um modo indistinto e indiscriminado de oração a ponto de não sabermos realmente o que desejamos? Se é essa a condição de vocês, não esperem ser ouvidos enquanto não souberem o que desejam. Busquem um pedido distinto e definido em sua mente como um desejo premente; busquem-no diante os olhos de sua mente como algo que vocês precisam ter. Essa é a preparação abençoada para a oração. Calebe disse à filha: "Que desejas?" e Cristo diz a cada um de vocês esta noite: "Meu querido filho, o que você deseja de mim? Filha comprada com meu sangue, o que você deseja de mim?". Será que você, ou alguns de vocês, começará a procurar por um ou dois pedidos se não tiver nenhum pronto na ponta da língua? Espero que tenham muitos pedidos guardados no centro de seu coração e que eles não demorem muito a sair pela sua boca.

E já que vocês devem saber o que desejam, *devem pedi-lo*. Nós pedimos e Deus nos concede. É assim que Ele age. Suponho que Ele faça isso a fim de dar-nos em dobro, porque a oração em si é uma bênção, bem como a resposta à oração. Pode ser que às vezes seja tão bom orar por uma bênção quanto receber a bênção. De qualquer forma, é assim que Deus age: "Pedi, e dar-se-vos-á". Deus coloca até Seu Filho, nosso Salvador bendito, sob essa regra, porque diz a Ele:

"Pede-me, e eu te darei as nações por herança e as extremidades da terra por tua possessão". Trata-se, portanto, de uma regra sem exceção: vocês devem saber o que desejam, e devem pedir. Você fará isso, caro amigo, quando o Senhor lhe disser: "O que você deseja?"?

E quando Calebe disse: "Que desejas?", será que ele não disse praticamente a Acsa: "Você terá o que pediu"? Ora, vamos, esta é uma noite maravilhosa, uma noite linda para orar; todas as noites que eu conheço são assim, mas esta é uma noite encantadora para orar. Vocês receberão o que pediram. "Tudo quanto em oração pedirdes, crede que recebestes". Os desejos escritos em seu coração pela vontade do Espírito Santo serão todos realizados. Então, vamos, reflitam nestas três coisas: vocês precisam saber o que desejam, precisam pedir o que desejam e terão o que desejam. Seu Pai lhe diz, como Calebe disse a Acsa: "O que você deseja?".

E, mais uma vez, *será um prazer para seu Pai ouvir o que vocês pedem*. Lá está Calebe, aquele homem bondoso, corajoso e imponente, e ele diz à filha: "Que desejas?". Ele gosta de vê-la abrir aquela boca que lhe é tão querida; ele ama ouvir o som de sua voz. O pai encanta-se ao ouvir a filha lhe dizer o que ela deseja, e o Pai de vocês não ficará nem um pouco aborrecido ao ouvi-los orar esta noite. Será uma alegria para Ele ver a petição de vocês estendida diante dele. Muitos pais gostariam que seus filhos não lhes dissessem o que desejam; na verdade, quanto menos eles desejarem, mais satisfeitos os pais ficarão. Mas nosso Pai celestial sente prazer em nos conceder tudo aquilo de que necessitamos, porque Sua generosidade não o empobrece e Sua recusa não o enriquece. Ele sente tanto prazer em nos dar o que pedimos quanto o Sol sente prazer em brilhar. Faz parte da natureza de Deus ser extremamente generoso. Então, vamos, orem a Ele; vocês lhe agradarão mais do que agradarão a si mesmos. Eu gostaria de falar esta noite de tal forma que cada filho de Deus aqui presente dissesse: "O pregador está falando comigo. Ele está querendo dizer que tenho de orar e que Deus me ouvirá e me abençoará". Sim, é exatamente isso o que eu quero dizer. Aceitem meu conselho, e façam vocês mesmos uma prova esta noite e vejam se eu não tenho razão. Deus encanta-se com sua oração medíocre, fraca e imperfeita e atende a sua humilde petição.

E assim, entendemos a ponderação de Acsa antes de orar e seu encorajamento para orar.

SUA ORAÇÃO

Tão logo se deu conta do importante encontro que teve com seu pai, da maneira mais agradável possível, ela lhe disse: *"Dá-me uma bênção"* (ARC). Gosto desse pedido; é um bom começo. "Dá-me uma bênção". E gostaria de colocar essa oração na boca de cada cristão aqui nesta noite. "Dá-me uma bênção. Se não me deres nada, dá-me uma bênção. Se me deres alguma coisa, não te esqueças de dar-me uma bênção". A bênção de um pai é uma herança a um filho amado. "Dá-me uma bênção." Qual é a bênção de Deus? Se Ele disser: "Você é abençoado", você poderá desafiar o diabo se ele quiser amaldiçoá-lo. Se o Senhor o chama de abençoado, você é abençoado. Mesmo coberto de tumores malignos, como Jó estava, você é abençoado. Mesmo perto da morte, como Lázaro, com cães lambendo suas feridas, você é abençoado. Se tiver de morrer, como Estêvão, apedrejado por inimigos assassinos, e se Deus o abençoar, o que mais você haverá de querer? Nada. Senhor, coloca-me no lugar que desejares, desde que eu receba Tua bênção. Nega-me o que desejas, apenas dá-me Tua bênção. Serei rico na pobreza se me abençoares. Então Acsa disse ao pai: "Dá-me uma bênção". Eu gostaria que essa oração fosse proferida por todos aqui esta noite. Tipógrafos, orem desta vez, se não oraram antes: "Senhor, dá-me uma bênção". Soldados, orem a seu Deus misericordioso e lhe peçam uma bênção. Moços e moças, velhos e pais, coloquem esta oração de Acsa em seu coração esta noite: "Dá-me uma bênção". Ora, se o Senhor ouvir essa oração de todos aqui, que grupo abençoado seremos! Seguiremos nosso caminho para sermos uma bênção a esta cidade de Londres muito além do que jamais fomos!

Observe a seguir, na oração de Acsa, o modo pelo qual *ela mesclou gratidão com um pedido:* "Dá-me uma bênção; pois me deste uma terra seca" (ARC). Quando as pessoas nos pedem algo, gostamos quando as ouvimos dizer: "O senhor me ajudou um mês atrás"; porém, se uma delas se aproximar de nós, esquecendo-se de que a ajudamos e nunca nos agradecer, nunca dizer uma palavra a respeito, mas pedir e pedir novamente, vocês dirão a si mesmos: "Ora, eu ajudei aquele sujeito um mês atrás! Ele nunca disse uma palavra a respeito". "Eu já o vi antes?" "Não, senhor, acho que não." "Ah", você dirá consigo mesmo, "ele não vai conseguir tirar mais nada de mim. Não é agradecido pelo que recebeu." Creio sinceramente que a ingratidão bloqueia as fontes de bênção. Quando não louvamos a Deus pelo que temos recebido dele, tenho a impressão, uma impressão só minha, que Ele deve dizer: "Não vou lançar minhas pérolas aos porcos. Não darei minhas preciosidades àqueles que não as valorizam". Quando estiverem orando, louvem também; dessa forma, e vocês se fortalecerão. Vocês devem ter visto que, quando um homem tem de dar um pulo muito alto, ele dá vários passos para trás e depois corre para frente para dar o impulso. Deem alguns passos para trás em louvor e gratidão a Deus pelo que Ele fez por vocês no passado e depois deem um impulso e saltem para uma bênção futura ou uma bênção presente. Mesclem gratidão em todas as suas orações.

Não há apenas gratidão na oração daquela mulher, mas *ela usou os presentes anteriores como justificativa para pedir mais:* "Deste-me terra seca, dá-me também..." Ah, sim, este é um excelente argumento para apresentar a Deus: "Tu me deste; portanto, dá-me um pouco mais". Vocês não podem usar esse argumento com os seres humanos, porque se os lembrar que já lhe deram muito, eles dirão: "Bom, penso que agora é a vez de outra pessoa. Por que você não bate na porta ao lado?". Isso nunca acontece com Deus. Não existe melhor argumento para Ele como este: "Senhor, fizeste isto para mim. És sempre o mesmo. Tua autossuficiência não diminui; portanto, faz outra vez o que fizeste". Transformem cada presente que Deus lhes dá em um pedido para outro presente; quando receberem o outro presente, transformem-no em um pedido para o próximo presente. Ele ama que vocês façam isso. Cada bênção concedida contém ovos para outras bênçãos dentro dela. Vocês precisam aceitar a bênção, encontrar os ovos escondidos e permitir que sejam chocados por sua diligência, e haverá uma ninhada inteira de bênçãos produzida por uma única bênção. Observem e verão.

Mas aquela bondosa senhora *usou o pedido de uma forma particular.* Ela disse: "Deste-me terra seca, dá-me também fontes de água". Foi o mesmo que dizer: "Embora me tenhas dado terra seca, e sou grata por isso, ela não me será útil se eu não tiver água para irrigá-la. Esta terra é muito quente; é seca; precisa ser irrigada. Meu marido e eu só poderemos viver dela se nos deres fontes de água". Vocês entenderam como devem orar? "Senhor, deste-me tantas coisas, mas elas não me serão úteis se não me deres mais. Se não fores até o fim, foi uma pena teres começado. Tiveste muita compaixão de mim, porém se eu não receber mais, toda a Tua generosidade será perdida. Tu só começas a construir quando desejas, de fato, terminar a obra, portanto venho a ti para dizer: Deste-me terra, mas ela é seca; dá-me também fontes de água para que tenham valor verdadeiro para mim." Nessa oração de Acsa há uma particularidade e um traço característico: "Dá-me também fontes de água". Ela sabia pelo que estava orando; essa é a maneira de orar. Quando vocês fizerem um pedido a Deus, sejam explícitos: "Dá-me fontes de água". Vocês poderão dizer: "Dá-me o pão de cada dia". Poderão clamar: "Dá-me a sensação de ter sido perdoado de meus pecados". Poderão pedir explicitamente por algo que

Deus lhes prometeu dar, mas tenham em mente que, à semelhança daquela mulher, vocês estão sendo explícitos e sem rodeios naquilo que pedem a Deus: "Dá-me fontes de água".

Ora, parece-me, esta noite, que eu poderia fazer aquela oração: "Dá-me fontes de água". "Senhor, deste-me terra seca, toda esta congregação, domingo após domingo, toda esta multidão de pessoas; mas, Senhor, como posso pregar-lhes se não me deres fontes de água? Todas as minhas fontes renovadas estão em ti. De que adiantará aos ouvintes se não houver o poder do Espírito Santo acompanhando a Palavra para abençoá-los? Dá-me fontes de água." Posso imaginar um professor de Escola Dominical aqui esta noite dizendo: "Senhor, eu te agradeço pelo interesse de minha classe e pela atenção que os alunos prestam ao que lhes digo, mas, Senhor, de que me valerão estas crianças se não me deres fontes de água? Ah, a não ser que, motivado por mim mesmo, por minha alma, eu possa receber o poder de teu Espírito Santo em todo o meu ensinamento! Dá-me fontes de água". Posso imaginar um pai cristão aqui dizendo: "Senhor, eu te agradeço por minha esposa e meus filhos. Agradeço-te por todos eles, mas de que vale eu ser o cabeça da família se não me deres fontes de graça para que, como Davi, eu possa abençoar minha casa e ver meus filhos crescerem temendo a ti? Dá-me fontes de água". O ponto principal do pedido é este: "Ó Senhor, pouco me servirá o que me deste, a não ser que me dês algo mais". Ah, caros ouvintes, se Deus lhes deu dinheiro, orem para que Ele lhes conceda graça para usá-lo corretamente, ou então, se vocês o guardam ou gastam, pode ser que, em ambos os casos, ele lhes seja maldição! Orem: "Dá-me fontes de água; dá-me graça para usar minha riqueza corretamente". Algumas pessoas aqui possuem muitos talentos. As riquezas na mente estão entre as melhores das riquezas. Sejam agradecidos a Deus por seus talentos, mas clamem: "Senhor, dá-me de Tua graça, para que eu possa usar meus talentos para Tua glória. Dá-me fontes de água, do contrário meus talentos serão uma terra seca e árida, que não produzirá fruto para ti. Dá-me fontes de água". Vejam, a oração não pede simplesmente água, mas fontes de água. "Dá-me uma fonte perpétua, eterna, inesgotável. Dá-me graça e que nunca venha a faltar, mas que flua, flua e flua para sempre. Dá-me um suprimento constante: Dá-me fontes de água."

Portanto, quero recomendar a vocês a oração daquela mulher. Ó, que possamos ter a graça de imitá-la!

SEU SUCESSO

Observem: *seu pai deu o que ela pediu*. Ela pediu fontes, e ele lhe deu fontes. "Qual dentre vós é o pai que, se o filho lhe pedir pão, lhe dará uma pedra? Ou se pedir um peixe, lhe dará em lugar de peixe uma cobra?" Deus dá-nos o que pedimos quando considera que é prudente. Às vezes cometemos erros e pedimos o que é errado. Então, Ele é bondoso o suficiente para riscar o pedido e escrever outra palavra na oração e responder à oração corrigida em lugar da primeira, que continha um pedido tolo. Calebe deu a Acsa o que ela pediu.

Em seguida, *ele deu mais do que ela pediu*. Ela pediu fontes de água, e ele deu-lhe as fontes superiores e as fontes inferiores. O Senhor "é poderoso para fazer infinitamente mais do que tudo quanto pedimos ou pensamos". Algumas pessoas usam essa passagem na oração e a citam incorretamente: "mais do que aquilo que podemos pedir ou até pensar". Isso não está na Bíblia; vocês podem pedir ou pensar em qualquer coisa que gostarem; é "mais do que tudo quanto pedimos ou pensamos". Nosso pedido ou nosso pensamento é imperfeito, mas a generosidade de Deus nunca é imperfeita.

E *seu pai deu-lhe sem nenhuma palavra de repreensão*. Ele não disse: "Ah, você Acsa, está sempre me pedindo coisas!". Ele não disse:

"Agora que eu lhe dei a seu marido, é indigno da parte dele deixar que você venha e peça mais a mim depois que lhe dei muita coisa". Há alguns pais idosos e ríspidos que se expressam dessa forma às suas filhas e dizem: "Não, não, não! Seja razoável, não posso suportar isso; você já recebeu uma boa parte, minha filha, e eu preciso pensar em outras pessoas além de você". Não, Calebe deu as fontes superiores e as fontes inferiores à filha e não lhe disse uma só palavra de reprovação, mas posso afirmar com grande segurança que ele sorriu para ela quando disse: "Pegue as fontes superiores e as fontes inferiores, e que você e seu marido desfrutem de todas! Afinal, você apenas pediu o que meu coração se agrada em lhe dar". Que esta noite o Senhor permita que peçamos a Ele com sabedoria, e que Ele não nos repreenda, mas nos conceda bênçãos de todas as maneiras, tanto as fontes superiores quanto as fontes inferiores, tanto o Céu quanto a Terra, tanto a eternidade quanto o tempo, tudo gratuitamente, e não nos diga nenhuma palavra de repreensão!

Termino este último ponto com uma ou duas perguntas simples. Por que esta noite alguns de vocês, caros amigos, receberam uma herança muito ressequida? A grama não cresce, e o milho não cresce; nada de bom parece crescer. Vocês araram e reviraram a terra, semearam e arrancaram as ervas daninhas, e ainda assim nada brotou. Vocês são cristãos e possuem uma herança, mas não estão muito propensos a cantar, não muito animados, não muito felizes, e estão sentados aqui esta noite e cantando no tom de Jó:

> Senhor, que terra miserável é esta,
> Que não nos rende nada!

Bom, e por que isso? Não há necessidade. Seu Pai celestial não quer que vocês vivam naquela condição miserável. Há algo a ser obtido que os elevará desse estado e mudará também seu tom de voz. Que cada filho de Deus aqui presente se dirija a seu Pai; assim como

Acsa se dirigiu a Calebe! Derramem o coração diante do Senhor com todo o desembaraço simples e natural de um filho confiante e amado!

Vocês dizem: "Ah, eu poderia fazer isso"? Então eu terei de lhes fazer uma pergunta: Somos realmente filhos de Deus se nunca nos aproximamos dele com aquela coragem santa? Vocês não acham que todo filho precisa sentir um pouco daquela confiança em relação ao pai? Se existe um filho neste mundo que diz: "Não, eu... eu... eu não consigo falar com meu pai", bom, não farei nenhuma pergunta, mas sei que há algo errado naquele lar; há algo que não está certo com o pai ou com o menino. Em qualquer lar onde existe amor, nunca ouvimos o filho ou a filha dizer: "Eu... eu... eu não posso pedir ao meu pai". Espero que nenhum de nós esteja nessa condição com referência a nosso pai terreno; que nenhum de nós esteja nessa condição com referência a nosso Pai celestial:

> Minh'alma, pede o que desejas,
> Não podes deixar de ter ousadia;
> Ele derramou Seu sangue por ti
> Que outras bênçãos Ele reteria?

Vamos, enquanto vocês estiverem sentados no banco esta noite, antes de nos reunirmos em volta da mesa de comunhão, apresentem seu pedido com a confiança de uma criança, e esperem ser ouvidos, esperem ter comunhão esta noite com o Pai e com Seu Filho Jesus Cristo.

E quanto a vocês, pobres pecadores, que não conseguem orar como uma criança, o que devem fazer? Bom, lembrem-se do que o Salvador disse à mulher siro-fenícia: "Não é bom tomar o pão dos filhos e lançá-lo aos cachorrinhos". Mas ela respondeu: "Sim, Senhor; mas os cachorrinhos, debaixo da mesa, comem das migalhas das crianças". Venham à procura de migalhas esta noite; porque, se um homem estiver satisfeito em comer migalhas com os cães, Deus não ficará satisfeito enquanto não lhe fizer comer pão com as crianças. E se vocês ocupam o lugar mais baixo, em breve Deus lhes dará um lugar mais alto. Venham a Jesus, e confiem nele de hoje em diante e para sempre. Amém.

Este sermão foi extraído de *O Púlpito do Tabernáculo Metropolitano* e pregado na noite de domingo, 2 de junho de 1889.

3

A ORAÇÃO DE JABEZ

...Se me abençoares muitíssimo...
(1 Crônicas 4:10 ARC).

Sabemos pouquíssimo a respeito de Jabez a não ser que ele era mais ilustre do que seus irmãos e que recebeu o nome de Jabez porque sua mãe, com dores, o deu à luz. Acontece, às vezes, que quando há grande tristeza na vida dos antepassados pode haver mais alegria na vida dos descendentes. Assim como a violenta tempestade dá lugar ao brilho do sol, também uma noite de choro precede a manhã de alegria. A tristeza é o arauto; a alegria é o príncipe a quem ele anuncia. Cowper diz:

> O caminho da tristeza, e somente esse caminho,
> Conduz ao lugar onde não se conhece a tristeza.

Na vida, muitas vezes descobrimos que precisamos semear com lágrimas antes de colher com alegria. Muitas de nossas obras para

Cristo nos custam lágrimas. Os problemas e as decepções pressionam nossa alma com a angústia. No entanto, aqueles projetos que nos custaram mais do que a tristeza comum passaram a ser, em geral, nossos trabalhos mais respeitados. Embora nossa tristeza tenha chamado o descendente desejado de *Benoni*, "o filho da minha dor", nossa fé pode depois dar-lhe o nome de regozijo, *Benjamim*, "o filho de minha mão direita". Você pode esperar uma bênção ao servir a Deus se for capaz de perseverar sob muitos desencorajamentos. O navio quase sempre demora muito para voltar à casa porque ficou detido no caminho por excesso de peso. Supõe-se que sua carga esteja mais leve quando ele chegar ao porto. Mais ilustre do que seus irmãos foi o filho a quem sua mãe, entre dores, deu à luz. Quanto a este Jabez, cujo objetivo era bem definido, cuja fama tão proclamada, cujo nome tão preservado — ele foi um homem de oração. A honra que ele desfrutou não teria tido valor se não tivesse sido vigorosamente contestada e imparcialmente conquistada. Sua devoção foi vital para sua promoção. Essas são as melhores honras que vêm de Deus, uma recompensa de Sua graça com o reconhecimento do serviço. Quando o nome de Jacó foi mudado para Israel, ele recebeu seu principado depois de uma noite memorável de oração. Certamente foi muito mais honrada para ele do que se lhe tivesse sido concedida como uma distinção lisonjeira por um imperador humano. A melhor honraria é aquela que o homem conquista quando está em comunhão com o Altíssimo. Jabez, pelo que sabemos, foi mais ilustre do que seus irmãos, e sua prece é imediatamente registrada, como se tivesse o intuito de insinuar que ele era também mais dedicado à oração do que seus irmãos. Sabemos quais eram as petições contidas em suas orações. Todas são muito importantes e instrutivas. Temos tempo apenas para escolher uma parte dela — na verdade, basta aquela única parte para entendermos o resto: "Se me abençoares muitíssimo". Recomendo que façamos essa oração, caros irmãos e irmãs; uma oração que estará disponível em todas as épocas, uma oração com a qual começar e terminar a vida cristã, uma prece que jamais ficará fora de contexto em nossas alegrias ou em nossas tristezas.

"Ó, que tu, o Deus de Israel, o Deus da aliança, me abençoes muitíssimo!" O ponto central da oração parece estar nessa palavra "muitíssimo". Há muitos tipos de bênçãos. Algumas são bênçãos somente no nome; agradam aos nossos desejos por um momento, mas decepcionam permanentemente nossas expectativas. Fascinam os olhos, mas são insípidas ao paladar. Outras não passam de bênçãos temporárias; sucumbem com o uso. Embora deleitem os sentidos por algum tempo, não conseguem satisfazer aos desejos mais elevados da alma. "Se me abençoares muitíssimo". Aprendi que aquele que Deus abençoa será abençoado. A coisa boa em si é concedida com a boa vontade do doador e produzirá tão boa sorte a quem a recebe que ele será muitíssimo abençoado, pois não há nada comparável a ela. Que a graça de Deus aja, que a escolha de Deus a determine, que a abundância divina quantifique e então a dádiva será algo semelhante a Deus, algo digno dos lábios que pronunciaram a bênção, e verdadeiramente almejada por todos que buscam a honra que é substancial e duradoura. "Se me abençoares muitíssimo." Meditem nisso, e vocês verão que há um significado muito profundo na expressão.

Podemos contrastá-la com as bênçãos humanas: "Se me abençoares muitíssimo". É muito bom sermos abençoados por nossos pais e por aqueles amigos veneráveis, cujas bênçãos provêm do coração e são amparadas por suas orações. Muitos homens pobres não possuem nenhum outro legado para deixar aos filhos a não ser a sua bênção, embora a bênção de um pai cristão, sincero e piedoso seja um rico tesouro para seus filhos. Alguém poderia pensar que perder a bênção do pai seria algo deplorável na vida. Gostamos de recebê-la. A bênção de nossos pais espirituais é consoladora. Apesar de não crermos em sacerdotalismo, gostamos de viver no afeto daqueles que foram os canais que nos levaram a Cristo, e desses lábios fomos instruídos nas coisas de Deus. E como é preciosa a bênção do pobre!

Não questiono o fato de que Jó tenha entesourado isso como algo bom: "Ouvindo-me algum ouvido, esse me chamava feliz". Se você consolou as viúvas e os órfãos, e os agradecimentos deles lhe foram devolvidos em forma de bênção, certamente a recompensa não foi banal. Mas, afinal, caros amigos, tudo o que os pais, os parentes, os santos e as pessoas agradecidas podem fazer em forma de bênção está muito aquém daquilo que desejamos ter. "Ó Senhor, temos as bênçãos de nossos semelhantes, as bênçãos que provêm do coração deles, mas peço que me abençoes muitíssimo, porque podes abençoar com autoridade. As bênçãos deles talvez não passem de palavras, mas as Tuas são verdadeiras. Em geral eles desejam o que não podem fazer e desejam dar o que não possuem à disposição, mas Tua vontade é onipotente. Criaste o mundo com uma só palavra. Ó, que essa onipotência anuncie agora Tua bênção! Outras bênçãos podem trazer-nos pequenas alegrias, mas no Teu favor está a vida. As outras são meras partículas em comparação com Tua bênção, porque Tua bênção é o documento de posse 'para uma herança incorruptível' e imarcescível, para um 'reino que não poderá ser abalado'".

Assim, Davi poderia ter orado apropriadamente em outro lugar: "Com a tua bênção, será, para sempre, bendita a casa do teu servo". Talvez nessa ocasião, Jabez pode ter contrastado a bênção de Deus com as bênçãos dos homens. Os homens os abençoam quando vocês fazem o bem a si mesmos. Eles elogiam o homem bem-sucedido nos negócios. Nada tem tanto sucesso quanto o próprio sucesso. Nada recebe tanta aprovação do público em geral quanto a prosperidade do homem. Infelizmente, eles não pesam as ações dos homens nas balanças do santuário, mas em outras balanças. Vocês encontram pessoas que os elogiam quando vocês são prósperos ou, como fizeram os amigos de Jó, os condenam quando passam por adversidade. Talvez possa haver algum aspecto nas bênçãos deles que lhes agradem porque vocês acham que as merecem. Eles os elogiam por seu patriotismo; vocês são patriotas. Eles os elogiam por sua generosidade; vocês sabem que são abnegados. Bem, mas afinal, qual é o veredicto do homem? Em um julgamento, o veredicto do policial que se apresenta no tribunal ou dos espectadores que se sentam na plateia não têm valor algum. O homem que está sendo julgado acha que a única coisa, e a mais importante de todas, será o veredicto do júri e a sentença do juiz. Portanto, o elogio ou a desaprovação dos outros, quaisquer que sejam, de nada vale para nós. As bênçãos deles não têm grande valor. Mas, "se me abençoares muitíssimo", quero que digas: "Muito bem, servo bom e fiel". Elogia o pouco serviço que, mediante Tua graça, meu coração rendeu. Terei sido então muitíssimo abençoado.

Os homens são, às vezes, abençoados de formas excessivas pela adulação. Há sempre aqueles que, como a raposa na fábula, esperam ganhar o queijo elogiando o corvo. Eles nunca viram tanta plumagem, e nenhuma voz soou tão suave quanto a sua. Toda a mente deles não está voltada a vocês, mas no que podem conseguir de vocês. A raça de aduladores nunca se extingue, embora quase sempre os elogiados gostem de elogiar a si mesmos. Eles entendem que os homens se elogiam mutuamente, mas, quando recebem uma grande quantidade de elogios, tudo é tão palpável e transparente que eles os aceitam com uma grande dose de autocomplacência, como se fosse um pequeno exagero, porém perto demais da verdade. Não somos muito aptos a dar desconto aos elogios que os outros nos fazem; mas, se fôssemos sábios, abraçaríamos os que nos desaprovam, e sempre manteríamos a um braço de distância aqueles que nos elogiam, porque aqueles que nos desaprovam face a face possivelmente não estarão negociando conosco. Porém, em relação àqueles que nos exaltam, que se levantam cedo e proferem palavras de elogio em voz alta, são suspeitos, e raramente seremos injustos por desconfiar deles, porque há outros motivos no elogio que eles nos fazem, além daquele que aparece na superfície.

Rapaz, você está em uma posição na qual Deus o honrou? Cuidado com os aduladores. Ou possui uma grande propriedade? Possui bens em abundância? Sempre há moscas onde há mel. Cuidado com os aduladores. Moça, você tem uma bela aparência? Há pessoas ao seu redor que têm planos, talvez planos maléficos, ao falar de sua beleza. Cuidado com os aduladores. Afaste-se dos que possuem mel na língua; embaixo dela há veneno de cobra. Lembre-se do conselho de Salomão: "Não te metas com quem muito abre os lábios". Clamem ao Senhor: "Livra-me de todas estas vãs adulações que me enojam a alma". Então vocês orarão a Ele com mais fervor: "Se me abençoares muitíssimo". Que eu receba a Tua bênção que nunca extrapola o que ela diz, que nunca me dá menos do que aquilo que promete. Se vocês compararem a oração de Jabez com as bênçãos que vêm dos homens, verão muita força nela.

Podemos, porém, vê-la por outro ângulo e comparar a bênção que Jabez almejava com as bênçãos temporais e transitórias. Há muitas recompensas que nos são concedidas misericordiosamente por Deus e pelas quais nos sentimos no dever de ser agradecidos, mas não podemos ter expectativas exageradas a respeito delas. Devemos aceitá-las com gratidão, mas não podemos transformá-las em ídolos. Quando as recebemos, temos grande necessidade de gritar: "Abençoa-me muitíssimo e transforma essas bênçãos menores em bênçãos reais". Se não as recebermos, devemos gritar com veemência muito maior: "Ó, que possamos ser ricos na fé, mas não somos abençoados com esses favores externos, que possamos ser abençoados espiritualmente, e então seremos muitíssimo abençoados".

Vamos rever algumas dessas misericórdias e dizer apenas uma ou duas palavras a respeito delas.

Um dos primeiros desejos do coração dos homens é por riqueza. Esse desejo é tão universal que quase poderíamos dizer que se trata de um instinto natural. Quantas pessoas pensam que, se tivessem riqueza, seriam muitíssimo abençoadas! Mas há 10 mil provas de que a felicidade não consiste na abundância daquilo que o homem possui. Há tantos exemplos que todos vocês conhecem, que não necessito citar nenhum para mostrar que as riquezas não são muitíssimo abençoadas. Porém, aparentam ser mais do que realmente são. Portanto, é muito sábio quem diz que, quando vemos a riqueza que um homem possui, nós o invejamos, mas se pudéssemos ver o pouco que ele aproveita dessa riqueza, teríamos pena dele. Algumas pessoas que vivem em circunstâncias fáceis demais não possuem mente tranquila. Aqueles que amealharam tudo o que queriam, tiveram seus desejos totalmente satisfeitos, se deixaram levar pelos bens que possuíam e se tornaram infelizes porque queriam mais.

> O avarento morre de fome em seu celeiro,
> Choca seu ouro, sempre querendo mais,
> Senta-se tristemente sem se mover, e acredita ser pobre.

Nada é mais claro, para quem queira observar, que as riquezas não são o bem principal do qual a tristeza foge e na presença da qual a alegria eterna brota. A riqueza completa quase sempre ilude seu dono. Delícias estão espalhadas sobre sua mesa, mas seu apetite desaparece; os menestréis aguardam suas ordens, mas os ouvidos deles estão surdos a todos os acordes da música; têm tantas férias quanto quiserem, mas para eles a recreação perdeu todo o encanto. Ou se for moço, a fortuna lhe caiu nas mãos por herança, e ele faz do prazer sua busca até que essa brincadeira se torna mais maçante que o trabalho, e a libertinagem pior do que a labuta. Vocês sabem que as riquezas criam asas, como o passarinho que se empoleira na árvore e voa para longe. Na doença e no abatimento esses amplos recursos que um dia pareciam sussurrar: "Alma, descansa", provaram ser maus consoladores. Na morte, eles têm até a tendência de tornar a angústia da separação mais aguda porque "quanto mais há para deixar, mais há para perder". Seria bom dizermos, se somos ricos: "Meu Deus, não me deixes perturbar por essas coisas sem valor; que eu nunca transforme em deuses a prata ou o ouro, nem os bens e as posses, nem as propriedades e os investimentos, que em Tua providência me concedeste. Eu te imploro, abençoa-me muitíssimo. E quanto a essas posses efêmeras, elas serão minha maldição a menos que com elas eu receba a Tua graça". E se vocês não possuem riqueza, e talvez não a tenham pelo resto da vida, digam: Meu Pai, tu me negaste este bem exterior e aparentemente bom; enriquece-me com Teu amor, dá-me o ouro de Teu favor, abençoa-me muitíssimo, e depois distribui aos outros conforme Tua vontade. Divide minha porção, e minha alma aguardará a Tua vontade todos os dias. Abençoa-me muitíssimo e serei feliz.

Outra bênção transitória que nossa pobre condição humana ambiciona profundamente e busca com avidez é a fama. A esse respeito gostaríamos de ser mais ilustres que nossos irmãos e vencer todos os nossos concorrentes. Parece natural que todos nós queiramos projetar nosso nome e ganhar um pouco de notoriedade a qualquer preço no círculo em que vivemos. Queremos, se possível, ampliar esse círculo. Mas aqui, da mesma forma que com relação à riqueza, é inquestionável que a mais alta fama não traz consigo nenhuma medida igual de gratificação. Os homens, ao buscarem notoriedade ou honra, têm certa medida de prazer na busca que eles nem sempre possuem, quando conseguem o que desejavam. Alguns dos homens mais famosos também são os mais infelizes da raça humana. Se vocês possuem honra e fama, aceitem-nas, mas permitam que sua oração se eleve ao Céu: "Meu Deus, abençoa-me muitíssimo, pois que proveito terei se meu nome estiver na boca de milhares de pessoas, e tu o vomitares de Tua boca? De que adiantará meu nome ter sido escrito em mármore se não estiver escrito no Livro da Vida do Cordeiro? Essas bênçãos são apenas bênçãos aparentes, bênçãos efêmeras, bênçãos que me ridicularizam. Dá-me Tua bênção, e então a honra que virá de ti me abençoará muitíssimo". Caso vocês tenham vivido na obscuridade e nunca fizeram parte da lista dos ilustres entre seus companheiros, contentem-se em percorrer sua carreira honrosamente e em cumprir verdadeiramente sua vocação. A falta de fama não é a mais angustiante das doenças; é pior tê-la como a neve que branqueia o chão de manhã e desaparece no calor do dia. O que importa a um homem morto que os outros ainda falem dele? Peçam que Deus os abençoe muitíssimo.

Há outra bênção temporária que os sábios desejam e podem desejá-la legitimamente em vez das outras duas — *a bênção da saúde*. Será que podemos valorizá-la o suficiente? Desprezar essa dádiva é loucura dos tolos. Os maiores elogios que puderem ser feitos à saúde jamais seriam excessivos. Aquele que tem saúde é infinitamente mais abençoado do que o enfermo, em qualquer situação que estiver. Ainda que eu tenha saúde, que meus ossos estejam firmes e meus músculos bem alongados, ainda que raramente sinta dor, mas me levante de manhã com passos ágeis para dirigir-me ao trabalho e me jogue no sofá à noite e durma o sono dos afortunados, ainda assim, ó, não permitas que eu me glorie em minha força! A qualquer momento a saúde poderá me faltar. Algumas poucas semanas podem reduzir um homem forte a um esqueleto. Ele poderá começar a definhar; o rosto empalidecerá com a sombra da morte. Que o homem forte não se glorie em sua força. O Senhor "não faz caso da força do cavalo, nem se compraz nos músculos do guerreiro". Não devemos nos vangloriar dessas coisas. Vocês, que gozam de boa saúde, digam: "Meu Deus, abençoa-me muitíssimo. Dá-me uma alma sadia. Cura minhas enfermidades espirituais. *Jeová Rafá*, vem e limpa a lepra que se encontra, por natureza, em meu coração. Torna-me sadio da maneira celestial, para que eu não seja afastado e colocado entre os impuros, mas que esteja entre a congregação de Teus santos. Abençoa minha saúde física para que eu a use com retidão, empregando a força que tenho em Teu serviço e para Tua glória; senão, apesar de ser abençoado com saúde, eu não serei abençoado muitíssimo".

Alguns de vocês, caros amigos, não possuem o grande tesouro da saúde. Dias e noites fatigantes estão designados para vocês. Seus ossos tornaram-se um calendário no qual vocês anotam as mudanças do tempo. Há muitas coisas em vocês que são dignas de causar piedade. Oro, porém, para que sejam muitíssimo abençoados, e sei do que estou falando. Posso identificar-me sinceramente com uma irmã que me disse outro dia: "Aproximei-me muito de Deus quando estive enferma, tive muita segurança e alegria no Senhor. Lamento dizer que perdi tudo isso agora, e que chego quase a desejar adoecer novamente, para ter uma comunhão renovada com Deus". Tenho olhado muitas vezes com gratidão para meu leito de enfermidade. Estou certo de que não cresci nem metade em graça em qualquer época quanto quando estive no leito de sofrimento. Não deveria ser assim. As misericórdias jubilosas que recebemos deveriam ser excelentes fertilizantes para o nosso espírito, mas é comum nosso sofrimento ser mais salutar que nossa alegria. A tesoura de podar é melhor para alguns de nós. Bem, afinal, não importa o sofrimento que nos sobrevier — fraqueza, debilidade, dor, angústia. Que ele receba muitos cuidados da divina presença, a fim de que essa momentânea tribulação produza em vocês eterno peso de glória, e que sejam muitíssimo abençoados.

Vou me deter apenas em mais uma bênção temporária que é muito preciosa — refiro-me à *bênção do lar*. Penso que ninguém é capaz de prezá-lo exageradamente ou exaltá-lo demais. Que bênção é ter um espaço ao redor da lareira, onde as pessoas queridas de nossos relacionamentos se reúnem em torno da palavra *lar* — esposa, filhos, pai, irmão, irmã! Ora, não existe nenhuma canção em qualquer idioma que tenha mais musicalidade do que aquelas dedicadas à mãe. Ouvimos muito a canção *German Fatherland* [N.E.: tradução: A terra além de nossos pais. Canção alemã de fundo patriótico, escrita por Ernst Moritz Arndt em 1813. Em 1825 recebeu nova melodia por Gustav Reichardt, o que a tornou muito popular.] e gostamos de sua sonoridade. Mas a palavra *pai* é o todo dela. A palavra *terra* não é nada; o *pai* é principal da música. Há muitos de nós, assim espero, abençoados com muitos desses relacionamentos. Não nos conformemos em consolar nossa alma com os laços que em breve serão rompidos. Vamos pedir, acima de tudo, que sejamos muitíssimo abençoados. Eu te agradeço, meu Deus, por meu pai terreno, mas, ó, quero que sejas meu Pai, e então serei muitíssimo abençoado. Agradeço-te, meu Deus, pelo amor de uma mãe, mas peço que consoles minha alma como alguém a quem uma mãe consola, e então serei muitíssimo abençoado. Agradeço-te, Salvador, pelos laços do matrimônio, mas desejo que sejas o noivo de minha alma. Agradeço-te pelos laços da fraternidade, mas quero que sejas meu irmão nascido para a adversidade, osso de meu osso, carne de minha carne.

Valorizo o lar que me deste e te agradeço por ele; mas quero habitar na casa do Senhor para sempre e ser um filho que nunca segue os próprios passos nem se distancia da casa do Pai com suas muitas moradas. Assim, serei muitíssimo abençoado. E se não residir sob os cuidados paternos do Todo-Poderoso, mesmo a bênção do lar, com todos os seus doces confortos familiares, não alcançará as bênçãos que Jabez desejou para si. Mas estou falando a alguns aqui que estão separados da família e dos parentes? Sei que alguns de vocês foram deixados gravemente feridos nas trincheiras da vida, onde partes de seu coração estão enterradas, e o que resta é apenas o sangramento de muitas feridas. Ah, que o Senhor os abençoe muitíssimo! Viúva, seu Criador é seu marido. Órfão, Ele disse: "Não vos deixarei órfãos, voltarei para vós outros". Ó, encontrem todos os seus relacionamentos edificados nele, então vocês serão muitíssimo abençoados! Talvez eu tenha levado muito tempo para mencionar essas bênçãos temporárias, portanto vou colocar o texto sob outro ângulo. Creio que temos recebido bênçãos humanas e bênçãos temporárias para encher nosso coração de alegria, mas não para enganá-lo com coisas do mundo ou para distrair nossa atenção daquilo que pertence ao nosso bem-estar eterno.

Vamos prosseguir e, em terceiro lugar, falar das *bênçãos imaginárias*. Essas bênçãos existem no mundo. Que Deus nos livre delas.

"Se me abençoares muitíssimo". Observem o fariseu. Ele estava na casa do Senhor e imaginou ter recebido a Sua bênção. Isso lhe deu muita coragem, e ele falou com autocomplacência melosa: "Ó Deus, graças te dou porque não sou como os demais homens", e assim por diante. Ele recebeu a bênção e supôs que tivesse mérito para recebê-la. Jejuava duas vezes por semana, dava o dízimo de tudo quanto ganhava, até os poucos vinténs pela hortelã e as moedinhas extras pelo cominho que havia usado. Sentia que havia feito tudo. Dele era a bênção de uma consciência silenciosa ou inativa; homem bom, complacente. Era um exemplo para a comunidade. Era lamentável que os demais não vivessem como ele; se o fizessem, não precisariam de polícia. Pilatos poderia ter demitido seus guardas, e Herodes, seus soldados. Ele era um ser humano excelente. Adorava a cidade da qual era um dos seus pilares! Sim, mas não era muitíssimo abençoado. Aquilo era fruto de sua imaginação presunçosa. Ele não passava de um falastrão, e a bênção que acreditava ter recebido nunca existiu. O pobre publicano a quem o fariseu julgava amaldiçoado voltou para casa justificado; o fariseu, não. A bênção não caiu sobre o homem que imaginava tê-la recebido. Ó, que cada um de nós aqui sinta a ferroada dessa reprimenda e ore: "Grande Deus, livra-nos de imputar a nós mesmos uma justiça que não possuímos. Livra-nos de nos embrulharmos em nossos trapos e imaginar que trajamos vestes de gala. Abençoa-me muitíssimo. Que eu tenha a justiça verdadeira. Que eu tenha o valor verdadeiro que aceitas, o valor da fé em Jesus Cristo".

Outra forma dessa bênção imaginária encontra-se nas pessoas que negam ser consideradas hipócritas. Sua ilusão, no entanto, é similar à anterior. Ouço-as cantar:

> Eu creio, sim, eu crerei,
> Que Jesus morreu por mim;
> E na cruz Ele derramou Seu sangue,
> Do pecado me livrou.

Vocês dizem crer. Bem, como sabem disso? Em que autoridade vocês se baseiam para ter tanta certeza? Quem lhes disse? "Ah, eu creio." Sim, mas precisamos ter cuidado com aquilo em que cremos. Vocês têm uma evidência clara de um interesse especial no sangue de Jesus? Podem apresentar alguns motivos espirituais para acreditar que Cristo os livrou do pecado? Receio que alguns tenham uma esperança sem fundamento, como uma âncora sem patas — nada para se firmar, nada para se agarrar. Eles dizem que são salvos, e se apegam a isso. Pensam que é pecaminoso duvidar disso, mas não têm motivo algum para comprovar sua confiança. Quando os filhos de Coate carregavam a arca e tocavam nela com as mãos, eles o faziam corretamente. Quando Uzá a tocou, ele morreu. Há aqueles que estão prontos para ter certeza absoluta; há outros que morrem de medo só em mencioná-lo. Existe uma grande diferença entre pressuposição e certeza absoluta. Certeza absoluta é racional; baseia-se em fundamento sólido. A pressuposição aceita sem discutir e anuncia com desfaçatez uma coisa à qual ela não tem direito algum. Acautelem-se, é a minha oração, de pressupor que estão salvos. Se vocês acreditam de coração em Jesus, então estão salvos, mas se dizem simplesmente: "Eu confio em Jesus", essas palavras não os salvarão. Se seu coração for renovado, se vocês odiarem aquilo que antes amavam e amarem aquilo que antes odiavam, se houve arrependimento verdadeiro, se houve uma mudança completa em seu modo de pensar, se nasceram de novo, então terão motivo para regozijar-se. Se, porém, não houve mudança vital e santidade interior; se não houve amor a Deus, nenhuma oração, nenhuma obra do Espírito Santo, então suas palavras: "Estou salvo", serão apenas uma declaração, e poderão iludi-los, mas não os libertarão. Nossa oração deve ser: "Ó, que me abençoes muitíssimo com fé verdadeira, com salvação verdadeira, com a verdade em Jesus que é o elemento essencial da fé, não com conceitos que causam credulidade. Deus, livra-nos das bênçãos imaginárias!". Conheço pessoas que dizem: "Creio que estou salvo porque sonhei com isso" ou "Porque li um texto das Escrituras que se aplica ao meu caso" ou "Um certo homem muito bondoso me disse tal e tal coisa em seu sermão" ou "Porque comecei a chorar e fiquei entusiasmado, e senti o que nunca senti antes". Ah! Porém nada resistirá mais ao julgamento do que estas palavras: "Você renuncia a toda a confiança em tudo, exceto na obra consumada de Jesus, e vem a Cristo para reconciliar-se nele com Deus?". Se sua resposta for negativa, seus sonhos, visões e crenças não passarão de sonhos, visões e crenças; e estes não lhes serão úteis quando você mais precisar deles. Ore para que o Senhor o abençoe muitíssimo, porque há grande escassez dessa verdade legítima em todo o andar e falar.

Receio que muitas pessoas, mesmo as que estão salvas — salvas agora e por toda a eternidade — necessitam dessa admoestação e têm bons motivos para fazer esta oração, que aprendam a fazer distinção entre algumas coisas que elas imaginam ser bênçãos espirituais e outras que são bênçãos verdadeiras. Deixem-me demonstrar o que quero lhes dizer. Vocês acham que é uma bênção receber resposta à sua oração com base naquilo que desejam? Gosto sempre de restringir minha mais sincera oração a estas palavras: "Não como eu quero, mas como tu queres". Não considero essa oração apenas um dever; gosto dela porque, do contrário, eu poderia pedir algo perigoso para mim. Deus poderia me concedê-lo em Sua ira; eu sentiria pouca satisfação em receber o que pedi e essa coisa me traria muito sofrimento. Vocês se lembram de como o povo de Israel pediu carne e Deus enviou-lhes codornizes? Mas enquanto a carne ainda estava entre os seus dentes, a ira de Deus acendeu-se contra o povo. Peçam carne, se quiserem, mas digam sempre: "Senhor, se isso não me abençoar muitíssimo, não me concedas". "Abençoa-me muitíssimo."

Gosto de repetir a velha história da mulher cujo filho estava enfermo — uma criança pequena à beira da morte — e ela implorou ao pastor, um puritano, que orasse pela vida de seu filho. Ele orou com muito fervor, mas acrescentou: "Se for da Tua vontade, salva esta criança".

A mulher disse: "Não posso ouvir isto. Preciso que o senhor ore para salvar a criança. Não acrescente nenhum *se* ou *mas*". "Mulher", disse o pastor, "pode ser que a senhora se arrependa do dia em que desejou pôr a sua vontade contra a vontade de Deus". Vinte anos depois, ela foi carregada depois de sofrer um desmaio sob a forca de Tyburn, onde seu filho foi condenado à morte como criminoso. Embora a mãe tenha visto o filho crescer e tornar-se adulto, teria sido infinitamente melhor para ela se a criança tivesse morrido e infinitamente mais sábio se ela tivesse se submetido à vontade de Deus. Não tenham tanta segurança de que a resposta que vocês desejam à oração seja prova do amor divino. Ela pode deixar muito espaço para vocês buscarem o Senhor, dizendo: "Se me abençoares muitíssimo". Às vezes, uma enorme alegria de espírito, ânimo no coração, apesar de ser uma alegria religiosa, nem sempre é uma bênção. Nós nos deleitamos nisso e, ó, às vezes, quando tivemos reuniões de oração aqui, o fogo ardeu e nossa alma brilhou! Na ocasião, sentimos que podíamos cantar:

> Nossa alma desejosa ficaria
> Da maneira como está,
> Sentada até se esgotar cantando
> Esta alegria permanente.

Mesmo sendo uma bênção e sendo agradecido por ela, eu não gostaria de organizar essas reuniões como se minhas alegrias fossem o símbolo principal do favor de Deus ou que fossem os sinais principais de Sua bênção. Talvez a bênção fosse maior se eu me prostrasse diante do Senhor neste momento com o espírito quebrantado. Quando pedirem pela alegria suprema e orarem para estar no monte com Cristo, lembrem-se de que pode ser uma bênção, sim, uma bênção verdadeira, vocês serem levados ao Vale da Humilhação, colocados abaixo de tudo e serem constrangidos a clamar com angústia: "Senhor, salva-me, senão perecerei!".

Se Ele designou o dia de hoje para nos abençoar
Com um sentimento de pecados perdoados,
Amanhã Ele poderá nos angustiar,
Fazer-nos sentir a praga que existe em nós
Tudo para nos tornar
Enojados de nós mesmos e adoradores dele.

Essas nossas experiências variáveis são bênçãos verdadeiras, pois, se sempre estivéssemos nos regozijando, seríamos como Moabe, instalados em nossos abrigos, sem sermos derramados de vasilha para vasilha. Não progridem aqueles que não mudam; eles não temem a Deus. Será que nós, caros amigos, não invejamos às vezes as pessoas que estão sempre calmas e serenas, sem nenhuma perturbação na mente? Bem, há cristãos cuja conduta linear merece ser imitada. E aquele calmo repouso, aquela certeza inabalável que vem do Espírito de Deus, são aquisições muito prazerosas, mas não estou certo de que devemos invejar a sorte de uma pessoa por ela ser mais tranquila ou menos exposta às tempestades e tormentas do que nós. É perigoso dizer: "Paz, paz", onde não há paz e onde há uma bonança causada por insensibilidade. Tolos são aqueles que enganam a própria alma. Eles dizem não ter dúvidas, mas é porque pouco fazem a autossondagem. Não têm ansiedades, porque possuem pouco espírito de aventura ou pouca atividade para provocá-las. Ou então não sentem dor porque não possuem vida. É melhor ir para o Céu aleijado e mutilado que marchar com confiança para o inferno. "Abençoa-me muitíssimo!" Meu Deus, não invejarei os dons nem as bênçãos de ninguém, muito menos o temperamento interior ou as circunstâncias externas dele, se apenas "me abençoares muitíssimo". Não serei consolado se não me consolares, nem terei paz se Cristo não for a minha paz, não terei nenhum descanso a não ser aquele que vem do doce sabor do sacrifício de Jesus. Cristo será tudo em todos, e ninguém será nada para mim, a não ser Ele mesmo. Ó, que possamos sentir sempre que não devemos julgar a forma da bênção, mas deixar que Deus nos conceda o que devemos receber; não a bênção imaginária, a bênção aparente e superficial, e assim seremos muitíssimo abençoados!

Em relação ao nosso trabalho e serviço penso igualmente que nossa oração deveria sempre ser: "Se me abençoares muitíssimo!". É lamentável observar o trabalho de bons homens, embora não caiba a nós julgá-los, e ver como é pretensioso e irreal. É verdadeiramente chocante pensar que alguns homens fingem construir uma igreja em duas ou três noites. Eles relatam, no canto da página dos jornais, que houve 43 pessoas convencidas do pecado e 46 justificadas e, às vezes, 38 santificadas. Desconheço algo, além das estatísticas maravilhosas, que eles tenham apresentado quanto ao trabalho realizado. Tenho observado congregações que se formam rapidamente e conseguem arrebanhar, de repente, um grande número de pessoas para a igreja. E o que acontece com elas? Onde estão essas igrejas neste momento? Os desertos mais áridos da cristandade são aqueles lugares que foram fertilizados com os evidentes excrementos de alguns avivalistas. A igreja inteira parece ter empregado sua força em uma só investida e esforço à procura de alguma coisa, e acabou em nada. Eles construíram uma casa de madeira, amontoaram o feno e fizeram uma torre de palha que parecia alcançar os Céus. Bastou cair uma fagulha e tudo se transformou em fumaça, e aquele que veio para reconstruí-la — o sucessor do grande construtor — teve de varrer as cinzas antes de poder fazer qualquer coisa útil. A oração de cada um que serve a Deus deveria ser: "Abençoa-me muitíssimo". Trabalhe, trabalhe. Se eu apenas construir um cômodo em minha vida e nada mais, quer seja de ouro, prata ou pedras preciosas, será um trabalho enorme para um homem; ou se construir um cantinho que não aparece, será um serviço valioso. Não será muito comentado, mas ele durará. O ponto principal é este: durará. "Confirma sobre nós as obras das nossas mãos, sim, confirma a obra das nossas mãos". Se não somos construtores de uma igreja consolidada, será inútil até tentar. Aquilo que Deus consolida perdurará, mas o que os homens constroem sem Sua confirmação, certamente será reduzido a nada. "Abençoa-me muitíssimo!" Professor de Escola Dominical, seja essa a sua oração. Distribuidores de folhetos, pregadores, ou qualquer que seja sua função, querido irmão ou irmã, seja qual for o seu serviço, peçam a Deus que não sejam um daqueles engessadores que usam argamassas falsas, que precisam apenas de uma fina camada de geada e o próprio clima para serem reduzidas a migalhas. Se não conseguirem construir uma catedral, construam pelo menos uma parte do templo maravilhoso que Deus está edificando para a eternidade, que durará mais que as estrelas.

Tenho somente mais um ponto a mencionar antes de terminar este sermão. *As bênçãos da graça de Deus abençoam muitíssimo* e devemos ansiosamente buscá-las. Por essas marcas vocês as conhecerão. Somos abençoados muitíssimo quando tais bênçãos vêm da mão traspassada; bênçãos que vêm do madeiro sangrento no Calvário, escorrendo do lado ferido do Salvador — Seu perdão, Sua aceitação, Sua vida espiritual, o pão que é a carne verdadeira, o sangue que é a bebida verdadeira, a unidade com Cristo e tudo o que emana disso — e assim seremos abençoados muitíssimo. Todas as bênçãos que vêm como resultado da obra do Espírito em nossa alma nos abençoam muitíssimo; apesar de nos humilhar, apesar de nos desnudar, apesar de nos matar, elas nos abençoarão muitíssimo. Mesmo que o rastelo aplaine sua alma e que o arado profundo sangre seu coração; mesmo que vocês sejam mutilados, feridos e dados como mortos, ainda assim, se o Espírito de Deus realizar Sua obra, vocês serão abençoados muitíssimo. Se Ele os convencer do pecado, da justiça e do juízo, mesmo que vocês ainda não tenham sido conduzidos a Cristo, vocês serão abençoados muitíssimo. Aceitem tudo o que Ele fizer; não duvidem, mas orem para que Ele continue a abençoar sua alma. Qualquer coisa que os conduza a Deus de modo semelhante os abençoará muitíssimo. A riqueza não pode fazer isso. Poderá haver uma parede de ouro entre vocês e Deus. A saúde não pode fazer isso, até mesmo a força e o tutano de seus ossos os manterão distantes de seu Deus. Mas tudo que os atrair para perto dele os abençoará muitíssimo. E se uma cruz os levantar? Se ela os levantar até Deus, vocês serão abençoados muitíssimo. Tudo que chega à eternidade com uma preparação para o mundo que virá, tudo que pudermos carregar para atravessar o rio — a alegria santa que brotará naqueles campos além da enchente, o amor puro e desanuviado entre os irmãos que será a atmosfera da verdade para sempre — tudo que tenha uma grande marca eterna — a marca imutável — nos abençoará muitíssimo. E tudo que me ajudar a glorificar a Deus me abençoará muitíssimo. Se eu estiver enfermo, e se a enfermidade me ajudar a louvá-lo, serei abençoado muitíssimo. Se eu for pobre e puder servir melhor a Ele na pobreza do que na riqueza serei abençoado muitíssimo. Se eu for desprezado, alegrar-me-ei naquele dia e saltarei de alegria, se for por amor a Cristo, serei abençoado muitíssimo. Sim, minha fé joga fora o fingimento, arranca a tiara da bela fronte da bênção e computa todas as alegrias, transformando-as em provações por amor a Jesus e pela recompensa que Ele prometeu. "Se me abençoares muitíssimo".

Agora eu me despeço com estas três palavras. *Busquem*. Vejam se as bênçãos os abençoam muitíssimo, e não se contentem a não ser que saibam que provêm de Deus, que são provas de Sua graça e zelos de Seu propósito de salvação. *Pesem* — é a próxima palavra. Seja o que for que vocês possuírem, pesem na balança e certifiquem-se de que são muitíssimo abençoados, conferindo se essa graça lhes concede amor abundante e abundância de boas palavras e boas obras. E finalmente: *Orem*. Orem de maneira que essa prece se misture com todas as suas orações, para que aquilo que Deus lhes conceder, ou não lhes conceder, os abençoe muitíssimo. Vocês estão atravessando tempos de alegria? Ó, que Cristo enriqueça sua alegria e evite que a embriaguez das bênçãos terrenas os levem para bem longe da comunhão com Ele! Na noite de tristeza, orem para que Ele os abençoe muitíssimo, para que a amargura também não os embriague e os deixe bêbados, para que as aflições não os façam pensar nele com rancor. Orem pela bênção, a qual, quando receberem, sejam ricos em todos os propósitos da alegria. Ou, caso não a recebam, sejam pobres e miseráveis, apesar de terem seus depósitos abastecidos. "Se tua presença não for comigo, não nos tire daqui", mas abençoa-me muitíssimo!

Este sermão foi extraído de *O Púlpito do Tabernáculo Metropolitano* e pregado no Metropolitan Tabernacle, em Newington, em 1871.

4

OS DOIS GUARDAS — ORANDO E VIGIANDO

Porém nós oramos ao nosso Deus e, como proteção, pusemos guarda contra eles, de dia e de noite (Neemias 4:9).

Neemias e os judeus estavam reconstruindo os muros de Jerusalém. Sambalate e os outros estavam zangados com eles e tentavam parar a obra. Decidiram atacar o povo de repente e exterminá-lo para pôr um fim ao que estavam fazendo. Nosso texto diz o que Neemias e seus companheiros fizeram nessa emergência: "Porém nós oramos ao nosso Deus e, como proteção, pusemos guarda contra eles, de dia e de noite".

Além de ter de construir o muro de Jerusalém, aquele povo precisava, ao mesmo tempo, vigiar seus inimigos. O caso deles é igual ao nosso. Temos de trabalhar para Cristo. Espero que todos nós que o amamos estejamos tentando fazer o possível para edificar o Seu reino. Mas precisamos também vigiar os inimigos mortais. Se eles podem nos destruir, é claro que destruirão também a nossa obra. E farão as duas coisas se puderem. Os poderes do mal se enfurecem com o povo de Deus. Se puderem de alguma forma nos ferir ou nos perturbar, tenham certeza de que farão isso. Não deixarão nenhuma pedra no lugar, se isso servir ao propósito deles. Nenhuma flecha sobrará nas aljavas do inferno enquanto houver homens e mulheres piedosos a quem eles possam tomar como alvo. Satanás e seu bando apontarão para o nosso coração todos os dardos envenenados que tiverem.

Neemias havia sido avisado do ataque que seria feito sobre a cidade. Os judeus que moraram perto daqueles samaritanos tinham ouvido o que eles pretendiam fazer e contaram a Neemias sobre o estratagema dos adversários. Nós também fomos avisados. Nosso Senhor disse a Pedro: "Simão, Simão, eis que Satanás vos reclamou para vos peneirar como trigo!", portanto Ele, em Sua Palavra, nos disse que há um grande e terrível poder maligno que busca nos destruir. Se Satanás puder fazer isso, ele não apenas nos peneirará como trigo, mas também nos lançará no fogo que nos destruirá. Irmãos, não ignoramos os planos dele. Vocês não foram deixados em um paraíso de tolos para sonhar que estão protegidos das provações e imaginar que não estão sujeitos à tentação.

Foi bom também para aquele povo estar em perigo e ter consciência das más intenções de seus inimigos. Eles tinham a vantagem de possuir um líder nobre para incentivá-lo a seguir o caminho correto. Neemias era muito qualificado para seu trabalho. Ele deu aos judeus conselhos muito astutos, sensíveis e até espirituais, que muito os ajudaram na hora da necessidade. Amados, temos um Líder melhor que Neemias; temos o próprio Senhor Jesus Cristo, e temos o Espírito Santo que habita em nós e estará conosco. Peço que prestem atenção ao Seu sábio e bom conselho. Penso que Ele lhes dará esse conselho no decorrer de nossa explanação do texto. Ele lhes dirá o que Neemias disse, de fato, àquele povo: "Vigiem e orem". Embora os adversários dos judeus conspirassem juntos e tivessem chegado para lutar contra Jerusalém a fim de impedir a obra da reconstrução do muro, Neemias diz: "Porém nós oramos ao nosso Deus e, como proteção, pusemos guarda contra eles, de dia e de noite".

Vi dois guardas no texto; o primeiro é a *oração*. "Nós oramos ao nosso Deus". O segundo guarda é a *vigilância*. "...e, como proteção, pusemos guarda". Quando falo desses dois assuntos, pego, como meu terceiro tópico, *os dois guardas juntos*. "Nós oramos [...] e pusemos guarda". Precisamos ter os dois se quisermos derrotar o Inimigo.

O PRIMEIRO GUARDA: ORAÇÃO

Quando falo dessa oração, costumo apresentá-la como padrão para nossas orações em uma condição igual. Era u*ma oração que significava negócios*. Às vezes, quando oramos, infelizmente não negociamos no trono da graça, mas Neemias foi tão prático em sua oração quanto o foi na instalação da vigilância. Alguns irmãos se levantam em nossas reuniões de oração e dizem palavras muito agradáveis, mas tenho certeza de que não sei o que eles pediram realmente. Tenho ouvido orações que me fazem dizer quando terminam: "Bom, se Deus responder a essa oração, não tenho a menor ideia do que Ele nos dará". São orações muito bonitas e incluem muitas explicações de doutrina e experiência, mas penso que Deus não deseja que lhe expliquemos doutrinas ou experiências. O erro da oração foi que não havia nenhum pedido nela. Quando os irmãos estão orando, gosto que sejam tão eficientes quanto um bom carpinteiro em seu trabalho. De nada adianta ter um martelo com cabo de marfim se não mirarmos o prego cuja cabeça queremos atingir; se esse for o seu objetivo, um martelo comum fará a mesma coisa, talvez melhor. Ora, as orações de Neemias e dos judeus consistiam de pedidos por proteção divina. Eles sabiam o que queriam e mostraram decisão ao pedir. Ó, precisamos de mais decisão na oração! Infelizmente nossas orações não passam de nuvens, e envolvemo-nos na névoa das respostas. As orações de Neemias eram verdadeiras negociações. Eu gostaria que pudéssemos sempre orar dessa maneira. Quando oro, gosto de me dirigir a Deus da mesma forma que me dirijo a um banco para descontar um cheque. Entro, coloco o cheque no balcão, o funcionário me entrega o dinheiro, eu o pego e vou cuidar de meus negócios. Não sei se já parei em um banco durante cinco minutos para conversar com os funcionários. Quando recebo o dinheiro, vou embora para cuidar de outros assuntos. É assim que gosto de orar. Há, porém, uma forma de orar que parece o mesmo que descansar ao lado do propiciatório, como se não houvesse nenhum motivo especial para estar ali. Que não seja assim com vocês, irmãos. Implorem a promessa, creiam nela, recebam a bênção que Deus está pronto a conceder e vão cuidar de seus negócios. A oração de Neemias e seus companheiros significava negociação.

Em segundo lugar, foi *uma oração que superou dificuldades*. O texto começa com a palavra "porém". Essa palavra faz oposição ou restrição ao que foi dito anteriormente. Quando existem obstáculos, clamamos mais a Deus. Sambalate zombou deles; oramos mais a Deus, e mais ainda por causa da zombaria deles. Tobias os ridicularizou; oramos mais ainda por causa da zombaria insultuosa. Se os homens fizerem pilhéria de sua religião, orem mais ainda. Se forem cruéis e violentos com vocês, orem mais ainda; nunca orem menos, nunca digam uma palavra a menos, nem uma sílaba a menos, nem um desejo a menos, nem fé a menos. Quais são as suas dificuldades, caro amigo, para se aproximar do propiciatório? Que obstáculo existe em seu caminho? Não permita que nada o impeça de aproximar-se do trono da graça. Transforme todas as pedras de tropeço em degraus; aproxime-se com coragem santa e diga, apesar de toda a oposição: "Porém oraremos mais ainda ao nosso Deus". A oração de Neemias significava negócio e superou as dificuldades.

Observem, a seguir, que foi *uma oração que veio antes de todas as outras coisas*. Ela não diz que Neemias instalou um posto de vigia e orou. Simplesmente afirma: "Porém nós oramos ao nosso Deus e, como proteção, pusemos guarda". A oração deve estar sempre em primeiro lugar na equipe. Façam tudo o que for sábio, mas só depois de orar. Chamem o médico se estiverem doentes, mas orem primeiro. Tomem o remédio se acreditam que lhe fará bem, mas orem primeiro. Vão falar com o homem que os caluniou, se acham que devem fazer isso, mas orem primeiro. "Vou fazer tal e tal coisa", diz alguém, "e orarei por uma bênção depois". Não comecem nada sem orar antes. Comecem, continuem e terminem com uma oração, mas acima de tudo comecem com uma oração. Algumas pessoas nunca começariam o que estão para fazer, se orassem antes, porque não poderiam pedir a bênção de Deus sobre aquilo. Existe alguém aqui que, ao sair deste tabernáculo, irá a um lugar onde não deveria ir? Orará primeiro? Ele sabe que não pode pedir uma bênção sobre isso; portanto, não deveria ir. Não vá a nenhum lugar a respeito do qual não poderá orar depois. Esse deveria ser sempre um bom guia para vocês escolherem aonde devem ir. Neemias orou primeiro, e depois pôs guarda para vigiar o local.

Uma vez mais, foi *uma oração que teve continuidade*. Se eu ler a passagem corretamente, "nós oramos ao nosso Deus e, como proteção, pusemos guarda contra eles, de dia e de noite", significa que eles oraram enquanto vigiavam. Eles não oraram e se afastaram do local, como fazem os meninos travessos quando batem à porta e saem correndo. Depois de começar a orar, eles continuaram orando. Enquanto havia inimigos por perto, a oração e a vigilância perduraram. Eles continuaram a clamar ao Deus que protege Israel, ao mesmo tempo que puseram guarda à noite para adverti-los a respeito do inimigo.

Quando deixaremos de orar, irmãos e irmãs? Bom, dizem que deixaremos de orar quando chegarmos ao Céu. Não tenho muita certeza disso. Não acredito na intercessão dos santos por nós, mas lembro-me de que está escrito no livro de Apocalipse que as almas debaixo do altar clamaram: "Até quando, Senhor?". Aquelas almas estão aguardando a ressurreição, aguardando a vinda de Cristo, aguardando o triunfo de Seu reino, e não posso imaginar a espera deles sem que gritem com frequência: "Ó Senhor, até quando? Lembra-te de teu Filho, glorifica Teu nome, conclui o número de Teus eleitos". Mas certamente, enquanto estivermos aqui precisamos orar. Uma senhora declarou que fazia anos que era perfeita e que sua mente estava tão em conformidade com a mente de Deus que ela não precisava orar mais. Pobre criatura! O que ela sabia sobre o assunto? Ela precisava começar pela primeira letra do alfabeto da salvação e orar: "Deus, tem misericórdia de mim, que sou pecadora"! Quando as pessoas imaginam que não necessitam orar, o Senhor tem misericórdia delas!

> Enquanto os cristãos viverem, que eles que orem,
> Porque enquanto oram, vivem.

A oração que Neemias fez foi também *uma oração espontânea*. Deve haver alguns de vocês aqui que gostam de orações produzidas para si mesmos; pode ser que, se todos na congregação tiverem de unir-se em súplica e cada um levantar a sua voz, a oração precisará ser preparada como um hino, mas as orações prontas sempre me parecem muito semelhantes a roupas industrializadas — são feitas para caber em todas as pessoas, mas raramente cabem. Para uma verdadeira negociação diante do propiciatório, dê-me uma oração espontânea, uma oração que venha das profundezas de meu coração, não porque a inventei, mas porque o Espírito Santo de Deus a colocou ali e deu-lhe tanta força viva que não pude evitar exprimi-la. Embora suas palavras sejam fragmentadas e suas sentenças desconexas, se seus desejos forem sinceros, se forem como brasas de zimbro ardendo com chama veemente, Deus não se importará se forem expressivas ou não. Se vocês não tiverem palavras, talvez orem melhor sem elas do que com elas. São orações que dobram a coluna vertebral das palavras; são pesadas demais para qualquer linguagem humana suportar.

Esta oração, então, não importa a colocação das palavras, foi a que os suplicantes fizeram: "Nós oramos ao nosso Deus".

No entanto, é muito importante notar que foi *uma oração que subiu ao lar da oração:* "Nós oramos ao nosso Deus". Vocês devem ter ouvido falar do homem que orou em Boston, "o centro do universo", e a notícia no jornal na manhã seguinte foi que "o Rev. Fulano de Tal fez a oração mais requintada de todas as que foram proferidas a uma plateia em Boston". Infelizmente há algumas orações desse tipo que são feitas à congregação. Deus não gosta desse tipo de prece. Esqueçam que há pessoas presentes, esqueçam que há ouvidos humanos ouvindo seus sotaques e que digam estas palavras a respeito de sua oração: "Porém nós oramos ao nosso Deus".

É muito comum ouvirmos que a oração precisa ir a Deus se quisermos que ela produza efeito, mas é muito necessário que ela vá realmente a Ele. Quando a oração não vai a Deus, qual é a sua serventia? Quando vocês saem de seu quarto e sentem que fizeram apenas uma oração pronta, até que ponto foram beneficiados? Dirijam sua oração ao seu Deus. Falem ao ouvido dele, sabendo que Ele está ali; saiam sabendo que Ele respondeu a vocês, que Ele focou a luz de Seu semblante em vocês. Essa é a oração que devemos fazer para nos proteger contra nossos inimigos tanto de dia quanto de noite.

Apenas mais umas palavras sobre esse primeiro ponto. Eu deduzo das palavras diante de mim que foi *uma oração impregnada de fé*. Fizemos nossa oração a Deus? Não, "ao nosso Deus". Eles aprenderam que Jeová era o seu Deus, e oraram a Ele como o seu Deus. Tinham certeza absoluta de que, embora Ele fosse o Deus de toda a Terra, Ele era especialmente o seu Deus; portanto, oraram ao Deus que se entregara a eles e a quem eles pertenciam por meio de uma aliança. "Oramos ao *nosso Deus*". Essas duas palavrinhas carregam um significado muito grande. A porta da oração parece se mover nessas duas dobradiças de ouro — "nosso Deus". Se vocês e eu quisermos ser libertados do mal que há neste mundo, se quisermos continuar a edificar a Igreja de Deus, precisamos ter como nosso primeiro guarda a oração poderosa e confiante, como a que Neemias e seus amigos judeus apresentaram ao Senhor.

O SEGUNDO GUARDA: VIGILÂNCIA

A decisão de pôr guarda foi um trabalho designado. "Pusemos guarda". Neemias não disse: "Agora, alguns de vocês, vão e vigiem", deixando o posto de vigia aberto a qualquer um que quisesse assumi-lo. Ao contrário, eles puseram guarda. Alguns homens precisam desempenhar suas funções em um determinado lugar, em uma determinada hora, permanecer ali por um determinado tempo e ficar de guarda contra o adversário. "Pusemos guarda." Irmãos, se quisermos nos vigiar, e devemos fazer isso, precisamos ter um propósito definido. Não podemos dizer: "Preciso tentar ser vigilante". Não, não. Vocês precisam ser vigilantes; sua vigilância precisa ser tão distinta e definida quanto sua oração. "Pusemos guarda." Alguns de vocês já viram a troca de guardas nos quartéis; há um tempo especial para cada companhia montar guarda. À noite, antes de dormir, orem para que o Senhor os guarde durante a escuridão. De manhã, vigiem quando saírem para o trabalho. Ponham guarda quando se sentarem à mesa para almoçar; ponham guarda quando voltarem para casa. Ó, poderemos muito em breve ser traídos pelo mal, se não pusermos guarda!

Foi *um trabalho feito cuidadosamente*, porque Neemias disse: "Como proteção, pusemos guarda contra eles, de dia e de noite". O texto ficaria mais claro se acrescentássemos a palavra "sempre" a ele: "contra eles sempre"; isto é, onde houver um inimigo, lá haveria uma guarda. Provavelmente os inimigos virão daquele lado. Muito bem, ponham guarda lá. Talvez eles mudem de plano e apareçam do outro lado. Muito bem, ponham guarda lá. É bem provável que pulem o muro ali na frente. Bem, ponham guarda lá. "Pusemos guarda contra eles". Um irmão tem temperamento explosivo. Irmão, ponha guarda lá. Outro é muito inclinado a ser volúvel. Irmão, ponha guarda lá. Outro é muito mal-humorado em casa, crítico, vive procurando defeitos nos outros. Irmão, ponha guarda lá. Um amigo tem a tendência ao orgulho; outro, de ser incrédulo. Ponham guarda nos lugares onde o inimigo possa aparecer. "Oramos ao nosso Deus e, como proteção, pusemos guarda contra eles".

Foi *um trabalho contínuo*. Neemias diz: "Pusemos guarda contra eles, de dia e de noite". O quê!? É necessário alguém permanecer alerta a noite inteira? Claro que sim. Se Sambalate tivesse lhes contado quando iria atacá-los, eles poderiam dormir nas outras horas. Mas como ele não lhes deu essa informação, eles tiveram de pôr guarda "de dia e de noite". O diabo não os avisará a que horas vai tentá-los; ele gosta de pegar os homens de surpresa; portanto, ponham guarda de dia e de noite.

Foi *um trabalho estimulado pelo conhecimento*. Eles sabiam que Sambalate viria se pudesse, portanto puseram guarda. Quanto mais vocês conhecerem a maldade de seu coração, mais deverão pôr guarda contra ela. Quanto mais conhecerem as tentações que há no mundo por meio da luxúria, mais deverão pôr guarda. Quanto mais velhos forem, mais deverão pôr guarda. "Ó!", diz um amigo idoso, "você não deveria dizer isso; são os moços que erram." Será? No Antigo Testamento ou no Novo, vocês leram sobre um moço cristão que se desviou? A Bíblia conta que muitos homens idosos foram enredados por Satanás quando não estavam vigiando; portanto, vocês necessitam pôr guarda quando seus cabelos começarem a branquear, porque só estarão fora do alcance do diabo quando atravessarem o portão de pérolas para entrar nas ruas de ouro da Nova Jerusalém.

Vocês e eu, caros amigos, temos necessidade de pôr guarda contra os inimigos de nossa fé santa. As pessoas me perguntam: "Por que você fala tanto sobre 'decadência'? Deixe que os homens acreditem no que quiserem. Continue a trabalhar para Deus e ore para que Ele os corrija". Acredito em orar e em vigiar. Temos de guardar com muito zelo a "fé que uma vez por todas foi entregue aos santos". Quando encontrarem, da mesma forma que encontram agora, cristãos professos e pastores cristãos professos negando todos os estatutos da fé ou dando um falso sentido às palavras e pregando mentiras em nome do Altíssimo, é hora de alguém pôr guarda contra eles. O posto de vigia noturno não é um lugar tranquilo, mas estou disposto a assumir essa posição por amor ao meu abençoado Mestre. Os servos professos de Cristo que fazem aliança profana com homens que negam a fé terão de responder por seus atos no último grande dia. No que se refere a nós, irmãos, quando nosso Senhor vier, que Ele nos encontre vigiando e também orando.

Mas, caros amigos, quanto a nós, precisamos pôr guarda contra nossos adversários pessoais. Espero que, em certo sentido, vocês não tenham inimigos pessoais, que não guardem rancor contra ninguém, mas que vivam em paz e amem toda a humanidade. Mas há cristãos aqui que irão para casa, onde todos são contra eles. Muitas mulheres piedosas saem do santuário e encontram o marido embriagado; muitos filhos, convertidos a Deus, não veem nada do que gostariam de ver em casa. O que devem fazer em tais circunstâncias? Pôr guarda. Prezada mulher, como você sabe que será o meio de salvação para seu marido não convertido? Se esse for o seu caso, você deve pôr guarda; não diga nada a ele do que se passa em sua mente; você não o converterá dessa maneira. E vocês, queridos filhos que vieram a Cristo e ingressaram na igreja, cuidem para que sejam respeitosos e obedientes, do contrário destruirão todas as esperanças de conduzir seus pais ao Salvador. Ponham guarda, ponham guarda. "Ó!", você diz, "quando cometo um pequeno erro, eles o ampliam". Sei disso.

Portanto, ponham guarda; sejam mais vigilantes. Ponham guarda em seu temperamento, ponham guarda em sua língua, ponham guarda em suas ações. Sejam pacientes, sejam gentis, sejam esperançosos. Que o Espírito de Deus opere tudo isso em vocês!

Há, porém, outros inimigos muito mais terríveis do que esses adversários que se encontram fora de nós — os inimigos interiores, as tendências maldosas de nossa natureza corrupta, contra os quais precisamos sempre pôr guarda. Talvez vocês digam: "Como posso fazer isso?". Bem, saibam primeiro quem eles são. As pessoas que estão no início da vida cristã deveriam querer saber quais são os seus pontos fracos. Eu não duvido, caro amigo, que seu ponto fraco se encontra onde você pensa que é forte. Onde você pensa: "Ah, nunca vou errar nessa questão!" — esse é o exato lugar onde você provavelmente fraquejará. Ponha guarda em todos os pontos fracos que aparecerem, e se no passado sua vida cristã entristeceu o Espírito Santo com algum erro, ponha dupla guarda ali. Onde você tropeçou uma vez, e poderá tropeçar de novo, porque você é o mesmo homem. Ponha guarda também, caro amigo, todas as vezes que se sentir completamente seguro. Sempre que tiver certeza de que não será tentado em uma direção particular, essa é a prova de que você já está tão orgulhoso quanto Lúcifer. Ponha guarda, ponha guarda, ponha guarda. Não dê ocasião ao pecado. Se a sua conduta o levar ao pecado, não siga naquela direção. Ouvi um homem dizer, como desculpa para beber: "Veja, se eu tomar um copo de cerveja, e ficar confuso, vou ter de tomar mais dois ou três". Bom, então se esse for o seu caso, não tome um copo de cerveja. "Mas", diz alguém, "quando tenho companhia, eu me esqueço de mim". Então, não arrume companhia. É melhor ir para o Céu como eremita do que ir para o inferno com uma multidão. Arranque seu olho direito e corte sua mão direita antes que eles o façam cair em pecado. Não vá a lugares onde você poderá ser tentado. "Bom", diz alguém, "o meu trabalho me faz viver no meio da tentação". Eu lhe garanto que seu trabalho pode induzi-lo a lugares onde existem homens ímpios, pois como alguém poderia viver sem ter contato com os ímpios? Seria necessário não viver no mundo. Bom, então, se esse for o seu caso, vista toda a armadura de Deus e não vá sem estar preparado para combater o bom combate da fé. Ponha guarda, ponha guarda, ponha guarda.

Vigiem contra o início do pecado. Lembrem-se: Satanás nunca começa onde ele termina; ele começa com um pecadinho até chegar a um maior. Quando tenta o homem pela primeira vez, ele não visa tudo o que espera realizar, mas procura atrair pouco a pouco, e avança gradualmente em direção ao pecado maior que deseja que os homens cometam. Neste momento, não acredito que um cristão possa ser tão meticuloso. Servimos a um Deus muito meticuloso. "O Senhor, teu Deus, é Deus zeloso". Mantenha distância das muitas coisas às quais os cristãos professos de hoje se entregam. A questão é se eles são realmente cristãos. Se não podemos julgá-los, devemos, de qualquer maneira, concluir e decidir de uma vez por todas que não devemos ousar ir aonde eles vão; na verdade, não devemos querer fazer isso.

Observem o que Deus tem a lhes dizer. Ao lerem a Bíblia, se o Espírito Santo aplicar um texto das Escrituras a vocês com força especial, considerem isso como uma indicação de seu Pai celestial de que há uma lição ali a ser aprendida. Surpreendo-me com a maneira pela qual o texto lido de manhã sempre me instrui durante o dia inteiro. As pessoas que vão ouvir a pregação da Palavra de Deus acham em geral que, dentro de dois a três dias, elas entenderão por que o pregador fez aquele sermão em particular e por que foram conduzidas a ouvi-lo.

Sempre que vocês virem um cristão professo se desviando do caminho da santidade, não falem sobre o assunto para não aumentar a discórdia. É louco o pássaro que bagunça seu próprio ninho. Em vez de falar do pecado da outra pessoa, vigiem a si mesmos e digam: "Foi ali que ele escorregou, e onde eu poderei tropeçar se a graça de Deus não me proteger". Lembrem-se das palavras de nosso Salvador aos três discípulos com Ele no Getsêmani: "Vigiai e orai, para que não entreis em tentação".

OS DOIS GUARDAS JUNTOS: ORANDO E VIGIANDO

Caros amigos, nenhum desses dois guardas é suficiente sozinho. A oração em si não terá eficácia. Orar e não vigiar é presunção. Vocês fingem confiar em Deus, no entanto estão se atirando ao perigo, como o diabo quis fazer com Cristo quando o tentou para que se lançasse do pináculo do Templo. Se vocês oram para ser protegidos, sejam vigilantes.

Oração sem vigilância é hipocrisia. O homem ora para proteger-se do pecado e depois cai em tentação; sua oração é evidentemente uma simples zombaria, porque ele não a põe em prática.

Às vezes, no entanto, a ignorância pode levar à oração sem vigilância. Há outras coisas que não devem ser omitidas. Vou contar-lhes uma história simples. Havia uma pequena aluna que não sabia a lição e outra aluna que se sentava ao lado dela e que sempre lhe ensinava a lição corretamente. A primeira aluna perguntou à outra: "Jane, como você sempre sabe a sua lição?". Jane respondeu: "Eu oro a Deus para que Ele me ajude, e sei a minha lição". No dia seguinte, a primeira aluna levantou-se, mas não sabia a lição; depois disse à amiga: "Orei a Deus sobre minha lição, mas aconteceu o mesmo que ontem". Jane perguntou: "Mas você tentou estudar a lição?". "Não", ela respondeu. "Orei sobre a lição, e pensei que fosse suficiente." É claro que ela não poderia saber a lição sem estudá-la. Da mesma maneira, vocês precisam vigiar e orar. É preciso pôr guarda diária sobre a língua, o pensamento e a mão, do contrário a oração será inútil.

Conheço algumas pessoas que correm grandes riscos e, no entanto, dizem que oraram ao Senhor para guardá-las. Tenho ouvido, dezenas de vezes, estas palavras: "Fiz desse assunto um objeto de oração", e imediatamente me zango com o homem que as proferiu. Ele agiu de modo errado, e justificou-se dizendo que fez daquele assunto um objeto de oração. Um moço casou-se com uma moça não-cristã e, mesmo assim, disse que havia feito daquele assunto um objeto de oração. Uma mulher cristã casou-se com um homem não-cristão, e quando alguém a censurou por ter desobedecido à Palavra de Deus, ela disse que havia feito daquele assunto um objeto de oração! Se eles tivessem procurado realmente a orientação divina, não teriam ousado fazer o que as Escrituras proíbem expressamente a um filho ou filha de Deus. A oração sem vigilância não é suficiente para nos proteger do mal.

Por outro lado, caros amigos, vigiar sem orar é igualmente inútil. Dizer: "Vou andar corretamente" e nunca orar a Deus para que os proteja é autoconfiança, que conduz ao mal. Se tentarem vigiar sem orar, vocês dormirão, e a vigilância chegará ao fim. Somente pela oração e vigilância é que vocês serão capazes de manter guarda. Além do mais, a vigilância sem oração produz cansaço e logo desistiremos, a não ser que tenhamos um doce interlúdio de oração para dar-nos descanso e ajudar-nos a continuar vigilantes.

Não vou me alongar depois do que já disse: mantenham os dois juntos, vigiem e orem, ou, conforme meu texto diz, orem e vigiem. Um ajudará o outro. A oração convoca o vigia, a oração o estimula a manter os olhos abertos, a oração será o alimento para sustentá--lo durante a noite, a oração será o fogo para aquecê-lo. Por outro lado, a vigilância ajudará a oração, porque a vigilância prova que a oração é verdadeira. A vigilância anima a oração, porque cada inimigo que virmos nos fará orar com mais sinceridade. Acima de tudo, vigilância é oração. Se houver uma vigilância verdadeira, ela será em si uma oração. As duas se misturam. Amados amigos, despeço-me de vocês com meu texto soando aos seus ouvidos: "Porém nós oramos ao nosso Deus e, como proteção, pusemos guarda contra eles, de dia e de noite".

No entanto, minhas palavras não foram dirigidas a todos os que estão aqui. Alguns de vocês não oram, alguns não conseguem vigiar. A mensagem para vocês é esta: "Importa-vos nascer de novo". Vocês não podem ser cristãos obedientes sem ter uma vida cristã, e a única maneira de ter uma vida cristã é ter fé no Senhor Jesus Cristo. Venham à fonte que Ele encheu com Seu sangue precioso; lavem-se ali e purifiquem-se; então, inspirados pelo Espírito Santo, ponham guarda. Anseio ver algumas almas sendo conduzidas a Cristo neste culto, porque, apesar de eu ter pregado ao povo de Deus, se elas vigiarem por vocês e orarem por vocês, vocês serão abençoados pela vigilância e oração delas. Que Deus permita que a bênção chegue a muitos de vocês! "Buscai o Senhor enquanto se pode achar, invocai--o enquanto está perto". Que muitos busquem e encontrem o Senhor esta noite, e que muitos o invoquem em verdade! "Todo aquele que invocar o nome do Senhor será salvo". Que Deus permita que seja assim com todos aqui, por amor de Jesus! Amém.

Este sermão foi extraído de *O Púlpito do Tabernáculo Metropolitano* e pregado na quinta-feira à noite, 24 de julho de 1890.

5

A ORAÇÃO DO JOVEM

*Sacia-nos de manhã com a tua benignidade,
para que cantemos de júbilo e nos alegremos
todos os nossos dias* (Salmo 90:14).

Israel havia padecido uma longa noite de aflição. Densas eram as trevas enquanto eles habitavam no Egito, e desanimador era o brilho trêmulo do ocaso daquele deserto coberto de covas, onde estavam sepultados seus familiares. Em meio a tantos milagres de misericórdia, quanta tristeza haveria em um acampamento no qual cada parada foi marcada por muitos sepultamentos, até que a trilha inteira tivesse se transformado em um longo cemitério! Suponho que o índice de mortalidade no acampamento de Israel nunca foi menor do que 50 por dia — ou talvez o triplo disso — para que eles aprendessem, por experiência própria, aquele versículo do salmo: "Pois somos consumidos pela tua ira e pelo teu furor, conturbados". A eles pertencia a marcha fatigante dos homens que peregrinavam à procura das sepulturas; viajavam rumo a uma terra à qual jamais chegariam; ficavam exaustos com um trabalho cujo resultado somente seus filhos receberiam. Vocês podem facilmente entender como aquelas pessoas apreensivas aguardavam ansiosamente a hora em que o verdadeiro dia de Israel nasceria; quando o breu da meia-noite do Egito e a escuridão do crepúsculo no deserto dariam lugar ao nascer do sol do calmo descanso em Canaã. Mais apropriada do que tudo foi a oração oferecida por Moisés — o homem que representava toda aquela multidão — "Sacia-nos de manhã com a tua benignidade"; apressa o dia em que chegaremos ao nosso descanso prometido; mostra com rapidez o tempo em que nos sentaremos debaixo de nossas próprias vinhas e figueiras "e nos regozijaremos e alegraremos todos os nossos dias".

Essa oração parte dos lábios do irmão distante, cujo percurso acidentado, por muitos quilômetros, descia ao Vale da Sombra da Morte. Perda após perda ele sofreu, até que, como no caso de Jó, os mensageiros do mal pisaram nos calcanhares uns dos outros. Os sofrimentos dele se renovam cada manhã, e as provações apresentam-se cada anoitecer. Os amigos o abandonaram e provaram ser riachos enganosos. Deus sujeita-o a uma tempestade; ele não encontra nenhuma pausa na incessante enxurrada de problemas. Contudo, sua esperança não se extingue, e sua fé constante fundamenta-se na promessa de que "ao anoitecer, pode vir o choro, mas a alegria vem pela manhã". Ele entende que Deus "não repreende perpetuamente, nem conserva para sempre a sua ira"; portanto, aguarda a libertação como os guardas anseiam pelo romper da manhã, e seu clamor mais oportuno é: "Sacia-nos de manhã com a tua benignidade"; levanta a luz do Teu rosto sobre nós, mostra Tua maravilhosa benignidade nesta hora de necessidade. Ó meu Deus, apressa-te em ajudar-me, sê uma ajuda presente em tempos de aflição; dá-me alívio urgente, para que eu não pereça na terra; desperta e socorre-me para que eu me regozije e me alegre todos os meus dias.

Vejam o leito de enfermidade ao longe! Sejam cautelosos, para que vocês não perturbem por acaso os breves cochilos dessa filha da aflição. Ela se debate dias e noites sem fim, contando os minutos conforme as suas dores e enumerando suas horas com os paroxismos de sua agonia. Daquele leito de sofrimento, onde as muitas enfermidades conspiraram para atormentar o corpo frágil dessa filha da angústia, onde a própria alma se cansou da vida e almeja as asas de uma pomba, penso que esta oração se elevará: "Sacia-nos de manhã com a tua benignidade". Quando o dia eterno iluminará minha longa noite? Quando as sombras desaparecerão? Doce Sol de Glória! Quando te levantarás trazendo cura embaixo de Tuas asas? Eu me satisfarei com a Tua semelhança quando acordar, ó Senhor; apressa aquela hora jubilosa; dá-me libertação imediata do meu leito de fraqueza para que eu possa cantar de júbilo e me alegrar durante dias eternos.

Penso que a oração seria igualmente apropriada se partisse de muitas consciências angustiadas, nas quais a condenação do pecado revolve pesadamente sobre a alma até deixar os ossos dolorosamente atormentados, e o espírito devastado. Aquele pobre coração entrega-se à esperança de que, um dia, Jesus Cristo o consolará e o salvará; esse coração tem a humilde esperança de que essas feridas não durarão para sempre, mas serão todas curadas pela mão de benignidade; que aquele que solta os laços do Órion libertará um dia o prisioneiro de seu cativeiro. Ó, pecador de consciência pesada, que você possa dobrar os joelhos agora e clamar: "Sacia-me de manhã com a tua benignidade; não me mantenhas sempre nesta prisão; não permitas que eu mergulhe para sempre neste lamaçal de abatimento; firma meus pés sobre uma rocha; lava-me das minhas iniquidades; cobre-me com as vestes de salvação e põe um cântico novo em minha boca, para que eu cante de júbilo e me alegre todos os dias de minha vida".

Parece-me ainda que, sem que eu distorça uma palavra sequer, mesmo de forma mais branda, posso considerar meu texto desta manhã como a oração de um coração jovem, expressando seu desejo pela presente salvação. Dirijo-me a vocês, moços e moças, que o bom Espírito os faça lembrar de seu Criador nos dias da sua mocidade, antes que venham os maus dias, e cheguem os anos dos quais dirão: não tenho neles prazer. Espero que o anjo do Senhor tenha me dito: "Corra, fale àquele rapaz" e que, como a esposa exemplar de Provérbios, eu tenha também uma palavra para as moças!

Usarei o texto de duas maneiras: primeira, *como base de meu sermão aos moços;* e em segundo lugar *como modelo para vocês se dirigirem a Deus.*

ENTREGUEM O CORAÇÃO A CRISTO

Neste nosso texto, a voz da sabedoria lembra-nos de que vocês não são puros aos olhos de Deus, mas *necessitam de sua benignidade*. Desde o início, vocês precisam apresentar-se diante de Deus com o mesmo fundamento daqueles que o buscam na décima primeira hora. Aqui não se diz nada sobre mérito, nada referente à inocência natural da mocidade e a beleza do caráter juvenil. Desse modo, vocês não serão adulados e enganados; as Santas Escrituras os guiam corretamente, ditando-lhes uma oração fundamentada no evangelho, como aquela que Deus se digna a aceitar: "Sacia-nos de manhã *com a tua benignidade*". Rapazes, apesar de até agora nenhum crime ter manchado seu caráter, mesmo assim a salvação de vocês precisa ser a obra da graça reinante, e por vários motivos. *A natureza de vocês está, no presente momento, cheia de pecado e impregnada de iniquidade,* portanto vocês são o objeto da mais justa ira de Deus. Como Ele pode se encontrar com um herdeiro da ira em termos de justiça? A santidade de Deus não os tolera. E se vocês fossem feitos herdeiros da glória, isso não seria graça e apenas graça? Se vocês são participantes da herança dos santos na luz, isso deve certamente ser obra do próprio amor. Visto que a natureza de vocês, à parte de suas ações, merece a reprovação de Deus, é a Sua benignidade que os poupa, e se o Senhor se agrada em renovar o seu coração, será para o louvor da glória de Sua graça. Não sejam orgulhosos, não rejeitem esta verdade indubitável: vocês são forasteiros, estrangeiros, inimigos, nascidos no pecado e moldados na iniquidade, herdeiros da ira por natureza, tanto quanto os outros; rendam-se à sua força e busquem essa benignidade que é tão necessária a vocês quanto ao vilão de cabelos grisalhos que degenera Sua graça, apodrecendo-a com devassidão e luxúria.

Além disso, a consciência de vocês os lembra de que sua vida exterior *não tem sido como deveria ser*. Começamos a pecar muito cedo! Desviamo-nos do caminho enquanto ainda éramos criancinhas, proferindo mentiras desde o útero. Como somos rebeldes! Escolhemos fazer nossa vontade e não nos submetíamos, de maneira alguma, aos nossos pais! No auge de nossa juventude achávamos divertido espalhar tições e carregar as brasas ardentes do pecado no peito! Brincávamos com serpentes, encantados com suas escamas azuladas, mas nos esquecíamos do veneno em seus dentes. Longe de nós vangloriar-nos como o fariseu: "Ó Deus, graças te dou porque não sou como os demais homens", mas, ao contrário, que o jovem ore como o publicano: "Deus, tem misericórdia de mim, pecador". Uma criança de 7 anos clamou quando se convenceu de seu pecado: "Pode o Senhor ter misericórdia de um grande pecador como eu, que viveu sete anos sem temê-lo e amá-lo?". Ah, meus amigos, se aquela criança foi capaz de lamentar, então como deveria ser o arrependimento daqueles que têm 15, 16, 17, 18 ou 20 anos, ou que já chegaram à maturidade? O que vocês dirão, uma vez que viveram tantos anos desperdiçando seus preciosos dias — mais preciosos que pérolas —, negligenciando aqueles anos dourados, desprezando as coisas divinas e continuando a rebelar-se contra Deus? Senhor, tu sabes que apesar de sermos jovens, temos multidões de pecados a confessar, portanto rogamos misericórdia, misericórdia, misericórdia de Tuas mãos. Lembrem-se, amados moços e amigos, de que se forem salvos no raiar da vida, *vocês serão exemplos maravilhosos da benignidade preveniente*. É a grande benignidade que anula o nosso pecado, mas quem dirá que não é igualmente grande a benignidade que o previne? Trazer de volta para casa a ovelha que se extraviou, com a lã toda rasgada, com a carne sangrando e os ossos quebrados — é assim que se manifesta o terno cuidado do Bom Pastor; mas, ó, recuperar a ovelha assim que ela se extraviou, colocá-la no aprisco, protegê-la ali e alimentá-la! Que milhões de benignidades estão resumidas aqui!

Arrancar o galho seco do fogo quando está preto e queimado pela chama — há profundezas de benignidade aqui; mas será que não há também uma imensidão de amor quando a madeira jovem é plantada nos átrios do Senhor e floresce como o cedro? No entanto, por mais cedo que sejamos salvos, a glória da perfeição já nos abandonou, mas como é feliz aquele que demora apenas alguns anos em seu estado natural, como se a queda e o nascer de novo andassem de mãos dadas. Não há alma sem mácula ou ruga, mas algumas manchas são máculas das quais o jovem crente é alegremente libertado. Ele nunca teve hábitos de depravação nem permaneceu no crime. Nunca conheceu a sede devastadora do ébrio; o juramento sinistro do blasfemador nunca lhe cobriu a boca de câncer. Esse filho mais novo não permanece durante muito tempo no país distante; ele volta antes de ter alimentado os porcos por muito tempo. Ele já esteve enegrecido aos olhos de Deus, mas, aos olhos dos homens e na percepção liberal dos circunstantes, o jovem crente parece que nunca se desviou do caminho. Aqui está a grande benignidade, a benignidade pela qual o céu deve ser louvado para sempre e sempre. Essa, penso, posso chamar de *graça distintiva*, com ênfase. Toda eleição distingue, e toda graça é discriminadora, mas aquela graça que adota o jovem tão cedo é distintiva em seu mais alto grau. Assim como Genubate, o jovem filho de Hadade, foi criado na corte do Faraó e desmamado no palácio desse rei, há alguns santos que são santificados no útero. Feliz é o moço, eleito entre os eleitos, se ele for desmamado nos joelhos da piedade e tratado com carinho no colo da santidade, se seu leito for iluminado com as lâmpadas do santuário e se seu sono for embalado com o nome de Jesus! Se eu sussurrar uma oração em público por meus filhos, que eles estejam vestidos com pequenos éfodes [N.E.: Uma veste tipo avental, pendente dos ombros, com frente e costas usadas por sacerdotes por cima da túnica.], como o jovem Samuel, e educados nos aposentos do Templo, como o jovem príncipe Joás. Ó meus queridos jovens e amigos, é benignidade — benignidade em seu grau distinto e peculiar — ser salvo desde cedo, por causa de sua natureza pecaminosa, por causa do pecado cometido, e mais ainda por causa do pecado evitado e do distintivo favor concedido.

Tenho, porém, outro motivo para me esforçar e fazer uma súplica aos jovens esta manhã, na esperança de que o Espírito de Deus suplique por eles. Noto que a salvação, se ocorrer a vocês, não deve ser apenas benignidade, *mas deve ser benignidade por meio da Cruz*. Deduzo isso do texto, porque o texto deseja que seja uma benignidade satisfatória, e não há benignidade satisfatória, a não ser aquela por meio da Cruz de Cristo. Muitos pregam a benignidade separadamente da Cruz. Muitos dizem que Deus é benigno e, portanto, Ele certamente não os condenará, mas, na agonia da morte e nos terrores da consciência, a benignidade que não faz parte da aliança com Deus não proporciona nenhum alívio à alma. Alguns proclamam uma benignidade que depende do esforço, da bondade ou mérito humano, mas nenhuma alma encontrou, nem poderá encontrar, satisfação duradoura nessa ilusão. A benignidade concedida por meros atos cerimoniais, a benignidade concedida por rituais externos, não passa de um arremedo da sede humana. Assim como Tântalo [N.E.: Mitológico rei da Frígia que, depois de tentar enganar os deuses gregos, foi condenado a viver, num local farto de água e alimento que fugiam dele quando tentava alcançá-los.] que foi ridicularizado pelas águas que recuavam, é o ritualista que tenta beber onde todo o conforto foge para longe dele. Jovens, a Cruz de Cristo tem em si aquilo que pode dar-lhes conforto sólido e gratificante, se vocês puserem sua confiança nela. Ela pode satisfazer *seu julgamento*. O que é mais lógico do que a grande doutrina da substituição? Deus é tão justo que não poupará o culpado de forma alguma, e essa justiça é totalmente cumprida por Aquele que se pôs no espaço, no lugar e na posição de Seu povo! Aqui está o que satisfará *sua consciência*. Sua consciência sabe que Deus os castigará; essa é uma das verdades que Deus definiu quando fez vocês da maneira como são; mas quando a sua alma vê Cristo castigado em seu lugar, ela descansa sua cabeça num travesseiro macio. Não há lugar de descanso para a consciência a não ser na Cruz. Os sacerdotes podem pregar o que quiserem, e os filósofos podem imaginar o que lhes agradar, mas há na consciência do homem, em sua intranquilidade, uma indicação de que a Cruz de Cristo veio certamente de Deus, porque aquela consciência só se tranquilizará quando se esconder nas feridas do Crucificado. Nunca mais a consciência os assustará com pensamentos terríveis da ira que virá, se vocês se agarrarem àquela benignidade revelada em Jesus Cristo. Essa também é a satisfação *para todos os seus medos*. Alguém os persegue hoje como um bando de cães famintos perseguindo o veado? Corram para Cristo e seus medos desaparecerão! O que tem aquele homem a temer se Jesus morreu por ele? Será que ele precisa ter medo se Cristo está em seu lugar diante do trono eterno e suplica por ele? Essa também é a satisfação *para suas esperanças*. Aquele que aceita Cristo aceita todo o futuro que Ele traz. Há também paz, alegria e segurança por todos os anos e por toda a eternidade no mesmo Cristo Jesus que levou seus pecados embora. Ó! Eu gostaria, rapaz, eu gostaria, moça, que vocês depositassem sua confiança em Jesus agora, porque nele está a resposta a esta oração: "Sacia-nos de manhã com a tua benignidade".

Além do mais, eu gostaria ansiosamente de inculcar este assunto da fé juvenil em vocês, *porque vocês têm uma insatisfação até mesmo agora*. Não estou falando a verdade quando, ao olhar nos olhos brilhantes dos jovens mais felizes que aqui estão, eu me atrevo a dizer que vocês não estão perfeitamente satisfeitos? Vocês sentem que lhes falta algo. Meu rapaz, seus brinquedos da infância não o satisfazem; há em você algo mais nobre do que os brinquedos e os divertimentos podem trazer. Rapaz, suas buscas por negócios o abastecem com considerável interesse e divertimento, mas continua a haver um vazio dolorido — você sabe que há — e, embora o prazer prometa preenchê-lo, você já começou a descobrir que sente uma sede que a água não pode saciar e uma fome que o pão não pode satisfazer. Você sabe que é assim. Na noite passada, quando você estava completamente sozinho, quando estava pensando em silêncio, você sentiu que este mundo não lhe bastava. A majestade do anseio misterioso que Deus colocou em você levantou-se e pediu para ser ouvida! Não foi assim? No outro dia, depois que a festa terminou, na qual você se divertiu muito, quando tudo cessou e todos foram embora e você ficou em completo silêncio, será que não sentiu que, mesmo que tivesse essas coisas todos os dias, não se sentiria contente? Você não sabe o que quer, mas deseja algo para preencher seu coração. Olhamos para trás, para os dias da nossa infância e pensamos que eram mais felizes que os atuais, e às vezes supomos que eles nos satisfaziam, mas creio que nossos pensamentos imaginam uma grande mentira. Confesso do fundo de minha alma que só me satisfiz depois que aceitei a Cristo; na infância, eu tinha mais infortúnios do que tenho agora. E acrescento: mais fadiga, mais preocupação, mais sofrimento do que tenho hoje. Talvez eu seja o único com esta confissão, mesmo assim a faço e sei que é verdade. Desde aquela amada hora em que minha alma se lançou sobre Jesus, tenho encontrado alegria e paz consistentes, mas antes disso todas aquelas supostas emoções do início da juventude, toda aquela tranquilidade e alegria imaginárias da infância não passaram de futilidades e aborrecimentos de espírito. Você sente de fato — se é que conheço alguma coisa a seu respeito — que não está totalmente satisfeito neste momento. Bom, então, vou repetir: eu gostaria que você aceitasse Jesus, porque nele há tudo aquilo que poderá satisfazê-lo completamente.

O que vocês podem querer mais para satisfazer *seu coração* do que amar Jesus? O coração de todos nós anseia por um propósito no qual ele possa se estabelecer. É comum nos rendermos a um propósito indigno que nos trai ou prova ser muito obtuso para acomodar o desejo de nosso coração. Mas se vocês amam Jesus, amarão Aquele que merece sua mais ardente afeição, que recompensará amplamente sua mais completa confiança e que nunca a trairá. Vocês dizem que não é apenas seu coração que deseja algo; sua *mente* também deseja. Minha fé diz que no evangelho de Cristo há o alimento mais valioso para o cérebro. Antes de conhecer a Cristo vocês leram, pesquisaram, estudaram e colocaram tudo o que aprenderam em um caos turbulento de confusão inútil. Depois que encontraram Cristo, tudo o que aprendem é colocado no devido lugar. Vocês colocam Cristo como o Sol central, e então cada ciência e fato começam a girar em torno dele, da mesma forma que os outros planetas viajam em círculo perpétuo em torno do orbe central. Sem Cristo somos ignorantes, mas com Ele entendemos a maior de todas as ciências, e tudo mais encaixa-se em seu devido lugar.

Esta é uma época em que, sem a fé verdadeira em Cristo, a mente dos jovens tem uma peregrinação enfadonha perante ela. Há falsos guias adornando-se com todo tipo de vestimenta, prontos para em primeiro lugar fazê-los duvidar das Escrituras, depois suspeitar do todo, depois perder a confiança em Deus e em Cristo e depois duvidar da própria existência e entrar no mundo da fantasia sombrio onde nada é verdadeiro e onde tudo é mito e ficção. Entregue o coração a Cristo, rapaz, e Ele equipará sua mente com âncoras e bons ancoradouros, de modo que quando os ventos tempestuosos do ceticismo varrerem o mar e os outros barcos forem a pique, você vença a tempestade e fique cada vez mais protegido. É estranho como as pessoas demoram para se sentir satisfeitas. Olhe para alguns dos ouvintes aqui. Eles diziam que ficariam satisfeitos com dinheiro, e quando ganharam o salário de artífices, eles passaram a ser artífices, e não ficaram satisfeitos enquanto não chegaram à posição de chefe de seção; depois sentiram que só ficariam satisfeitos se cuidassem dos próprios interesses. Cuidaram dos próprios interesses e compraram uma casa na cidade, mas acharam que só ficariam contentes se adquirissem a área ao redor. Tiveram de fazer mais propaganda e trabalhar mais, e depois começaram a sentir que só teriam sossego quando comprassem uma pequena casa aconchegante no campo. Sim, há alguns aqui que possuem uma casa no campo, belos terrenos e assim por diante, mas só ficarão satisfeitos quando virem os filhos casados; e depois que os filhos casarem, eles também não terão sossego; pensam que terão, mas não é verdade. Haverá sempre alguma coisa a mais. "O homem nunca se sente abençoado, mas sempre espera ser abençoado", conforme diz Young. [N.E.: Na realidade o autor desta frase não é Edward Young, mas Alexander Pope.]

Há Ilhas da Felicidade para o marinheiro alcançar, mas se ele não chegar lá, não encontrará nenhum abrigo, mesmo no porto mais seguro de todos. Conhecemos também algumas pessoas que, em vez de buscar riqueza, correm atrás da fama. Foram homenageadas por ter escrito aquele texto brilhante, mas são motivadas pelo espírito de rivalidade a receber mais honra; precisam escrever melhor. E quando conseguem um pouco de notoriedade na segunda tentativa, sentem que agora têm um nome a zelar e precisam que ele seja divulgado e que seu círculo de influência seja ampliado. A verdade é que nem riqueza, nem honra, nem qualquer coisa que se refira ao ser humano mortal jamais será capaz de preencher a alma insaciável e imortal do homem. O coração humano tem uma fome eterna que lhe foi dada, e se vocês pudessem colocar o mundo inteiro em sua boca, ele ainda haveria de querer mais; a sede é tão profunda que, se todos os rios corressem em sua direção, como os rios correm para o mar e ele nunca transborda, ainda assim, o coração haveria de querer mais. O homem é verdadeiramente semelhante à sanguessuga, que sempre diz: "Quero mais! Quero mais! Quero mais!" e enquanto a Cruz não for dada ao coração insaciável, enquanto Jesus Cristo, que é a plenitude daquele que satisfaz tudo em todos, não for concedido, o coração do homem nunca ficará preenchido.

Onde encontraremos um homem satisfeito a não ser na Igreja de Cristo? E é na Igreja de Cristo que eu encontro esse homem, não meramente no púlpito, onde o sucesso e o cargo poderiam satisfazer, mas sentado humildemente no banco ouvindo a verdade. Encontro-o sentado no banco, não no meio dos ricos onde as comodidades deste mundo podem torná-lo uma pessoa satisfeita, mas no meio dos pobres onde reclamará por causa do frio e da nudez. Eu poderia apontar-lhes hoje o trabalhador que ganha cada bocado do pão que come com mais suor na testa do que vocês poderiam imaginar, mas ele está satisfeito. Eu poderia apontar-lhes a pobre moça trabalhadora que mal ganha para se manter viva, mas que, nesta casa de Deus, seu coração salta de alegria porque ela se conforma totalmente com sua situação. Eu poderia mostrar-lhes a mulher presa ao leito de enfermidade cujos ossos lhe perfuraram a pele por ter permanecido na cama por tanto tempo até o ponto de ser obrigada a achá-la macia, mas tudo é-lhe muito difícil por causa de sua fraqueza. No entanto, ela está satisfeita, apesar de conseguir se sustentar apenas com um parco donativo recebido da igreja. Digo que não temos necessidade de exagerar, forçar ou usar hipérboles; na Igreja de Cristo que encontramos aqueles que estiveram e ainda estão satisfeitos com a benignidade de Deus. Ora, não seria ótimo se começássemos a vida com satisfação? Há algumas pessoas que não a terminam com esse objetivo; elas correm atrás da satisfação até chegarem ao leito de morte, e não a encontram. Porém, seria ótimo começar a vida com satisfação, não para dizer daqui a algum tempo que estarei satisfeito, mas para estar contente agora; não para dizer que terei o suficiente quando chegar a tal e tal situação de grande prestígio, mas ter o suficiente agora, começar com satisfação antes de me lançar a um mundo de problemas! Você pode fazer isso, meu irmão; você pode fazer isso, minha jovem irmã, se agora, com sinceridade no coração, você olhar para Aquele que está pendurado na cruz ao longe e entregar sua alma aos Seus cuidados, orando desta maneira: "Sacia-nos *de manhã* com a tua benignidade".

Nosso texto dá-me um motivo para comentá-lo por alguns momentos. Ele diz: "Sacia-nos de manhã com a tua benignidade, *para que cantemos de júbilo e nos alegremos todos os nossos dias*". Nunca nos *alegramos* no sentido verdadeiro da palavra; só possuiremos alegria sólida quando estivermos satisfeitos com a benignidade de Deus. O resto não passa de esforço fútil e fingimento; a realidade só chegará a nós quando a benignidade de Deus visitar nosso coração; depois disso, que alegria sentiremos! Você diz que o cristão é infeliz. Ó, senhor, você não conhece o cristão. Não precisamos mostrar rostos sorridentes diante de você, porque nossa alegria é mais profunda que a sua e não necessita ser exibida com manifestações exageradas! O comerciante pobre coloca todas as suas mercadorias na janela, mas o rico possui depósitos de riqueza até no porão escuro; seus armazéns estão cheios, e ele não exibe nada. Mesmo assim, as águas correm profundas, e às vezes continuamos alegres por causa da profundidade de nosso deleite. Você diz que não somos felizes. Senhores, nós não trocaríamos um só momento de nossa alegria por centenas de anos da sua alegria! Ouvimos sua alegria, e entendemos que ela é semelhante ao estalar dos espinhos embaixo de uma panela que estalam cada vez mais alto porque se queimam muito rápido e em breve desaparecem. Mas a nossa alegria é fogo constante. Choramos às vezes; choramos com mais frequência do que deveríamos. Temos liberdade para fazer essa confissão. Porém, não é a nossa religião que nos faz chorar; choramos porque não vivemos de acordo com ela, porque, quando vivemos de acordo com ela, temos a companhia de Jesus.

Nossos leitos de enfermidade são, em geral, como a soleira da porta do céu mesmo quando estamos abatidos; há um doce refrigério em nossa tristeza e uma profunda alegria em nosso sofrimento aparente do qual não abrimos mão; Deus nos deu esse refrigério e o mundo não pode destruí-lo. Aqueles que amam Jesus Cristo desde cedo têm a melhor esperança de desfrutar os dias mais felizes da vida como cristãos. *Eles terão o maior serviço*, e o serviço a Deus é prazer perfeito. O vigor da juventude os capacitará a fazer mais do que aquelas pessoas que se alistam para o trabalho quando estão senis e decrépitas. A alegria do Senhor é a nossa força; por outro lado, usar a nossa força para Deus é uma fonte de alegria. Moço, se você trabalhar cinquenta anos a serviço de Deus, certamente se alegrará todos os dias de sua vida. Quanto mais cedo nos convertermos, tendo mais tempo para estudar na faculdade de Cristo, *mais profundo será o nosso conhecimento a respeito dele*. Teremos mais tempo para comunhão, mais anos para confraternização. Teremos mais oportunidades para provar o poder da oração e mais oportunidades para comprovar a fidelidade de Deus do que teríamos se nos convertêssemos tarde na vida. Aqueles que se convertem tarde são abençoados por receber ajuda para aprender muita coisa, mas aqueles que se convertem cedo certamente os superarão. Quero ser jovem como João, para que eu possa trabalhar anos com amor e, à semelhança dele, ter um relacionamento muito próximo com meu Senhor. Com certeza aqueles que se convertem cedo podem ter certeza de que serão mais alegres *porque nunca terão de pelejar nem lamentar como fazem os que se convertem mais tarde*. Seus ossos são firmes, vocês correm sem se fatigar, não caíram como alguns e podem andar sem se cansar. Em geral, o homem de cabelos grisalhos que se converteu aos 60 ou 70 anos sente a lembrança de seus pecados da juventude apegada a si. Em seus momentos de louvor, uma antiga canção lasciva revive em sua memória; quando se preparar para elevar-se ao Céu, se lembrará de repente de alguma cena em um covil de depravação que gostaria de esquecer. Mas vocês, salvos pela graça divina antes de caírem na boca do leão ou sob a pata do urso, certamente terão motivos para alegrar-se a vida inteira. Se eu puder ouvir música celestial na Terra, quero começar agora, Senhor. Não escondas a lira e a harpa de meus dedos quando eles tremerem com a idade; permite que eu os use enquanto for jovem. Agora, Senhor, se houver um banquete, não permitas que eu chegue lá no fim da festa, mas que eu comece a festejar hoje. Se vou casar com Jesus, que não seja quando meus cabelos estiverem grisalhos, mas casa-me agora com Ele. Há melhor tempo para alegrar-se do que hoje? Agora minhas alegrias aumentarão e crescerão como um rio que se alarga e se aprofunda poderosamente à medida que seu curso é prolongado! Cantarei de júbilo e me alegrarei em ti todos os meus dias, bom Senhor, se começares agora comigo no alvorecer de meus dias.

Não consigo agrupar meus pensamentos esta manhã como desejaria, mas sinto ainda um desejo sincero de disparar a flecha em direção ao alvo e, portanto, um ou dois pensamentos se perderão antes que eu me volte para a oração em si, mas eles serão muitos breves. Meus caros jovens e amigos, vocês que têm a minha idade, ou são mais moços, eu lhes suplico que peçam para estar satisfeitos com a benignidade de Deus desde cedo *porque poderão morrer precocemente*. Foi um sofrimento muito grande esta semana estar à beira do túmulo aberto daquele que foi, infelizmente, cedo demais e, conforme pensamos, arrebatado ao Céu. Vocês nunca saberão quantos anos frutíferos terão na vida adulta. Dizemos que nossos anos chegarão a setenta ou oitenta, mas, para vocês, talvez não cheguem a tanto; o Sol de vocês poderá se pôr enquanto ainda é meio-dia. Deus, muitas vezes, colhe o milho enquanto este está verde; bem antes da chegada do outono Ele corta Seus molhos. "Portanto, assim te farei [...] prepara-te [...] para te encontrares com o teu Deus". E, por outro lado, se vocês devem viver, *em que serviço passarão melhor seus dias que no serviço de Deus?* Que função mais feliz, que posição mais abençoada a de ser achado, como Samuel, um servo esperando em Deus enquanto ainda necessita dos cuidados de uma mãe. *Lembrem-se de como as tentações os assediaram desde cedo.* Vocês não gostariam de proteger seus dias de juventude? E como poderão purificar seus caminhos a não ser vigiando-os cuidadosamente de acordo com a Palavra de Deus?

Vocês não sabem também *que a igreja os quer?* Seu sangue jovem manterá as veias da igreja em pleno vigor e fortalecerá seus tendões. *O amor de Jesus não deveria conquistar vocês?* Se Ele morreu e derramou Seu sangue pelos homens, não merecerá o melhor que eles têm a lhe oferecer? Vocês gostariam de dar uma oferta a Deus somente no fim de seus dias? O que vocês pensam do judeu que levou um boi com muitos anos de vida — depois de tê-lo usado em seus campos até que estivesse cansado demais —, para consagrá-lo a Deus? Que sejam oferecidos cordeiros; que sejam oferecidos os filhotes do rebanho; que Deus receba os primeiros molhos da colheita. Certamente Ele merece algo melhor do que receber sobras do diabo em seu altar santo! "Ah", vocês perguntam, "Ele me aceitará se eu buscá-lo desde já?" Ora, vocês receberam mais promessas do que os homens mais velhos. Está escrito que aquele que busca Deus o encontrará, mas também está especialmente escrito: "Os que de madrugada me buscam me acharão". Vocês receberam uma promessa peculiar. Se houvesse alguém que pudesse ser rejeitado, possivelmente não seria o jovem. Se houvesse alguém que Jesus poderia abandonar, não seria você, porque Ele recolhe os cordeiros em Seu peito. "Deixai os pequeninos, não os embaraceis de vir a mim, porque dos tais é o reino dos céus". Isso não os deixa animados apesar de vocês serem jovens? Jesus Cristo ama ver os moços e as moças louvando-o em conjunto. Lemos que os melhores homens santos do Antigo e do Novo Testamento foram aqueles que aceitaram Jesus ainda jovens. A fina flor da igreja dos tempos modernos encontra-se entre aqueles que se converteram cedo. Observem os presbíteros e os pastores das igrejas, e na maioria dos casos os líderes do nosso Israel são aqueles que — como o jovem Aníbal [N.E.: Aníbal Barca, general cartaginês (243–182 a.C.). Considerado um dos maiores da história.] foi consagrado pelos pais à grande causa de seu país — foram consagrados pelos pais à grande causa de Sião e aos interesses de Jerusalém. Se vocês são fortes para Deus, notáveis em Seu serviço e jubilosos em Seus caminhos, se entendem a altura e a profundidade do amor de Cristo que excede todo entendimento, se desejam entregar-se antes que seus ossos estejam alquebrados e antes que seu espírito se torne completamente impregnado dos hábitos da iniquidade, ofereçam então esta oração: "Sacia-nos de manhã com a tua benignidade, para que cantemos de júbilo e nos alegremos todos os nossos dias".

FAÇA SUA ORAÇÃO A DEUS

Cada palavra aqui é importante [N.T.: Conforme consta na versão *King James*, em inglês, do Salmo 90:14.]. "*Ó*". Isso ensina-nos *que a oração precisa ser fervorosa*. Suponhamos que eu tenha inspirado alguns dos jovens aqui a sussurrar esta oração a Deus. Será que estou sendo tão inconveniente a ponto de supor que nenhum de vocês o fará? Não haverá alguém que diga: "Neste momento, sentado neste banco, eu apresentarei esta súplica ao céu de todo o coração e com a ajuda de Deus e do Espírito Santo"? A oração começa com um "Ó". As orações apáticas nunca chegarão ao trono do Senhor. Aquilo que parte friamente do coração de vocês nunca chegará ao coração de Deus. Orações apáticas, sem vida pedem a Deus que sejam indeferidas. A oração precisa partir de nossa alma. A alma de nossa oração precisa ser a oração de nossa alma. "*Ó sacia-nos*." Rapaz, o Senhor deseja abrir a porta àqueles que batem, mas você precisa bater com força. Ele está totalmente preparado para dar àqueles que buscam, mas você precisa pedir ardentemente. O reino do Céu sofre violência. Simplesmente agarrar-se ao anjo de nada adiantará; você precisa *lutar* com ele. Não durma, não cochile enquanto não encontrar o Salvador. Lembre-se: se você encontrá-lo, cada gota de sangue derramado durante a busca será recompensada. Se em vez de lágrimas você deu o sangue de seu coração e se, em vez de suspiros, deu os gritos estridentes de um mártir, você será recompensado se encontrar Jesus; portanto seja fervoroso. Se não o encontrar, lembre-se, você perecerá, e perecerá com uma grande destruição; a ira de Deus cairá para sempre sobre você e o inferno será o seu quinhão; portanto, da mesma forma que alguém clama pela vida, clame também por benignidade. Lance seu espírito por completo nisso, e deixe que esse espírito seja aquecido por um calor resplandecente. Não se contente em ficar ao pé do trono dizendo: "Que o Senhor me salve se for essa a Sua vontade". Não. Ore assim: "Senhor, não posso aceitar uma negativa. Ó sacia-me. Ó salva-me". Essa oração certamente será aceita.

Repetindo, *transformem sua oração em uma oração generosa*. "Sacia-*nos* de manhã!" Sinto-me alegre por ver entre nossas jovens irmãs um espírito de amor umas pelas outras na aula de catecúmenos [N.E.: Os catecúmenos surgiram logo no início da Igreja Primitiva, tendo em vista a necessidade de doutrinar e preparar os novos convertidos que desejavam agregar-se à Igreja, tendo em vista a grande quantidade de gentios vindos do paganismo.], pois quando uma se converte, ela certamente procura outras; há muitas moças nessa classe que encontraram o Senhor e estão sempre buscando algumas jovens perdidas nas ruas ou algumas moças esperançosas que frequentam a congregação, na tentativa de atraí-las, para que Jesus seja glorificado. O primeiro dever de uma pessoa convertida é trabalhar pela conversão de outras, e certamente sua oração não será prejudicada, rapaz, se, quando orar por si mesmo, você colocar o verbo no plural: "Sacia-*nos*". Ore por seus irmãos e irmãs. Tenho certeza de que somos verdadeiramente culpados nesse assunto. Aqueles que são seus filhos ou descendentes — peço a Deus que todos sejam salvos com a mesma salvação. Vocês, alguns de vocês, se sentiriam felizes por pertencer a uma família na qual todos fossem convertidos. Ah, que todos nós possamos dizer o mesmo! Que a lembrança deste texto provoque em vocês e em mim o desejo de orar mais do que já oramos pelos irmãos e irmãs não-convertidos. "Sacia-nos"; se trouxeste o mais velho, Senhor, continua tua obra até que o mais novo seja convertido. Se meu irmão pregar a Palavra, se minha irmã se alegrar no Teu temor, então permite que outras irmãs conheçam e provem Teu amor. Vocês, jovens que estão nas lojas, nos armazéns, nas fábricas, façam esta oração e não excluam sequer aqueles que começaram a blasfemar. Mesmo que eles ainda sejam muito jovens, orem por eles: "Sacia-*nos* com a tua benignidade".

A seguir, esforcem-se, caros amigos, *para que sua oração seja completamente* fundamentada no *evangelho*. "Sacia-nos de manhã com a Tua benignidade." A oração do publicano é um modelo para todos nós. Por mais amáveis ou melhores que sejamos, todos precisamos dizer: "Deus, tem misericórdia de mim, pecador". Não se apresentem com uma piedade hereditária; não se aproximem do Senhor pelo fato de ter sido batizado por aspersão ainda bebê; não se acheguem a Ele para suplicar pela aliança feita por sua mãe. Venham como pecadores, como pecadores sujos, imundos, que não podem contar com ninguém nem confiar em ninguém, a não ser no mérito de Deus em Cristo Jesus; que a sua oração seja como a oferecida por um ladrão ou por uma prostituta: "Sacia-nos de manhã com a Tua benignidade".

A oração deve ser apresentada agora, *imediatamente*. O texto diz: "Sacia-nos de manhã". Por que não hoje? Ah, quem dera ela tivesse sido feita anos atrás! Mas havia tempo suficiente, vocês pensaram. Há tempo suficiente, mas não há tempo a perder. Relacionem-se *agora* com Deus, e fiquem em paz. "Hoje é o dia aceitável; hoje é o dia da salvação". Peço a Deus que não façamos nossas orações imaginando que foram ouvidas tarde demais. Que ela seja: "Sacia-nos de manhã". O homem que se arrepende verdadeiramente sempre deseja receber perdão na hora; ele sente que precisará continuar ajoelhado até que Deus lhe estenda Seu favor. Prestem atenção no que digo: quando um homem chega realmente a ponto de decidir que precisa ser salvo agora, ou então será tarde demais, é chegado aquele momento crítico e solene em que Deus diz: "Faça-se contigo como queres".

Preciso deixar este meu humilde sermão com o povo de Deus, para que orem por ele. Às vezes, quando mais desejo suplicar pelos filhos dos homens, meu cérebro se distrai, mas meu coração se aquece. Deus sabe que, se pudesse suplicar pelos jovens, eu o faria mesmo em meio a lágrimas. Tenho um sentimento solene pelo nosso país. Como ele será feliz se seus filhos e filhas entregarem sua juventude a Deus! Londres será abençoada se os moços, em seu trabalho, e as moças, em suas famílias, se tornarem missionários para Cristo. Que felicidade será para eles! Que alegria conhecerão! Que arrebatamento sentirão! Que bênção serão em seu lar! Como serão felizes suas famílias! Os pais não-convertidos sentirão o poder da santidade por intermédio de suas filhas, e as mães que desprezam a religião não mais a desprezarão porque a veem exemplificada e ilustrada nos filhos. Queremos missionários por toda parte. Esta grande cidade jamais terá possibilidade de ser a cidade do Senhor, a não ser por ação individual. Precisamos que todos os cristãos trabalhem e, como não podemos recrutar os mais velhos para trabalhar como nós trabalhamos, porque, se pregarem como nós pregamos, eles serão como vinho envelhecido, ansiamos por principiantes cujo ardor reacenderá o fenecente entusiasmo dos mais velhos. Queremos ver mentes jovens chegando com brilho incandescente e com fervor santo para manter o fogo ardendo no altar. Por amor de Jesus Cristo eu imploro a vocês que estão na flor da idade: apresentem esta súplica enquanto estão sentados aqui nos bancos da igreja. Façam-no agora. É o coração de um irmão que implora o favor. É pelo bem de sua própria alma, que sejam abençoados na Terra e que possam ter as alegrias do Céu. Há um Deus que ouve as orações. O propiciatório continua aberto. Cristo continua a esperar. Que o Espírito de Deus os conduza agora a apresentar-se a Ele em súplica. Que Ele os induza a dizer estas palavras como um clamor: "Sacia-nos de manhã com a tua benignidade, para que cantemos de júbilo e nos alegremos todos os nossos dias".

Este sermão foi extraído de *O Púlpito do Tabernáculo Metropolitano* e pregado na manhã do domingo 7 de junho de 1863.

6

A ORAÇÃO DO ESTUDANTE

*Faze-me entender o caminho dos teus preceitos;
assim falarei das tuas maravilhas* (Salmo 119:27 ARC).

Quando pedimos qualquer coisa boa a Deus, devemos também pensar em como vamos usá-la para Sua glória. É conveniente que os desejos por coisas boas tenham origem em bons motivos. Quando o coração não é apenas bondoso, mas também grato, ele se volta para Deus com um propósito duplo, desejando a misericórdia e desejando usá-la para Seu louvor. A graça de Deus, que traz salvação, desperta maravilhosamente o apetite por coisas boas. E faz mais: provoca uma intensa ansiedade para glorificar o nome de Deus no mundo, mesmo antes de conceder-nos a habilidade para fazer qualquer coisa boa. Quando a paixão veemente e a desesperança abjeta se encontram e lutam no peito, quase sempre produzem desânimo, mas, ao contrário, deveriam estimular a oração.

Logo depois de sermos salvos pela graça, ficamos ansiosos por suprir os desejos de nossa alma. "Desejai ardentemente, como crianças recém-nascidas, o genuíno leite espiritual, para que, por ele, vos seja dado crescimento para salvação". Esse é o primeiro estágio da infância espiritual; é como o bebê que chora querendo a mamadeira, se alimenta de seu limitado conteúdo e festeja, sem dividi-lo com ninguém. Segue-se então outro desejo: o desejo de comunhão com os santos, embora nos sintamos muito fracos e muito tolos para conviver com tão boa companhia, visto que achamos que são discípulos mais velhos ou sequer falamos com eles. Porém, eu lhes direi o que podemos fazer. Todos nós podemos nos arriscar a pedir ao Senhor que nos instrua e nos ajude a entender Seus caminhos, de modo que nossa conversa seja bem-vinda ao Seu povo e, por conseguinte, à Sua vontade. "Consolai-vos, pois, uns aos outros e edificai-vos reciprocamente, como também estais fazendo." Esse é o segundo estágio do desenvolvimento. A seguir, vem o terceiro, e ele virá com certeza se vocês prosseguirem em conhecer o Senhor. "Então, ensinarei aos transgressores os teus caminhos, e os pecadores se converterão a ti". Não deixe, meu irmão, de falar desta maneira: "Tu me ordenaste, ó meu Deus, que ambicionasse sinceramente as melhores dádivas. Eu as ambiciono, Senhor, tu sabes, não para consumi-las com minhas luxúrias, mas para usá-las para Teu serviço. Aceitarei alegremente Teus talentos como uma responsabilidade e não para me divertir com eles, não para ostentá-los como brinquedos de minha vaidade, mas por Tua graça como um administrador sábio e fiel que te entregará todo o lucro e todo o juro, porque estou ávido por ter um ganho com todos aqueles talentos que confiaste aos meus cuidados." "Faze-me discernir o propósito dos teus preceitos; então meditarei nas tuas maravilhas".

Eu gostaria que vocês observassem também, no início de nossa meditação, que não há realmente nenhum dever sério que um homem possa ser chamado a desempenhar, nenhum cargo de responsabilidade que ele seja escolhido para preencher nem qualquer plano ou propósito que ele tenha no coração para realizar que não exija preparação diligente de sua parte em adaptar-se, treinar suas aptidões e disciplinar sua mente. Aquilo que vocês chamam de trabalho amador possivelmente poderá ser utilizado por pessoas eficientes, mas o trabalho incompetente é perda total de energia. Ora, muito mais premente é a necessidade de que sejamos capacitados com os talentos indispensáveis e qualificados por instrução adequada se tivermos de fazer qualquer obra para Deus, ou qualquer obrigação, por mais humilde que seja, a serviço do grande Rei! O zelo sem conhecimento somente nos induziria a uma imprudente presunção. Quando somos chamados para falar das maravilhas de Deus, não devemos agir com precipitação, sem ter condições e sem estar preparados, mas devemos aguardar no Senhor, para que os olhos do nosso entendimento sejam iluminados, que nossa língua travada seja solta e que nossos lábios estejam afinados para contar a nobre história com gratidão e eloquência. Mas primeiro, precisamos ter entendimento dos caminhos dos preceitos do Senhor antes de aplainá-los para os outros. Aquele que tenta ensinar aos outros, mas nunca ensinou a si mesmo, causará uma lamentável confusão. Aquele que não possui entendimento, mas deseja que os outros entendam, certamente fracassará. Há alguns que não são capazes de ensinar e não aprenderão, porque não aprenderão o que não são capazes de ensinar. Creio que a aptidão para ser ensinado se encontra no centro da aptidão para ensinar. O salmista possuía as duas aptidões. Ele diz: "Faze-me discernir o propósito dos teus preceitos". Desse modo, ele aprenderia, para poder falar das maravilhas do Senhor. Assim, estaria ensinando.

Ao meditar no texto, ocorreu-me que devo destacar três pontos. Primeiro, *a oração do estudante*; segundo, *a ocupação do mestre* e terceiro, *a relação íntima que há entre elas*.

A ORAÇÃO DO ESTUDANTE

Espero, meus amados irmãos e irmãs em Cristo, que todos nós sejamos estudantes na escola de Cristo — todos discípulos ou alunos — e acredito que adotaremos a oração do estudante como nossa: "Faze-me discernir o propósito dos teus preceitos". Vocês sabem que a oração é para o estudo o que o fogo é para o sacrifício; eu lhes suplico, portanto, que participem sinceramente da petição contida no texto.

A oração do estudante trata do assunto principal da conversa sobre a ocupação do estudante, isto é, *o propósito dos preceitos de Deus*. Vocês e eu, irmãos, temos de ensinar aquilo que se relaciona com os conselhos e os mandamentos do Senhor. Nosso dever não é guiar os homens na política nem os doutrinar na ciência. Essas coisas são ensinadas de melhor forma pelos homens ilustres, cujo tempo e atenção são absorvidos em pesquisas profundas e trabalhosas. Quanto a nós que somos cristãos e servos de Cristo, nosso dever é ensinar as coisas de Deus aos homens. É melhor nos prendermos a esse tópico, tanto para o nosso bem como para o bem dos outros. Se nos envolvermos com muitos estudos, nossos pensamentos em breve serão dispersos; se multiplicarmos as buscas, seremos incapazes de concentrar todas as nossas energias no tópico principal que a sabedoria divina separou para nós — "o propósito dos teus preceitos".

No caminho dos preceitos legais de Deus temos grande necessidade de profundo conhecimento, para instruirmos os outros com competência. É recomendável ser iniciado na Lei, discernir sua abrangência, espiritualidade e austeridade maravilhosas; conhecer o caminho da Lei — um caminho difícil demais para ser percorrido por qualquer mortal para ganhar a salvação. É recomendável pesquisar o propósito dos preceitos do Senhor, entender que ele é excessivamente largo e, ao mesmo tempo, extraordinariamente estreito, porque "o teu mandamento é ilimitado" e porque "estreita é a porta, e apertado, o caminho que conduz para a vida, e são poucos os que acertam com ela". É recomendável saber exatamente o que a Lei ensina e o que ela determina, por que estamos sujeitos aos seus preceitos e como podemos ser libertos de suas penalidades.

Temos também grande necessidade de entender o propósito dos preceitos do evangelho de Deus — o que esses preceitos são: "arrepender", "crer", "converter-se" e coisas parecidas; ser capaz de ver a relação entre eles, onde se situam, não como meio para alcançar o fim, mas como resultados da graça divina — não só mandamentos, mas também promessa, não somente o dever do homem, mas também o dom de Deus. Feliz é o pregador e o mestre que entendem o propósito dos preceitos do evangelho e nunca permitem que eles se choquem com os preceitos da Lei, para que não venham a ensinar uma mistura de assuntos, metade Lei e metade evangelho; que conhecem o propósito dos preceitos legais de Deus e os veem ardendo em chamas com a ira divina por causa do pecado; discernem o propósito dos preceitos do evangelho e os veem com clareza, ainda que inteiramente avermelhado com o sangue precioso daquele que nos abriu o caminho da aceitação.

O propósito dos preceitos de Deus! Será que isso não significa que devemos estar familiarizados com a posição relativa que esses preceitos ocupam? Porque é muito fácil, irmãos, a menos que Deus nos dê entendimento, pregar um preceito e negligenciar o outro. É possível que o ministério e o ensino estejam desiquilibrados, e aqueles que o seguem podem tornar-se mais semelhantes a caricaturas do cristianismo do que cristãos de proporções harmônicas. Ó, Senhor, que criaturas tolas somos! Quando nos exorta de uma forma, corremos para um extremo tão distante que esquecemos que não nos deste nenhum outro conselho senão aquele que está soando agora em nossos ouvidos. Conhecemos algumas pessoas que, ao receberem a ordem de ser humildes, curvaram-se tanto que se tornaram temerosas e desanimadas. Conhecemos outras que, ao receberem a exortação de ser confiantes, foram muito além de uma simples coragem e se tornaram tão presunçosas que presentemente caíram em gritantes transgressões. Sua virtude principal é fidelidade à verdade? Prestem atenção para não serem intolerantes. Sua maior aspiração é amar a Deus e ao homem? Cuidado para não serem joguetes nas mãos de falsos apóstolos e hipócritas traiçoeiros. Vocês se revestem do zelo como se vestissem uma roupa? Tenham cuidado agora, para que, em um ato de indiscrição, sua roupa não seja revolvida em sangue. Ó, como é fácil exagerar uma virtude até que ela se torne uma falta grave. O homem pode olhar para si mesmo, examinar-se e investigar todas as suas ações e motivos até tornar-se deploravelmente egoísta; ou, por outro lado, ele pode olhar para os outros, aconselhá-los e adverti-los, pregando a eles e orando por eles até esquecer-se de sua própria condição, descambando para a hipocrisia e descobrir, para sua surpresa, que seu coração não está de acordo com a vontade de Deus. Há um "propósito" a respeito dos preceitos, há um repique a respeito deles no qual cada sino dá seu tom e compõe uma melodia. Há uma mistura, como de óleo de unção antigo — um pouco deste, daquele e de outro; se um ingrediente ficar de fora, o óleo perderá seu aroma perfeito. Portanto, existe uma unção da vida santa na qual há preceito sobre preceito habilidosamente misturados, delicadamente instilados, gratamente combinados, e graça concedida para manter cada um desses preceitos; e assim a vida se torna doce como o mais precioso unguento para o Senhor. Que Deus permita a cada um de nós, se quisermos ensinar os outros — e espero que tentemos fazer isso — entender o propósito de Seus preceitos.

Também, como uma oração isso certamente deve significar: "Faze-me entender o propósito para guardar os teus preceitos". Não está na força humana, pois aquele que guarda os preceitos de Deus precisa ser guardado pelo Deus dos preceitos. Para guardar os preceitos precisamos guardar no coração Aquele que deu os preceitos e cuja vida é o melhor exemplo deles. Ó Senhor, ensina-nos o caminho para observarmos e cumprirmos os Teus mandamentos. Dá-nos coração humilde e dependente, receptivo às doces influências de Teu Espírito, para que possamos entender o propósito no qual esses preceitos devem ser guardados. Será que não significa: "Senhor, faz-me entender a vida cristã, porque esse é o propósito dos teus preceitos?". Caros amigos, se vocês ensinam os outros devem estar experimentalmente familiarizados com a vida cristã; devem conhecer as grandes doutrinas que a sustentam e fornecer motivos para elas — as grandes doutrinas que são o pavimento da estrada na qual o cristão viaja. Vocês precisam conhecer os preceitos práticos em si — o que são e como o Senhor os formulou para cada circunstância e para cada época da vida cristã. Vocês precisam conhecer os preceitos doutrinais e práticos, mas precisam conhecer os preceitos experimentais. Não tem nenhum valor aquele pregador que não pode falar do caminho dos preceitos de Deus porque não experimentou esse caminho — não sentiu a alegria de correr nele — não tomou os preceitos para si e não foi guiado por eles para provar que "em os guardar, há grande recompensa". Sim, e ele será um pregador razoável se tiver uma boa lembrança da amargura que se origina de ter se desviado daqueles mandamentos, porque pode dizer ao pecador, com lágrimas nos olhos, que quem se desvia do caminho da obediência não encontrará as veredas da paz, porque o caminho dos mandamentos de Deus é extremamente agradável, mas aqueles que derrubam o muro e seguem a própria vontade descobrirão que sua obstinação lhes acarretará grande tristeza e doloroso sofrimento. Isto é o que queremos — entender o propósito dos preceitos do Senhor. Que esta oração suba ao Céu, especialmente de cada jovem irmão que espera pregar a Palavra há muito tempo: "Faze-me entender o propósito dos teus preceitos".

Aqui está implícita uma confissão verdadeiramente óbvia. "Faze-me entender o propósito dos teus preceitos." Significa exatamente isto. "Senhor, sozinho não sou capaz de entender. Sou ignorante e tolo, e se seguir meu próprio julgamento — se me sentir atraído por meus pensamentos — certamente me equivocarei. Senhor, faze-me entender." Essa é a confissão de um homem bom que entendeu grande parte, mas sente que não entendeu tudo. No aprendizado, aquele que mais entende é aquele que acha que entende menos. Aquele que possui o conhecimento mais claro das coisas divinas é exatamente aquele que sente que há um oceano imenso além de sua observação, e ele clama: "Faze-me entender o propósito dos teus preceitos". Trata-se de uma confissão que deveria ser feita porque é intensamente sentida — a percepção da estultice e da ignorância forçando a boca a confessar.

Nossa oração do estudante pede um grande favor quando diz: "Faze-me *entender*". Tem um significado maior que "faze-me *conhecer*". Ele havia dito antes: "Ensina-me os teus estatutos". Todo cristão necessita desse ensinamento para seu próprio bem, mas aquele que instrui outros precisa estudar especialmente para ter um entendimento profundo. Vocês, professores da Escola Dominical, que supervisionam as crianças, e vocês, presbíteros da igreja, que cuidam dos que têm dúvidas e os conduzem ao Salvador, vocês não podem contentar-se em saber, precisam *entender*. Um conhecimento superficial das Escrituras não será suficiente para seu importante serviço. Sua mente precisa adentrar no significado mais profundo, nos tesouros ocultos da sabedoria. "Faze-me *entender*". O catecismo pode fornecer as respostas certas, mas queremos o professor dinâmico para nos transmitir as percepções verdadeiras. A inteligência não é uma aptidão de bebês; sejam adultos no entendimento. Os alunos de menos idade logo perdem a confiança em seu preceptor se ele parecer incompetente. Outro dia, ouvi dois alunos falando de seu professor. Disse um deles: "Acho que ele não sabe muito mais do que nós". "Ele sempre precisa consultar o livro antes de nos dizer alguma coisa, não é mesmo?", disse o outro. No caminho para cá, vi dois bebês tentando carregar outro bebê, um pouco menor que eles, e os três rolaram juntos no chão. É bonito ver crianças pequenas ansiosas por ajudar o irmão menor, mas quando o pai chega, ele levanta os três do chão e os carrega com facilidade. Não temos muitos pais, mas cada cristão deveria almejar essa condição honrada e valiosa na igreja. A sabedoria que se origina da experiência leva a isso. "Faze-me entender." Ó Senhor, as crianças gostam das flores; ajuda-me a investigar as raízes; leva-me a conhecer os segredos, permite que eu conheça as coisas profundas de Deus. Ajuda-me a discernir; capacita-me a julgar, pesar e ponderar para conseguir entender. Os argumentos que tu dás, me ajudam a compreender. Onde não houver nenhum argumento ensina minha razão a entender que deve haver o melhor dos motivos para que nenhum argumento fosse apresentado. Faz-me entender o que pode ser entendido e entender que o que não consigo entender é tão confiável quanto o que eu entendo. No entendimento jamais chegarei à Tua perfeição, ó Deus. Aos Teus olhos, eu ainda sou um bebê, embora perante meus companheiros cristãos eu pareça um homem. "Faze-me entender".

Gosto muito de reunir-me com o povo de Deus que exercitou seus sentidos nas coisas divinas e cuja inteligência amadureceu. Porque na maioria das vezes achamos que os discípulos são semelhantes a bebês, inábeis na palavra da justiça, usando leite por serem incapazes de digerir alimento sólido. Graças a Deus pelos bebês; oro a Deus para que cresçam logo e se transformem em homens. Aquele que sabe que é pecador e que Cristo Jesus é seu Salvador conhece o suficiente para ser salvo. Porém, não temos nenhum desejo de perpetuar a infância. A cartilha é essencial como manual de ortografia, mas não é cartilha permanente! O "ABC" não deve ser cantado para sempre em tom monótono e cansativo; nem o "Somente crer" deve tornar-se uma canção eterna! Há outras verdades mais profundas e mais sublimes? Há a extraordinária analogia da fé, há a doutrina da aliança, há a doutrina da eleição, há a doutrina da união dos santos com Jesus Cristo. Essas são as coisas profundas de Deus, e penso que devemos orar: "Faze-me, Senhor, entendê-las". No entanto, o melhor entendimento é aquele que aponta para a santidade pessoal. "Faze-me entender o *propósito dos teus preceitos.*" Senhor, se eu não conseguir entender a doutrina, ensina-me o caminho certo para eu tomar em minha vida diária. Se a tua verdade me fizer titubear algumas vezes, e eu não conseguir ver onde essa verdade se harmoniza com aquela, ainda assim, Senhor, permite que essa integridade e justiça me preservem. Faze-me conhecer e entender o caminho dos Teus estatutos a fim de que, se eu for tentado, e o Tentador surgir como um anjo de luz, eu possa entender a diferença entre um verdadeiro anjo de luz e o falso anjo de luz, para que eu não caia na armadilha. "Faze-me entender o caminho dos teus estatutos." Que meus olhos estejam ávidos por conhecer a justiça em todas as suas complexidades. Que eu possa seguir o sinal suave da integridade onde ela parece dar voltas e mudar de direção. Dá ao Teu servo um entendimento claro do que Israel deve fazer e do que ele próprio deve fazer como parte de Israel para que nunca perca seu caminho. Esse é o melhor entendimento do mundo inteiro.

O salmista roga pela fonte de toda sabedoria, a fonte da qual todo conhecimento emana. Quem é capaz de infundir sabedoria no interior do homem a não ser Deus? Ou quem é capaz de dar entendimento ao coração a não ser o Deus Altíssimo? Nossos pais e os professores da Escola Dominical ensinaram-nos os rudimentos, apesar de sermos influenciáveis e maleáveis na infância. Agradecemos muito a eles, e os temos em alta consideração. No entanto, eles só nos ensinaram a Lei e a gravaram, se isso for possível, a letra dela em nossa memória. E nós a repetimos com a mesma frequência com que a esquecemos. É o Senhor quem nos ensina a nos beneficiar dela por meio do Espírito divino. O Senhor nos ensina de modo maravilhoso! Algumas lições precisam ser incutidas em nós por meio de chicote. Bem, Ele usa a vara e não nos poupa de chorar. Outras lições podem ser apenas marcadas em nós com ferro quente. Alguns de nós podemos agradecer ao Senhor por ostentar no corpo as marcas do Senhor Jesus, porque Ele marcou com brasa a Sua verdade em nossa carne e em nossos ossos, para que não a esqueçamos, ao contrário, para que a entendamos. Em que lugares estranhos Deus coloca Seus filhos! Vocês ouviram falar de faculdades com nomes estranhos — Brasennose [N.T.: Nariz de Bronze. Um das faculdades que compõem a Universidade de Oxford, Inglaterra.] e outros; porém, a faculdade mais singular da qual ouvi falar foi a barriga do grande peixe. Jonas jamais teria curvado sua obstinação à graça soberana se não tivesse sido lançado nas profundezas, cercado de água por todos os lados e subjugado por ondas e vagalhões. Mas a solidez de sua doutrina foi muito palpável na voz de seu agradecimento, porque, assim que saiu do ventre do grande peixe, ele disse: "Ao Senhor pertence a salvação!". Uma faculdade singular para um profeta, mas podemos ficar satisfeitos por deixar a faculdade a cargo de Deus, e se formos como José, vendidos ao Egito, ou como os filhos hebreus, levados cativos à Babilônia ou a outro lugar qualquer — desde que Ele nos faça entender o propósito de seus preceitos, viveremos contentes. Cristo ensinou apenas a três dos doze apóstolos no Tabor, mas ensinou a onze deles no Getsêmani. Alguns, embora favorecidos com muitos picos de alegria, aprendem mais nos grandes sofrimentos. Cristo leva apenas três dos apóstolos ao quarto onde Ele ressuscita a menina, porque todas as Suas maravilhas não devem ser vistas por todos os Seus seguidores; mas todos podem contemplá-lo na cruz e aprender as doces maravilhas de Seu amor agonizante. Eu não ficaria satisfeito, caros irmãos e irmãs, se não tentasse entender tudo o que pode ser entendido a respeito do amor de Jesus Cristo e de todas aquelas verdades preciosas que compõem o propósito dos preceitos de Deus. É mau aluno aquele que não deseja aprender mais do que se encontra dentro do âmbito restrito de sua tarefa; o bom pupilo tenta aprender o máximo que pode de seu professor. Que a sua decisão e a minha sejam sempre a de aprender! Não devemos jamais nos contentar em retirar levemente a espuma da onda nem em sorver gentilmente um gole de água na beira do rio. Ao contrário, devemos nos deleitar em mergulhar na correnteza límpida do conhecimento. A revelação chama à pesquisa e manifesta seus estoques selecionados somente àqueles que as procuram como tesouros escondidos. Ó, meu Deus! Desejo muito recolher, ajuntar, adquirir conhecimento. Eu entregaria de bom grado cada hora que tivesse para sentar-me aos Teus pés. A ti eu entregaria todas as aptidões que possuo para poder aprender. Pelos ouvidos, pelos olhos, pelo paladar eu absorveria a instrução; sim, e em cada época de recreação eu inalaria a fragrância de Tuas obras maravilhosas; e quando buscasse repouso eu encostaria a cabeça em Teu peito para aprender Teu amor pelo tato, como também por todos os outros sentidos. Que cada portão de Mansoul [N.E.: Cidade fictícia, parte da obra *The holy war* (A guerra santa) de John Bunyan.] esteja congestionado com o comércio de mercadorias preciosas do conhecimento celestial. E, Senhor, eu abriria a parte mais íntima e mais profunda de minha alma para que Tua luz resplandecesse nos recônditos de minha natureza. Ó, ouve o meu clamor! Faze-me entender o propósito dos Teus preceitos!

A OCUPAÇÃO DO MESTRE

Quando o Senhor ensina ao homem o propósito de Seus preceitos, ele passa a ser responsável por usar seus privilégios sagrados: "assim, falarei das tuas maravilhas". Como um professor fiel, que ele testifique das *obras de Deus* — Suas maravilhas. É lamentável o sermão que trata apenas das obras dos homens, principalmente se o pregador disser que nossas boas obras são extraordinárias. Nossa pregação não deve ser sobre obras humanas, mas sobre as obras de Deus — não nossas obras, mas as obras de nosso grande Substituto. Há principalmente duas obras sobre as quais vocês, cristãos, precisam falar aos outros: a obra de Cristo *por* nós e a obra do Espírito Santo *em* nós. Nunca conseguiremos esgotar esses temas. A obra de Deus, o Filho, por nós em Sua vida e morte, ressurreição e ascensão, Sua intercessão à mão direita de Deus e Sua segunda vinda — que tema maravilhoso está diante de vocês aqui! Como são grandes as obras de Cristo em nosso favor! Preguem com muita ênfase o fato de Cristo ter morrido em nosso lugar. Que não haja nenhum engano a respeito disso. Contem que Cristo defendeu e ocupou o lugar de Seu povo e viveu e morreu por ele. Além do mais, há a obra do Espírito Santo em nós — e não seria possível exagerar o interesse e a importância disso. Eu não gostaria que nenhum homem tentasse falar a respeito desse ministério divino a menos que tivesse sido dominado por seu poder e conduzido por experiência a entendê-lo — a obra da convicção, a obra da regeneração, a obra do esvaziamento, da humildade e da rendição, de levar ao arrependimento e à fé, a obra da santificação, do sustento diário da vida divina, a obra do aperfeiçoamento da alma para o Céu. Há muito espaço para errar aqui se Deus não os fizer entender o propósito de Seus preceitos! Mas se vocês tiverem um conhecimento bom e claro do que é a vida cristã, então, meus caros irmãos e irmãs, insistam sempre nestes dois pontos: o que o Senhor tem feito *por* nós e o que o Senhor está fazendo *em* nós quando nos tira das trevas para a Sua maravilhosa luz.

O caráter maravilhoso dessas obras de Deus revela um estudo no qual a mente piedosa pode divagar com emoções sempre estimulantes de êxtase e deleite. Há algumas coisas no mundo com as quais os homens se encantam. Costuma-se falar das sete maravilhas do mundo. Creio que não existe nenhuma dessas sete maravilhas que algumas pessoas não se cansaram de maravilhar-se com ela. Se vocês as contemplarem um número suficiente de vezes, se acostumarão com elas, e o encanto desaparecerá. Mas vocês podem pensar e meditar nestas obras do Senhor, nestas duas obras em especial, podem inspecioná-las, apreciá-las todos os dias de sua vida, porque o seu encantamento jamais diminuirá, apenas aumentará. "Tuas maravilhas!" Deus encarnado no Filho de Maria! Obra maravilhosa esta! Deus na carpintaria! O Filho de Deus manuseando pregos e segurando um martelo! Obra maravilhosa esta! Jesus no tear, tecendo justiça para Seu povo, entrelaçando Sua alma em cada prego da lançadeira e produzindo uma trama tão inigualável para o vestido de casamento de Sua noiva escolhida que todos os anjos no Céu param e contemplam, encantados com o tecido que foi fabricado! Ei-lo — o próprio Deus em carne humana — morrendo, sofrendo o pecado humano com uma condescendência incomparavelmente maravilhosa! Ei-lo lançando todo aquele pecado nas profundezas do mar com poder assombroso de mérito e o afundando no abismo para sempre! Obra maravilhosa esta! Depois, veja-o novamente, desobrigado de todos os Seus compromissos afiançados, tendo pagado a dívida. Ei-lo pregando em sua Cruz os mandamentos manuscritos que eram contra nós. Ó, obra maravilhosa! Alguém poderia falar sobre isso dia e noite sem jamais se cansar. Vejam Cristo assumindo o papel de nosso representante, garantindo a vida a nós; vejam-no subindo aos céus e espalhando a dádiva das misericórdias entre os homens rebeldes. Reflitam na influência de Sua autoridade mediadora, no poder que lhe foi entregue por Seu Pai, porque o Pai lhe concedeu poder sobre toda a carne, a fim de que o Filho pudesse conceder vida eterna a tantos quantos o Pai lhe deu. Ouçam, ouçam Sua súplica como a de um Sacerdote diante do trono. Que obra maravilhosa é esta! Continuem a contemplar a vista apocalíptica; contemplem todas as glórias do futuro quando Ele voltar a reinar sobre a Terra! Lá, vocês terão novos campos de luz despontando com o arrebatamento diante de seus olhos — novos incentivos para maravilhar-se, admirar e adorar.

E o que direi a respeito dessas obras assombrosas que parecem tão perto e tão normais à nossa observação e, mesmo assim, confundem nossa investigação, porque quanto mais as esquadrinhamos mais atônitos ficamos? A Igreja no mundo mantém-se viva de geração em geração por Aquele cuja presença foi prometida, concedida, e agora é sentida e provada pelos santos — o Paracleto abençoado, o Consolador que o Pai enviou por meio de Jesus. Por Sua atuação, longas temporadas de seca e desânimo ocorreram de quando em quando, sendo sucedidas por tempos de refrigério graças à presença do Senhor, por reavivamento e renovações de sinais e maravilhas como as que começaram, mas não terminaram, no dia de Pentecostes. Nunca sei dizer quem me causa mais admiração — se o Deus em forma humana, o Filho encarnado, ou o Espírito Santo que habita no homem. O Espírito Santo em nós é tão maravilhoso quanto a encarnação. Que cada mestre do evangelho renda a própria alma à maravilha e à gratidão que inspiraram essas obras de Deus. Gosto de ver o pregador, quando ele fala dessas coisas, com a aparência de um homem completamente extasiado, contemplando uma vastidão sem fim, perdido na imensidão como se estivesse em alto mar, tremendo de adoração, como se as cordas de sua natureza vibrassem diante do mistério e da onda de deslumbramento que o envolve. Há traços encantadores da habilidade transcendente de Deus nas coisas minúsculas, quando vistas através do microscópio; mas essas maravilhas de Deus são diferentes. Elas exibem a grandeza de Seu poder. Não conte a velha, velha história como se ela fosse cada vez mais banal e insignificante aos seus ouvidos e proferida a esmo por sua língua. Prestem atenção à voz lenta, profunda e melodiosa do oceano poderoso da graça de Deus até que a alma desmaie dentro de vocês. Depois, falem em tom de forte emoção como Paulo fez: "Ó profundidade da riqueza, tanto da sabedoria como do conhecimento de Deus! Quão insondáveis são os seus juízos, e quão inescrutáveis, os seus caminhos!".

No entanto, é sua tarefa *falar claramente*. Veja como fica: "falarei das tuas maravilhas". A fala é o modo mais simples de se expressar. Nem todos vocês podem pregar, mas todos podem falar; se alguns pregadores abrissem mão da retórica e contassem sua história de modo simples sem nenhum verniz, teriam mais sucesso. Vocês acham que Deus gostaria que Seus ministros se matassem a fim de aparecer aos domingos com uma ou duas esplêndidas exibições de "intelecto" e eloquência? Certamente Deus não age desse modo. Não creio que Paulo tenha chegado a pregar um sermão requintado ou que Pedro tenha sonhado em demonstrar intelectualidade. Outro dia, perguntei a alguém se o sermão que ele havia ouvido levaria os pecadores a se converterem. Ele disse: "Ah, não, de jeito nenhum, mas foi um banquete intelectual". Existe em algum lugar na Bíblia uma palavra sobre banquetes intelectuais ou alguma coisa que se aproxime dessa ideia? Será que não existe um país do outro lado do oceano onde o povo está tentando uma oratória excelente e efêmera — sermões que nos fazem lembrar da maneira pela qual eles encerram uma exibição de fogos de artifício? Discursos feitos de luzes azuis e labaredas? Eles chamam isso de "peroração". Acredito. Porém, o cristão — o cristão verdadeiro — deve *falar* das maravilhas de Deus. Conte-me a velha, velha história. Não a conte de modo pomposo; conte-a de modo simples, como se fosse contá-la a uma criança pequena. Assim, Deus enviará mais glória, mais consolo para sua alma em reflexão e mais benefício às almas às quais vocês ensinam do que os arroubos de poesia ou floreios de métrica perfeita. Aqueles que desejam ganhar almas precisam usar as palavras de Davi e dizer: "Faze-me entender o propósito dos teus preceitos" e "falarei das tuas maravilhas". "Bendito seja Deus", disse um fazendeiro em uma reunião de oração, "por termos sido alimentados no domingo passado em uma manjedoura baixa, porque, na maioria das vezes, a forragem tem estado tão alta, que nós, pobres criaturas, não conseguimos alcançá-la." Quando li o agradecimento daquele fazendeiro, considerei-o muito sábio.

Em geral, quando é instruído na fé, o homem fala sobre essas coisas. E a conversa pode ser frequente sem ser cansativa. Ele diz: "*Falarei*". Pregar é um exercício para ser feito de vez em quando, mas algumas pessoas, creio eu, são capazes de falar quase que o dia inteiro. É claro que algumas relatam que é difícil falar todos os dias, e quando Deus nos faz entender o propósito de Seus preceitos, temos o evangelho nas pontas dos dedos, para que possamos falar com qualquer pessoa a respeito da salvação de Deus de modo sincero e simples. Eu gostaria, caros amigos, que nossa conversa fosse sempre temperada com sal — que nossa conversa mais comum fosse salpicada com unção celestial, ministrando graça aos ouvintes.

No entanto, apesar de ser muito simples e muito frequente, a conversa do bom salmista foi direto ao ponto, e com muita propriedade, ao declarar: "Assim falarei das tuas maravilhas". O que ele quer dizer? Ora, de acordo com o entendimento. "Faze-me entender, e então falarei como um homem inteligente." Que vocês, caros irmãos e irmãs, que falam de Jesus Cristo sejam capacitados a falar dele com sabedoria. Discórdias muito sérias têm sido provocadas com frequência por se tocar apenas uma corda da harpa. Alguns homens estão mais interessados em expor as próprias noções que revelar os planos de Deus. Se entendermos o propósito dos preceitos de Deus, se conseguirmos falar a linguagem dele, se entrarmos em seu ritmo, falaremos com entendimento e haverá harmonia e sabedoria em nossas palavras que serão bênção para a edificação dos ouvintes.

A ORAÇÃO DO ESTUDANTE E A OCUPAÇÃO QUE SE SEGUE

A estreita relação entre a oração do estudante e a busca que ele faz em seguida encontra-se parcialmente no enlevo de seu conhecimento e paixão por comunicá-lo. O homem que entende Cristo e Sua obra mediadora, que entende o Espírito e Sua obra santificadora não pode permanecer em silêncio. Tão logo o fogo seja aceso, as chamas se espalharão. Esse homem será transportado com assombro, admiração e adoração em gratidão à grande misericórdia e ao grande amor de Deus que provocarão uma efervescência dentro de seu peito. Ele será como um navio lotado à procura do vento, e precisa tê-lo.

Como se seus ossos estivessem ardendo em chamas, exclamará: "Ai de mim se eu não pregar o evangelho!". Quem dera houvesse um entendimento mais profundo dos propósitos de Deus, para que muitas línguas silenciosas falassem. O tema em si, sem necessidade de nenhum talento notável da parte do homem, bastaria para prender a atenção que ele fortemente exige. À medida que o coração se enche de gratidão, uma canção brota espontaneamente dos lábios. Ana lhes diria, sem dúvida, que é mais fácil uma esposa estéril conter as lágrimas do que uma mãe jubilosa reprimir um hino de louvor. Será que Jesus o amou quando você se encontrava em estado deplorável? Ele o encontrou quando você era forasteiro e provou ser seu amigo? Abrigou-o quando você era pecador e o protegeu de todo mal? Ele morreu para que você pudesse viver? Você sabia que Jesus é seu parente próximo e que Ele tem grande prazer em redimi-lo para si próprio? Deixe que esta verdade se manifeste em seu coração e, apesar de sua língua estar emudecida antes, agora ela deve começar a falar.

> Direi agora a todos os pecadores
> Que encontrei o amado Salvador
> Apontarei para Teu sangue redentor
> E direi: "Eis o caminho para Deus".

Que isso sirva para despertar alguns de vocês que amam o Senhor, mas nunca falam dele; que os leve a fazer uma santa sondagem do coração. Certamente vocês não conhecem o Senhor como deveriam conhecer ou então, às vezes, seu silêncio foi quebrado e suas palavras traíram suas fortes emoções.

Se entendo o propósito dos preceitos de Deus, devo estar completamente preparado para falar de Suas maravilhas. Que triste deve ser para o homem que se dispõe a ensinar os outros, mas não conhece as coisas de Deus por experiência própria. Isso pode ser feito, vocês sabem, e feito de modo muito barato. Vocês podem comprar sermões prontamente litografados e com a garantia de que não foram pregados no perímetro de alguns quilômetros; o preço é muito barato. Vocês podem comprar vários deles com pouco dinheiro. Mas, no fim, haverá uma conta pesada para o homem que fizer esse tipo de coisa. É muito fácil ensinar em sua classe depois de ler as notas da União das Escolas Dominicais, preparar a lição e guardá-la na memória. Ah, meu caro amigo, como você responderá por ter lecionado às crianças na Escola Dominical se nunca foi filho de Deus e nunca aprendeu nada de Deus? "Mas ao ímpio diz Deus; de que te serve repetires os meus preceitos e teres nos lábios a minha aliança?". Não tente ensinar aos outros aquilo que você não entende. Ajoelhe-se e clame: "Faze-me entender o propósito dos teus preceitos; assim falarei das tuas maravilhas".

Caros irmãos, especialmente vocês que serão ministros do evangelho e que começaram a pregar. Busquem um entendimento mais profundo das coisas divinas senão seu ministério será improdutivo e muito pobre. Se vocês não tiverem plena confiança em Deus e não conhecerem Seus conselhos, possivelmente não poderão desempenhar os deveres solenes que são de responsabilidade do embaixador de Cristo. Clamem ardentemente para serem cheios do entendimento do evangelho; assim vocês transbordarão seu entendimento aos outros e falarão das maravilhas de Deus.

Essa instrução sólida os revestirá de autoridade. O homem que, em seu coração sabe do que está falando e prega o que provou da boa palavra da graça e se dedicou a ela, coloca peso em cada palavra que profere. Pouco importa a linguagem que ele usa; o poder não está na beleza do estilo literário, mas na verdade que ele proclama. Não é o aprimoramento de seu discurso, mas o fervor de sua alma que dá força ao seu poder de persuasão. Ah, com que frequência meu coração tem sido revigorado pelo testemunho humilde de um pobre homem que falou somente sobre aquilo que o Senhor fez por ele. Que poder há nessa conversa baseada na experiência! A doutrina monótona e chavões piedosos emprestados de livros são desinteressantes aos ouvidos e insípidos ao paladar, mas a língua daquele que fala das coisas que dizem respeito ao Rei é como a pena de um bom escritor. Conheço cristãos idosos de cuja boca parecem brotar diamantes e esmeraldas todas as vezes que falam, como se cada sílaba que proferem fosse um tesouro, não porque as frases são muito engenhosas ou originais, mas porque há uma abundância de conteúdo em cada palavra, uma profundidade divina, uma doçura sagrada, um fôlego de vida até em cada palavra mal pronunciada que brota de seus lábios. Vocês dirão: "Aquele homem sabe mais do que fala. Ele não expõe todas as suas mercadorias na vitrina. Esteve no lugar secreto da comunhão. Seu rosto brilha embora sua voz falseie". Que vocês e eu possamos provar do conhecimento desses mestres em nossos anos mais maduros e que, depois de nos iluminarmos, possamos iluminar todos os que estão dentro do nosso círculo de influência. Que sejamos os meios de comunicação daquilo que Deus nos fez compreender — em nossas conversas comuns, em nosso modo de falar simples e sem ostentação, porém com mentalidade sincera, fiel e celestial.

Irmãos, levantem-se e ajam, ensinando aos outros aquilo que vocês sabem. Não tentem ensinar-lhes o que vocês não sabem. Se conhecem a Cristo, não importa até que ponto, falem dele aos seus parentes e conhecidos, a amigos e vizinhos. Em uma noite como esta, nosso caro irmão e presbítero, o falecido sr. Verdon teria procurado ansiosamente uma pessoa que pareceu ter ouvido a mensagem com gratidão, não teria permitido que ela saísse do local sem abordá-la com sua maneira gentil e teria iniciado uma conversa com ela a respeito de Cristo. Oro ao Senhor para que alguns sejam imersos nessa graça como esse nosso irmão falecido, para ficar em seu lugar e preencher o vazio que essa ausência provocou em nosso meio. Queremos uma multidão de pregadores cristãos sábios e prudentes. Não sei se temos necessidade mais urgente neste momento do que de pessoas que possam falar no trem, na beira da estrada, na cozinha, na oficina, do outro lado do balcão; que possam, de fato encontrar oportunidades para falar de Jesus. Desejo que vocês, caros amigos, peçam ao Senhor que os capacite e os dirija para esse serviço. Alguns de vocês parecem estar marchando para trás, porque estão mais reticentes do que antes. Gostaria que vocês fossem como Arquimedes que quando descobriu a solução, não pôde guardá-la de tanta alegria e correu para a rua gritando: "Descobri! Descobri!". Venham, quebrem seu silêncio culposo e gritem bem alto: "Descobri Aquele a respeito de quem Moisés, na Lei, e os Profetas escreveram, e não consigo parar de falar dele".

Quanto a vocês que não são cristãos, oro ao Senhor para que ouçam com atenção a mensagem que pedi aos outros para lhes contarem. A mensagem é esta: Jesus Cristo veio ao mundo para salvar os pecadores. Aquele que nele crer terá a vida eterna. "Quem crer e for batizado será salvo." Que o Senhor os leve a aceitar essas boas-novas, a crer em Jesus e a encontrar vida eterna. Amém.

Este sermão foi extraído de *O Púlpito do Tabernáculo Metropolitano* e pregado na manhã do domingo 18 de novembro de 1877.

7

JESUS INTERCEDE PELOS TRANSGRESSORES

...e pelos transgressores intercedeu (Isaías 53:12).

Nosso Senhor bendito intercedeu pelos transgressores com muitas palavras enquanto estava sendo crucificado, pois o povo o ouviu dizer: "Pai, perdoa-lhes, porque não sabem o que fazem". Acredita-se que Ele tenha proferido essa oração no momento em que os cravos estavam sendo pregados em Suas mãos e pés, e os soldados romanos realizavam rudemente seu dever de executores. Logo no início de Sua paixão, Jesus começa a abençoar Seus inimigos com orações. Assim que a Rocha de nossa salvação foi golpeada, dela partiu uma enxurrada abençoada de intercessão.

Nosso Senhor fixou o olhar na particularidade do caráter de seus perseguidores que lhes era mais favorável, isto é, de que eles não sabiam o que estavam fazendo. Ele não podia implorar dizendo que eram inocentes, portanto suplicou pela ignorância deles. A ignorância não podia servir de desculpa para suas ações, mas lançou luz sobre a culpa, portanto nosso Senhor foi rápido em mencioná-la como uma medida para amenizar as circunstâncias. Os soldados romanos, claro, não conheciam nada a respeito da missão sublime de Jesus; eram meros instrumentos dos que estavam no poder, e apesar de terem zombado dele e lhe dado vinagre, agiram desse modo porque não entenderam Suas afirmações e o consideravam um rival tolo de César, digno apenas de ser ridicularizado. Sem dúvida o Salvador incluiu aqueles grosseiros gentios em Sua súplica, e talvez até o centurião que glorificou a Deus, dizendo: "Verdadeiramente, este homem era justo" converteu-se em resposta à oração de nosso Senhor. Quanto aos judeus, embora tivessem um pouco de esclarecimento, também agiram nas trevas. Pedro, que não era dado a elogiar nenhum homem, disse: "E agora, irmãos, eu sei que o fizestes por ignorância, como também as vossas autoridades". Não há sombra de dúvida de que, se eles soubessem, não teriam crucificado o Senhor da Glória, embora seja igualmente visível que deviam ter conhecido Jesus, porque Suas credenciais eram tão claras quanto o meio-dia. Nosso Redentor, em Sua oração, naquele momento de agonia, mostra que vê rapidamente qualquer coisa, não importa o tamanho, que seja favorável às pobres criaturas cuja causa Ele assumiu. Em um instante, observou o único fato sobre o qual a compaixão poderia encontrar apoio e secretamente expôs Seu coração amoroso com um grito: "Pai, perdoa-lhes, porque não sabem o que fazem". Nosso grande Advogado com certeza suplicará com sabedoria e eficiência em nosso favor. Ele insistirá em qualquer argumento que possa ser descoberto, porque Seus olhos, inspirados pelo amor, não permitirão que nada deixe de ser manifestado em nosso favor.

O profeta, contudo, não tem a intenção, assim suponho, de confinar nossos pensamentos ao único incidente registrado pelos evangelistas, porque a intercessão de Cristo foi parte essencial de todo o Seu ministério. A encosta do monte o ouvira com frequência nas noites geladas, derramando Seu coração em súplicas. É adequado chamá-lo tanto de Homem de Orações como de Homem de Dores. Ele estava sempre orando, mesmo quando Seus lábios não se moviam. Enquanto ensinava e realizava milagres durante o dia, Ele se comunicava silenciosamente com Deus e suplicava pelos homens. Suas noites, em vez de serem empregadas em recuperar-se dos trabalhos exaustivos, eram frequentemente ocupadas com intercessão. Na verdade, a vida inteira de Jesus foi uma oração. Sua atividade na Terra foi de intercessão transformada em ações. Uma vez que quem ora melhor ama melhor, Ele foi uma imensa oração, porque é todo amor. Além de ser o canal e o exemplo de oração, Ele é a vida e a força da oração. A maior súplica a Deus é o Cristo encarnado, o Cristo cumprindo a Lei e o Cristo suportando o castigo. O próprio Jesus é a razão e a lógica da oração, e Ele próprio é uma oração sempre viva dirigida ao Altíssimo.

Parte da obra oficial de nosso Senhor era interceder pelos transgressores. Ele é sacerdote e, como tal, traz Sua oferta e apresenta oração em favor do povo. Nosso Senhor é o Sumo Sacerdote de nossa confissão de fé e, nessa missão, lemos que Ele orou e suplicou com pranto e lágrimas; sabemos que agora ora pela alma dos homens. Essa é, sem dúvida, a obra grandiosa que Ele executa hoje. Alegramo-nos em Sua obra consumada e descansamos nela, mas essa obra se refere ao sacrifício de expiação de Jesus; Sua intercessão brota de Sua expiação e não cessará enquanto o sangue de Seu sacrifício retiver seu poder. O sangue aspergido continua a falar melhor do que o de Abel. Jesus está suplicando agora e suplicará enquanto os céus existirem. Ele continua a apresentar Seus méritos ao Pai até mesmo por todos aqueles que chegam a Deus por Seu intermédio e roga pelas causas de suas almas. Insiste no grande argumento que deriva de Sua vida e morte e, dessa forma, obtém bênçãos incontáveis para os rebeldes filhos dos homens.

ADMIRAÇÃO POR SUA GRAÇA

Preciso dirigir a atenção de vocês esta manhã para o Senhor que vive eternamente e intercede pelos transgressores e, ao fazer isso, oro a Deus em primeiro lugar, para que todos nós sejamos despertados para admirar Sua graça. Vamos, irmãos, reúnam seus pensamentos dispersos e meditem nele, no Único que foi considerado apto para permanecer na brecha e afastar a ira por meio de Suas súplicas. Se vocês meditarem na intercessão de Jesus pelos transgressores, penso que ficarão abismados com o amor, a ternura e a amabilidade de Seu coração quando relembrarem que *Ele intercedeu verbalmente enquanto vivia entre o pecado do povo*. Ouvir falar do pecado e ver o pecado são duas coisas muito diferentes. Lemos sobre crimes nos jornais, mas não ficamos tão horrorizados como quando os presenciamos. Nosso Senhor viu realmente o pecado humano, viu o pecado sem nenhum obstáculo, sem nenhuma restrição e na sua pior forma. Os transgressores o cercaram, e por seus pecados dispararam dez mil flechas no santo coração de Jesus. E mesmo enquanto o perfuravam, o Mestre orou por eles. A multidão fez um círculo em volta dele, gritando: "Crucifica-o, crucifica-o", e Sua resposta foi: "Pai, perdoa-lhes". Ele conhecia a crueldade e a ingratidão do povo e sentiu-as intensamente, mas reagiu apenas com oração. Os homens proeminentes da Terra — os fariseus, os saduceus e os herodianos — também estavam lá, zombando e caçoando. Cristo viu o egoísmo, a presunção, a falsidade e a sede de sangue deles, mas, ainda assim, orou. Os fortes touros de Basã o cercaram e os cães o circundaram; mesmo assim, Ele intercedeu pelos homens. O pecado do homem reuniu todas as suas forças para exterminar o amor de Deus, portanto o pecado chegou ao seu pior ponto. No entanto, a misericórdia acompanhou o ritmo do rancor e o ultrapassou, porque Ele pediu perdão para Seus algozes. Depois de matar profetas e outros mensageiros, os assassinos perversos agora dizem: "Este é o Herdeiro; vamos matá-lo, para que a herança seja nossa". Mesmo assim, o herdeiro de todas as coisas, que poderia ter invocado fogo dos céus sobre eles, morreu clamando: "Pai, perdoa-lhes". Jesus sabia que o que eles fizeram era pecado, caso contrário não teria orado "perdoa-lhes". Mas colocou as obras do povo na perspectiva menos desfavorável e disse: "Eles não sabem o que fazem". Jesus pôs Sua própria condição de Filho em ação em favor deles e suplicou que o amor do Pai os perdoasse por amor dele. A virtude nunca havia sido colocada em tão bela moldura, nunca a bondade fora tão adornada com amor abundante como na pessoa do Senhor Jesus; no entanto, eles o odiaram ainda mais por causa de Sua amabilidade e reuniram-se em torno dele com ódio maior ainda por causa de Sua infinita bondade. Ele viu tudo isso e sentiu o pecado que vocês e eu não podemos sentir, porque Seu coração era mais puro e, portanto, mais terno que o nosso; Ele viu que a tendência do pecado era dar-lhe a sentença de morte e a todos os semelhantes a Ele, sim, e matar o próprio Deus se com isso pudessem alcançar seu propósito, porque o homem se tornara deicida e precisava crucificar seu Deus. E embora Sua alma santa contemplasse e repudiasse toda essa tendência e atrocidade da transgressão, Ele intercedeu pelos transgressores. Não sei se estou transmitindo minha própria ideia, mas, acima de tudo, parece-me maravilhoso pensar que Ele devia conhecer o pecado em todas as suas minúcias, entender sua abominação, ver sua tendência e sentir que estava sendo atacado pelo pecado de modo tão cruel embora Ele tivesse praticado apenas atos de bondade. Mesmo assim, com toda aquela sensação vívida da vilania do pecado sobre si, até mesmo lá Ele intercedeu pelos transgressores, dizendo: "Pai, perdoa-lhes, porque não sabem o que fazem".

Outro ponto da graça de Jesus também foi claro naquela ocasião, isto é, que Ele *intercederia enquanto agonizava*. É maravilhoso saber que Ele foi capaz de desviar a mente dos próprios sofrimentos para levar em consideração as transgressões daquela gente. Você e eu, quando estamos sofrendo grandes dores físicas, não achamos fácil comandar nossa mente e, particularmente, coordenar os pensamentos e restringi-los a fim de perdoar a pessoa que nos infligiu o sofrimento e invocar bênçãos sobre a cabeça dela. Lembrem-se de que seu Senhor estava sofrendo enquanto intercedia, começando a padecer as angústias da morte, sofrendo na alma e também no corpo, pois Ele havia acabado de sair do Jardim, onde Sua alma estava "profundamente triste até a morte". Mesmo em meio àquela depressão de espírito, que poderia muito bem tê-lo feito esquecer os homens perversos que o condenaram à morte, Ele se esquece de si mesmo, pensa apenas neles e ora por eles. Tenho certeza de que nos concentraríamos em nossas dores e talvez até seríamos sacudidos por uma dose de ressentimento contra nossos algozes. Mas não ouvimos nenhuma queixa de nosso Senhor, nenhuma acusação apresentada a Deus, nenhuma resposta irada a eles, como Paulo deu certa vez: "Deus há de ferir-te, parede branqueada", nem sequer uma palavra de lamento ou queixa em relação às indignidades que Ele sofreu. Todo o Seu coração repleto de amor subiu ao Céu na súplica daquela bênção por Seus inimigos, que Ele imediatamente apresentou ao Pai.

No entanto, não vou confinar seus pensamentos àquele incidente porque, como já disse, as palavras do profeta tiveram um raio de ação maior. Para mim, é maravilhoso saber *que Jesus, sendo puro, suplicasse por todos os transgressores* — por vocês e por mim também. A maravilha começa aqui. Pecadores por natureza, pecadores por hábito, pecadores intencionais, pecadores que se apegam ao pecado com terrível tenacidade, pecadores que voltam a pecar depois de terem sido feridos por ele. Ainda assim, o Justo defende nossa causa e passa a ser o requerente de nosso perdão. Somos pecadores que negligenciam as obrigações quando existem prazeres, que vão atrás de pecados que são conhecidos por envolver tristeza; somos pecadores, portanto, da espécie mais insensata e leviana, pecadores intencionais; no entanto, Ele, que odeia o pecado, se propôs a assumir nossa parte e defender as causas de nossa alma. O ódio de nosso Senhor pelo pecado é tão grande quanto Seu amor pelos pecadores. Sua indignação contra tudo o que é impuro é tão grande quanto aquela do Deus santo e trino que castiga e se enfurece quando entra em contato com o mal; ainda assim, esse Príncipe divino, sobre quem nós cantamos: "Amas a justiça e odeias a maldade" defende a causa dos transgressores e suplica por eles. Ó, graça inigualável! Certamente os anjos ficam perplexos diante desse grande amor condescendente. Irmãos, faltam-me palavras para me expressar. Peço que adorem!

Além do mais, é maravilhoso para mim o fato de que *em Sua glória Ele continua a suplicar pelos pecadores*. Há alguns homens que, quando alcançam posições elevadas, se esquecem de seus antigos companheiros. Eles conheciam o amigo pobre e necessitado, porque, conforme diz o provérbio, a pobreza atrai companhias estranhas, mas quando se elevaram de tais condições, envergonharam-se das pessoas que conheceram um dia. Nosso Senhor não se esquece das criaturas degradadas cuja causa defendeu nos dias de Sua humilhação. No entanto, embora eu conheça Sua constância, fico encantado e admirado. O Filho do homem na Terra suplicando pelos pecadores é cheio de graça, mas me emociono quando penso nele intercedendo pelos pecadores agora que Ele reina naquele lugar onde um número incontável de harpas lhe entoa louvor, onde os querubins e serafins consideram que toda a sua glória é ínfima aos pés dele, onde toda a glória do Pai resplandece nele, e onde está assentado à direita de Deus em favor divino e majestade indescritível. Como podemos ouvir sem ficar atônitos que o Rei dos reis e o Senhor dos senhores ocupa-se em cuidar dos transgressores — cuidando verdadeiramente de você e de mim? É uma condescendência que Ele esteja em comunhão com os lavados no sangue do Cordeiro diante de Seu trono e permita que os espíritos perfeitos lhe façam companhia, mas desviar Seu coração de todas as felicidades do Céu para lembrar-se destas pobres criaturas que somos e orar incessantemente em nosso favor, isso é semelhante ao amor que Ele dedica a si mesmo — é semelhante a Cristo, semelhante a Deus. Vejo neste momento nosso Sumo Sacerdote suplicando diante do trono, usando o peitoral de joias e Seus trajes de glória e beleza, exibindo nossos nomes em Seu peito e ombros no lugar santíssimo. Que visão de amor incomparável! É um fato, não um simples sonho. Ele está dentro do Santo dos Santos, apresentando o sacrifício único. Suas orações são sempre ouvidas e ouvidas em nosso favor, mas a maravilha é que o Filho de Deus se propôs a exercer tal função e a interceder pelos transgressores. Essa graça incomparável quase sela meus lábios, mas abre as comportas de minha alma, e eu faço uma pausa prazerosa para adorar Aquele a respeito de quem me faltam palavras para expressar.

Repetindo, é uma graça gloriosa saber que *nosso Senhor continua a fazer isso;* vejam, faz mais de 18 séculos que nosso Senhor partiu para a glória, porém nunca deixou de interceder pelos transgressores. E nos dias mais festivos e alegres do Céu, quando todos os Seus exércitos estão enfileirados, e desfilam em seus esquadrões brilhantes diante do Rei dos reis, para passar a tropa em revista, Ele nunca se esquece de Seus redimidos. Os esplendores do Céu não o deixaram indiferente aos sofrimentos da Terra. Nunca, até onde sabemos, Ele criou miríades de mundos, e apesar de ter domínio sobre o andamento do Universo inteiro, jamais cessou de suplicar pelos transgressores. Nem cessará de interceder, porque, segundo as Santas Escrituras, acreditamos que Ele intercederá enquanto exercer a função de mediador. Nosso Senhor é capaz de salvar os maiores transgressores que se aproximam de Deus, porque Ele vive para interceder por eles. Cristo viveu e vive para interceder, como se esse fosse o objeto expresso de Sua existência. Amados, sabemos que o grande Redentor vive e, enquanto houver um pecador que queira aceitá-lo, Ele continuará a interceder. Ó, meu Mestre, como te louvarei? Se tivesses assumido essa função esporadicamente e, entrasses na presença real de vez em quando para interceder por alguns casos especiais, já seria divinamente misericordioso de Tua parte, mas saber que suplicas sempre e nunca cessas de interceder é um fato que excede todo o nosso louvor. Maravilhosas são as Tuas palavras, conforme escritas na profecia de Isaías: "Por amor de Sião, não me calarei e, por amor de Jerusalém, não me aquietarei, até que saia a sua justiça como um resplendor, e a sua salvação, como uma tocha acesa". Da mesma forma que a lâmpada no Templo não se apagava, nosso Advogado também não cessa de suplicar de dia e de noite. Incansável em Sua obra de amor, sem nenhuma pausa, Ele ratifica nosso pedido diante da face do Pai. Amados, não vou me alongar no assunto, não posso, porque a adoração desse amor me domina inteiramente, mas gostaria que o coração de vocês fosse ampliado com amor em profusão por um intercessor como Ele, que fez, que faz e que sempre fará intercessão pelos transgressores.

Eu disse "fará" e, na verdade, essa não é uma simples declaração de minha parte, porque o meu texto poderá ser lido no futuro bem como no passado. De fato, conforme vocês perceberão depois de refletir um pouco, o texto deve ter sido escrito para ser entendido no futuro, uma vez que a profecia foi escrita cerca de setecentos anos antes de nosso Senhor ter proferido Sua oração intercessória na cruz. Embora o profeta, a fim de tornar sua linguagem ilustrativa e vívida, tenha usado o verbo no passado, seus pensamentos estavam no futuro, portanto não podemos errar ao ler o texto no futuro, conforme tenho feito: "e pelos transgressores *intercederá*". O amor constante produz uma súplica incessante. A compaixão infinita sussurra sua oração infinita. Enquanto o último redimido não for levado para casa, essa intercessão jamais terminará, nunca cessará de triunfar.

CONFIANÇA NELE

Depois de tê-los convidado a admirar a graça de nosso Senhor, agora eu oro sinceramente para que sejamos conduzidos pelo Espírito Santo a fim de ver a intercessão de Jesus pelos transgressores e pôr nossa confiança nele. Há base para o pecador confiar em Cristo, e há argumentos abundantes para o cristão confiar plenamente nele por causa de Sua intercessão perpétua.

Quero mostrar-lhes isso em primeiro lugar, amados, porque *Sua intercessão é bem-sucedida*. Deus ouve o Filho, e disso não duvidamos, mas qual é a base de Sua intercessão? Pois qualquer que seja, o fato de vê-la faz a intercessão ser bem-sucedida, podemos descansar nisso. Leiam atentamente o versículo: "Ele derramou a sua alma na morte; foi contado com os transgressores; contudo, levou sobre si o pecado de muitos". Vejam, então, que o sucesso de Sua súplica está no fato de que Ele nos substituiu. Ele intercede e prospera porque levou sobre si o pecado daqueles pelos quais intercede. O esteio e a força do sucesso de Sua intercessão encontram-se no sacrifício completo que Ele ofereceu quando levou sobre si o pecado de muitos. Então, minh'alma, se a oração de Cristo tem sucesso por causa disso, sua fé também terá. Ao descansar no mesmo alicerce, sua fé estará igualmente segura de ser aceita. Meu coração, descanse nesta verdade: Ele "levou sobre si o pecado de muitos". Atirem-se com todo o seu pecado sobre seu Substituto e sintam que esse é o lugar seguro de descanso para a sua fé, porque é a base sólida para a intercessão de seu Senhor. O sacrifício perfeito levará toda tensão que possivelmente sobrevier; tenham fé inabalável, façam um teste e vejam os resultados; façam as súplicas mais ousadas e observem seu imenso sucesso. Insistam com o Pai na súplica do sangue precioso e vejam que o Senhor Jesus insistiu nisso e nunca falhou.

E, repetindo, *há motivo para os transgressores aceitarem Jesus Cristo e confiarem nele quando virem que Ele suplica por eles*. Não tenham medo de que Jesus Cristo os lance fora, quando o ouvem suplicando por vocês. Se, por desobediência, um filho abandonar a casa do pai e depois voltar, se ele tiver medo de que o pai não o aceite, o medo desaparecerá se ele parar próximo a porta e ouvir o pai orando por ele. "Ah", ele dirá, "minha volta é uma resposta à oração de meu pai.

Ele ficará feliz por me receber." Todas as vezes que uma alma se aproxima de Cristo, não pode haver hesitação, porque Ele já orou para que ela fosse salva. Eu lhes digo, transgressores: Cristo ora por vocês quando vocês não oram por si mesmos. Não foi Ele que disse a respeito dos que creram: "Não rogo somente por estes, mas também por aqueles que vierem a crer em mim, por intermédio da sua palavra"? Antes de se tornarem cristãos, Seus escolhidos já estavam incluídos em Suas súplicas. Antes que vocês soubessem que eram transgressores e não sentissem desejo de ser perdoados, enquanto estavam mortos em pecado, mesmo assim a intercessão de nosso Senhor por vocês subiu ao Céu. "Pai, perdoa-lhes" foi a oração por aqueles que nunca buscaram perdão para si. E, quando vocês não se arriscam a orar por si mesmos, Ele continua a interceder por vocês. Quando, sob a sensação de pecado, vocês não ousam levantar muito os olhos ao Céu, porque pensam: "Com certeza será em vão buscar a face do meu Pai celestial", Ele está suplicando por vocês. Sim, e quando vocês não puderem suplicar, quando em meio a uma profunda angústia se sentirem sufocados na tentativa de orar, quando a linguagem da súplica parecer empolar seus lábios por se sentirem indignos demais, quando não forçarem sequer um gemido vindo de seu coração desesperado, Ele continuará a suplicar por vocês. Ó, que encorajamento essas palavras lhes darão. Se não puderem orar, Ele pode, e se sentirem que suas orações precisam ser silenciadas, ainda assim sua intercessão não poderá ser contestada. Vamos, confiem nele! Vamos, confiem nele! Aquele que suplica por vocês não os rejeitará; não tenham pensamentos desagradáveis, mas lancem-se sobre Ele. Não foi Ele quem disse: "O que vem a mim, de modo nenhum o lançarei fora"? Aceitem a verdade garantida dessa palavra, e vocês serão recebidos na habitação de Seu amor.

Estou certo também de que, se Jesus Cristo intercede pelos transgressores como transgressores, mesmo que ainda não tenham começado a orar por si mesmos, Ele fará questão de ouvi-los quando finalmente forem conduzidos a orar. Quando o transgressor se torna penitente, quando ele chora por ter-se perdido, podemos ter certeza de que o Senhor de misericórdia, que o buscou quando ele vivia em pecado, virá para encontrá-lo agora que ele voltou. Não há dúvida quanto a isso. Sei o que significa agarrar-me a esse texto quando sinto o coração pesaroso. Vejo minha condição pecaminosa e sinto-me profundamente angustiado, mas bendigo o Senhor Jesus Cristo porque Ele intercede pelos transgressores. Então posso arriscar a crer que Ele intercede por mim, porque sou, sem dúvida nenhuma, um transgressor. E então, quando meu espírito revive e digo: "Sou filho de Deus e sei que nasci do alto", tiro uma conclusão — se Ele intercede pelos transgressores, e estamos certos disso, deve estar mais disposto a suplicar por Seu povo. Se Ele ouve aqueles que se desviaram do caminho, certamente ouvirá aqueles que retornaram ao pastor e bispo de sua alma. Acima de tudo, Ele com certeza orará por estes, porque Ele vive para interceder por todos os que se aproximam de Deus por Seu intermédio.

Para que nossa confiança aumente, *pensem no efeito da intercessão de nosso Senhor pelos transgressores.* Lembrem-se, antes de tudo, de que muitos dos maiores transgressores *tiveram a vida preservada* em resposta à oração de Cristo. Se não fosse a Sua súplica, eles estariam mortos há muito tempo. Vocês conhecem a parábola da figueira que obstruía o caminho, não produzia frutos e empobrecia o solo. O dono da vinha disse: "Corte-a", mas o viticultor retrucou: "Senhor, deixa-a ainda este ano, até que eu escave ao redor dela e lhe ponha esterco. Se vier a dar fruto, bem está". Será que eu preciso dizer quem é Aquele que segura o machado que há muito tempo foi posto junto da raiz da árvore estéril? Eu lhes digo, homens e mulheres ímpios, que vocês devem a vida à intervenção do meu Senhor em seu favor. Vocês não ouviram a intercessão, mas o Grande Dono da vinha a ouviu e, em resposta às misericordiosas súplicas de Seu Filho, Ele permitiu que vivessem um pouco mais. No entanto, vocês estão onde o evangelho pode chegar até vocês e onde o Espírito Santo pode renová-los? Será que não existe nenhum fundamento para a fé nesse fato misericordioso? Não confiam nele? Não confiam que foi por meio de Sua instrumentalidade que vocês continuam vivos? Digam ao seu Pai celestial:

> Senhor, continuo vivo
> Não em tormentos, não no inferno!
> Teu Espírito ainda persiste em habitar
> Neste grande pecador que sou eu?

E então creiam nele, porque, graças a Ele, vocês estão dentro do alcance da misericórdia. E farão muito bem em confiar naquele que já os livrou da morte e do inferno. Que o Espírito divino lhes ensine a racionalidade de meu argumento e os conduza a ter uma fé humilde em Jesus.

Lembrem-se também de que *o dom do Espírito Santo,* que é indispensável para a vivificação dos transgressores, foi resultado da intercessão de Cristo.

Nosso poeta estava certo quando disse:

> É por tua oração intercessora
> Que o Espírito habita com os homens.

Não tenho dúvida de que houve uma íntima conexão entre a oração de Cristo por Seus assassinos e o derramamento do Espírito Santo no Pentecostes. Assim como a oração de Estêvão introduziu Saulo à Igreja do Senhor e o transformou em apóstolo, a oração de Cristo conduziu 3 mil pessoas no dia de Pentecostes a se tornarem Seus discípulos. O Espírito de Deus foi dado "aos rebeldes também" em resposta às súplicas de nosso Senhor. Ora, é uma grande bênção o Espírito de Deus ter sido dado aos filhos dos homens, e se ela foi concedida por meio das orações de Jesus, devemos confiar nele, pois o que teremos a perder se confiarmos em Seu poder? Ele continuará a manifestar o Seu poder aos pecadores; eles sentirão uma perfurada no coração e crerão naquele a quem trespassaram.

É por meio da intercessão de Cristo que *nossas humildes orações são aceitas por Deus*. João, em Apocalipse, viu outro anjo ao lado do altar, com um incensário de ouro, e a ele foi dado muito incenso para oferecer com as orações de todos os santos sobre o altar de ouro diante do trono. De onde vem tanto incenso, a não ser pelos méritos de Jesus? Nossas orações só são aceitas por causa das Suas orações. Se, então, a intercessão de Cristo pelos transgressores fez as orações dos transgressores serem aceitas, vamos pôr nossa confiança nele, sem hesitação, e demonstrá-la oferecendo nossas súplicas com total convicção e confiança inabalável na promessa de nosso Deus da aliança. Em Cristo Jesus, todas as promessas recebem um "sim" e um "amém". Vamos nos lembrar dele e pedir com fé, sem duvidar.

Também, é por meio das orações de Cristo que somos *protegidos na hora da tentação*. Lembrem-se do que Ele disse a Pedro: "Eu roguei por ti, para que a tua fé não desfaleça" quando Satanás o reclamou para si e quis peneirá-lo como trigo. "Pai, peço que os guardes do mal" é parte da súplica de nosso Senhor, e Seu Pai sempre o ouve. Bem, se somos preservados no meio da tentação e não somos destruídos porque Cristo suplica por nós, não devemos ter medo de confiar inteiramente em Suas mãos bondosas e cuidadosas. Ele pode nos proteger, porque nos tem protegido. Se as orações dele nos livram das mãos de Satanás, Seu poder eterno pode nos levar em segurança para casa, embora a morte esteja no meio do caminho.

Na verdade, é graças às súplicas de Cristo que *estamos totalmente salvos*. Ele também é capaz de salvar os maiores pecadores que se aproximam de Deus por Seu intermédio, pois vive para interceder por eles. Esse é também um excelente motivo pelo qual podemos enfrentar todas as acusações do mundo e do diabo, porque: "Quem os condenará? É Cristo Jesus quem morreu ou, antes, quem ressuscitou, o qual está à direita de Deus e também intercede por nós". As acusações de Satanás são todas contestadas pelo nosso Advogado. Ele nos defende quando estamos no banco dos réus, como Josué, trajando "vestes sujas", acusados pelo diabo; portanto, o veredicto é sempre favorável a nós. "Tirai-lhe estas vestes sujas." Ó, vocês que fazem acusações caluniosas contra os santos de Deus. Eles não nos prejudicarão no tribunal do grande Rei, porque "temos Advogado junto ao Pai, Jesus Cristo, o Justo". Pensem, meus caros irmãos e irmãs, no que a intercessão de Jesus faz e vocês serão claramente induzidos a confiar unicamente no seu Senhor. Vocês que nunca confiaram nele, não querem começar a fazer isso nesta manhã? Venham, aqueles que têm o coração cansado, ponham sua confiança no Senhor Jesus. O que mais desejam? Vocês podem desejar ter um melhor amigo do que Ele, um advogado mais vitorioso diante do trono? Vamos, abandonem todas as outras confianças e rendam-se a Ele nesta manhã. Oro para que aceitem esse conselho de amor. E vocês que são santos, se ainda são tolos a ponto de ter dúvidas e medos, vamos, vejam como Jesus suplica por vocês. Entreguem-lhe seu fardo para Ele carregar. Deixem suas ansiedades com Ele neste momento, para que cuide de vocês. Ele colocará a sua causa diante do trono eterno e a levará a bom termo. Quem contrata um advogado para cuidar de seus negócios aqui na Terra deixa o assunto nas mãos dele, e quem tem um advogado diante de Deus como Cristo Jesus, o Maravilhoso, o Conselheiro, não tem necessidade de atormentar-se com ansiedades. Ao contrário, ele descansa em Jesus e aguarda o resultado com paciência.

> Entrega a Ele, minh'alma, a tua causa,
> Não duvides da graça do Pai.

Simplesmente pelo dever de exercer confiança nele. Que o Espírito Santo os encha de fé e paz.

OBEDIÊNCIA AO EXEMPLO DE CRISTO

E agora, em terceiro, oro para que nosso texto nos inspire no espírito de obediência ao exemplo de nosso Senhor. Digo obediência ao Seu exemplo, porque vejo o exemplo de Cristo como um preceito a ser incorporado e, ao mesmo tempo, consolidado em nós como Seus mandamentos escritos. A vida de Cristo é um preceito para aqueles que professam ser Seus discípulos. Agora, irmãos em Cristo, lhes pergunto: se eu colocar diante de vocês alguns assuntos práticos, vocês se esforçarão, com a ajuda do Espírito de Deus, a executá-los?

Primeiro, o seu Senhor intercede pelos transgressores, portanto *imitem-no perdoando todas as transgressões contra vocês*. Alguém os ofendeu? Deixem que a lembrança da ofensa passe o mais longe possível de sua mente, porque ninguém os feriu tanto quanto os homens feriram Cristo — ou melhor, como vocês o feriram. Ninguém os pregou em uma cruz nem traspassou suas mãos, seus pés e seu lado; se *Ele* disse: "Pai, perdoa-lhes", vocês poderão dizer o mesmo. Você devia dez mil talentos? Ele lhe perdoou toda aquela dívida, e entregou-se dolorosamente por você. Seu irmão lhe deve um bom dinheiro. Você vai agarrá-lo pelo pescoço? Não vai perdoar-lhe livremente até setenta vezes sete? Não consegue perdoar-lhe? Se imagina ser impossível, não vou mais me dirigir a você como um cristão, porque duvido que seja crente. O Senhor não o aceitará enquanto você não perdoar, porque Ele próprio diz: "Se, pois, ao trazeres ao altar a tua oferta, ali te lembrares de que teu irmão tem alguma coisa contra ti, deixa perante o altar a tua oferta, vai primeiro reconciliar-te com teu irmão; e, então, voltando, faze a tua oferta". Se você não fizer as pazes com ele, não será aceito. Deus não ouve aqueles cujo coração abriga rancor e inimizade. No entanto, eu me dirijo a vocês em tom de amor, não com palavras ameaçadoras; como seguidor do meigo Cristo eu suplico que vocês o imitem, perdoando ao seu irmão, e encontrarão descanso e consolo para sua alma. A partir do dia em que Cristo lhes perdoou, esforcem-se para ter essa nobreza de caráter que sente prazer em perdoar todas as ofensas de modo completo e sincero por amor de Cristo. Certamente, se a expiação que Ele ofereceu satisfez a Deus, que também lhes satisfaça e perdoe o pecado de seu irmão contra vocês, bem como contra Deus. Jesus tomou sobre si as transgressões da segunda tábua da Lei, bem como da primeira, e vocês vão abrir um processo contra seu irmão pelo pecado que Jesus levou consigo? Irmãos, vocês precisam perdoar, porque o sangue do Senhor apagou o arquivo! Que estas palavras das Escrituras caiam no coração de vocês como gotas suaves do Céu: "Sede uns para com os outros benignos, compassivos, perdoando-vos uns aos outros, como também Deus, em Cristo, vos perdoou".

A seguir, imitem Cristo, caros amigos, *suplicando por si mesmos*. Uma vez que vocês são transgressores e veem que Jesus intercede pelos transgressores, sejam corajosos e digam: "Se Ele suplica por alguém como eu, vou pedir humildemente e esperar ser ouvido por meio dele. Se o ouço clamar: 'Pai, perdoa-lhes', vou chorar humildemente aos pés de Jesus e tentar misturar minha súplica débil e trêmula com a Sua súplica vitoriosa". Quando Jesus diz: "Pai, perdoa-lhes", sejam sábios e clamem: "Pai, perdoa-*me*". Caros ouvintes, essa é a maneira de ser salvo. Pendurem suas orações na orla da veste do Sumo Sacerdote, como se fossem sinos dourados; Ele as transportará muito além do véu e as fará soar docemente. Assim como a música da brisa é ouvida ao longe, suas orações têm um ouvinte no céu, porque Jesus as transporta para lá. Se suas orações são fracas, juntem-nas com a onipotência da intercessão de Jesus; permitam que Seus méritos sejam como asas sobre as quais suas orações voarão e que Seu poder seja como mãos com as quais elas agarrarão as dádivas de valor inestimável. O que poderei dizer àqueles que se recusam a orar quando têm um encorajamento tão grande quanto a ajuda de Jesus? Tons de ternura são apropriados quando nos dirigimos aos incrédulos, quando queremos convencê-los a orar; se recusarem a intercessão de Jesus Cristo, precisamos adicionar nossas advertências solenes. Se vocês perecerem, seu sangue cairá sobre sua cabeça; precisamos dizer "Amém" à sua condenação e ser testemunhas de que vocês merecem ser duplamente punidos. Aqueles que rejeitam a grande misericórdia devem esperar grande ira. A intercessão do seu Salvador, quando recusada, os castigará de maneira terrível no dia em que Ele se tornar seu juiz.

Caros amigos, vamos imitar nosso Senhor em um terceiro ponto, ou seja, se nossas transgressões foram perdoadas, *vamos agora interceder pelos transgressores,* porque é isso que Jesus faz. Jesus é o grande exemplo para todos os Seus discípulos e, se Ele faz questão de suplicar pelos pecadores, Seu povo não deveria unir-se a Ele? Portanto, quero instigar suas mentes puras a lembrar-se de quando se reuniam em grupos de cem e de mil para orar. Nunca permitam que suas reuniões de oração enfraqueçam. Vamos, como igreja, interceder pelos transgressores e nunca desistir de buscar a conversão de todos ao nosso redor. Acredito que todos os dias, da mesma forma que dobram os joelhos voluntariamente, vocês intercederão pelos transgressores. Pobres criaturas! Muitas estão pecando contra a própria alma, mas não sabem o que fazem. Pensam que encontram prazer no pecado; nisso também eles não sabem o que fazem. Violam o dia de descanso e desprezam o santuário, rejeitam a Cristo e vão direto para o inferno com alegria, cantando felizes como se estivessem indo a uma festa de casamento; não sabem o que fazem. Mas vocês sabem o que eles estão fazendo. Como seres humanos — poucas vezes vou precisar insistir em um motivo mais forte — repito, como meros seres humanos, rogo a vocês que façam tudo o que puderem por essas pobres almas, e principalmente orem por elas. Não é um pedido exagerado; vocês não estão sendo solicitados a ir para a cruz nem derramar sangue pelos pecadores; estão sendo solicitados a interceder. A intercessão é uma tarefa nobre; ter permissão para suplicar ao Rei pelos outros é uma honra concedida a pecadores como vocês. Se recebessem permissão para frequentar o palácio da rainha, vocês não achariam difícil ser solicitados a fazer um pedido para outra pessoa; seria um prazer, um privilégio que seria agarrado com ansiedade, receber permissão para apresentar pedidos em favor dos outros. Ah, permaneçam onde Abraão permaneceu e supliquem pelos pecadores; Sodoma dificilmente seria pior do que muitas partes do mundo nessa hora. Supliquem, então, de todo o coração. Supliquem outra vez, outra vez e outra vez ao Senhor, embora vocês não passem de poeira e cinza, e só parem quando o Senhor disser: "Eu ouvi sua petição, abençoarei a cidade, salvarei milhões de pessoas e meu Filho será glorificado".

Ainda não terminei, porque tenho o dever de falar algo mais, e é isto: devemos ter o cuidado, caros amigos, quando suplicarmos pelos outros, de *misturar a petição com atos de bondade para com eles*, porque não é registrado que Jesus intercedeu pelos transgressores, sem que primeiramente tenha sido escrito: "ele levou sobre si o pecado de muitos". Porque orar pelos pecadores sem os instruir, sem nos dispor a despertá-los nem fazer nenhum sacrifício pela conversão deles, sem usar nenhum meio para impressioná-los e convencê-los seria mera formalidade de nossa parte. De acordo com nossa habilidade, precisamos provar a sinceridade de nossos pedidos com nossas ações. Oração sem esforço é falsidade, e isso não agrada a Deus. Dediquem-se a desejar o bem para os outros, e então intercedam com sinceridade no coração.

Por último, *se Cristo se apresenta no tribunal do Céu por nós, devemos nos alegrar em nos apresentar no tribunal da Terra por Ele*. Se Cristo nos considera propriedade Sua perante Deus e os santos anjos, não devemos nos envergonhar de confessá-lo diante dos homens e dos demônios. Se Cristo suplica a Deus pelos homens, não devemos ser negligentes em suplicar aos homens por Deus. Se Ele, por Sua intercessão, nos salvou completamente, devemos nos apressar em servi-lo ao máximo. Se Ele passa a eternidade intercedendo por nós, devemos passar o nosso tempo intercedendo pela causa dele. Se Ele pensa em nós, devemos também pensar em Seu povo, e principalmente suplicar por Seus filhos aflitos. Se Ele observa nossa condição e adapta Suas orações às nossas necessidades, devemos observar as necessidades de Seu povo e suplicar por eles com entendimento. Infelizmente os homens logo se cansam de suplicar ao nosso Senhor. Se separarmos um dia inteiro para nos dedicar à oração, e a reunião não for cuidadosamente dirigida, o cansaço da carne tomará conta de nós. A chama das reuniões de oração perde o brilho facilmente e se extingue. Nossa tendência à preguiça e essa dureza da carne são vergonhosas, porque precisam ser afagadas com ânimo e brevidade, caso contrário nossas devoções se tornam sonolentas. A eternidade não é longa demais para Ele suplicar, no entanto, uma hora para nós torna-se uma provação. A intercessão de Jesus sobe incessantemente ao trono e pelos séculos dos séculos; no entanto, nós desanimamos e nossas orações tornam-se semimortas em curto espaço de tempo. Vejam, Moisés não consegue manter suas mãos erguidas e Amaleque está derrotando Josué na planície! Podemos suportar ser perdedores e ver o triunfo do inimigo? Se nossos pastores fracassam, se os obreiros de Cristo em terras estrangeiras fazem pouco progresso, se a obra de Cristo se arrasta, não será assim porque no lugar secreto da intercessão demonstramos pouca força? A falta de oração é a causa do enfraquecimento da Igreja. Se nos levantarmos para agarrar o Anjo da Aliança e gritarmos resolutamente: "Não te deixarei ir se não me abençoares", enriqueceremos a nós mesmos e a época em que vivemos. Se usássemos mais os fortes motivos que fazem parte da arma de todas as orações, nossas vitórias não seriam tão poucas nem tão espaçadas. A falta de uma igreja intercessora interfere nas intercessões de nosso Senhor; o reino não vem, porque recorremos tão pouco ao trono da graça. Ajoelhem-se, meus filhos, porque vocês vencerão se estiverem com os joelhos dobrados. Dirijam-se ao propiciatório e permaneçam lá. Que melhor argumento poderei usar com vocês do que este: Jesus lá está e, se desejarem Sua companhia, precisam estar nesse lugar com frequência? Se desejarem provar do Seu amor mais doce e carinhoso, façam o que Ele está fazendo; a união no trabalho cria uma nova comunhão de coração. Jamais devemos nos ausentar quando os homens de oração se reúnem. Devemos fazer questão de realizar reuniões de oração, mesmo que seja necessário abrir mão de outras ocupações. Enquanto vivermos, devemos ser, acima de tudo, homens de oração, e quando morrermos, se nada mais for dito sobre nós, que os homens escrevam este epitáfio ao nosso respeito, que seja também o memorial de nosso Senhor: "Ele intercedeu pelos transgressores". Amém.

Este sermão foi extraído de *O Púlpito do Tabernáculo Metropolitano* e pregado na manhã do domingo 18 de novembro de 1877.

8

DANIEL — UM MODELO PARA OS QUE SUPLICAM

*Ó Senhor, ouve; ó Senhor, perdoa;
ó Senhor, atende-nos e age; não te retardes,
por amor de ti mesmo, ó Deus meu;
porque a tua cidade e o teu povo são chamados
pelo teu nome* (Daniel 9:19).

Daniel foi um homem que ocupou uma posição de destaque na vida. É verdade que ele não estava vivendo em sua terra natal, mas, pela providência de Deus, foi elevado a grande proeminência sob o domínio do país no qual morava. Portanto, ele poderia naturalmente ter esquecido seus parentes pobres; muitos fazem isso. Infelizmente conhecemos alguns que chegaram a esquecer-se de seus companheiros cristãos pobres quando cresceram em graça e se consideraram bons demais para adorar ao lado de pessoas de classe social mais baixa, depois de enriquecerem com os bens deste mundo. Mas não foi o que ocorreu com Daniel.

Apesar de ter se tornado governante do império, ele continuou a ser judeu; sentia-se um com a semente de Israel. Ele se afligia com todas as aflições de seu povo, sentia-se honrado por ser um deles, e era seu dever e privilégio compartilhar com eles toda a amargura de seu destino. Mesmo sem ser pobre e desprezado como eles eram, porque a providência de Deus o elevara a uma posição distinta, seu coração não fazia nenhuma distinção; ele se lembrava deles, orava por eles e suplicava para que sua desolação fosse extinta.

Daniel foi também um homem muito elevado em assuntos espirituais. Ele é um dos três homens poderosos de Deus no Antigo Testamento e seu nome é mencionado ao lado de dois outros em um famoso versículo como sendo um dos três de quem Deus ouviria as intercessões se assim o desejasse. Porém, mesmo sendo cheio de graça (e por esse mesmo motivo), ele se inclinava diante daqueles que estavam em posição inferior. Alegrando-se como costumava fazer diante do Senhor por seu destino, ele se entristecia e chorava por aqueles cuja alegria havia sido banida. É muito triste ver cristãos que, quando se consideram cheios de graça, começam a desprezar seus companheiros. Eles podem ter certeza de que estão cometendo um grande erro quanto aos seus autoconceitos. Mas é um bom sinal quando o coração de vocês é frutífero e sadio diante de Deus, quando vocês se rebaixam diante daqueles que reincidiram no pecado, buscam os que estão fracos e trazem de volta os que se afastaram. Quando se compadecem dos outros, à semelhança de seu Mestre, sendo solidários com os outros, vocês se tornam ricos nas coisas divinas. Daniel mostrou essa compaixão íntima por seus irmãos mais pobres e menos afortunados na maneira como orava. Ele teria mostrado essa compaixão de outras formas se outras ocasiões surgissem, e sem dúvida a demonstrou, mas desta vez a maneira mais apropriada de provar sua unidade com eles era tornar-se seu intercessor.

Meu objetivo aqui será despertar o povo de Deus, principalmente os membros desta igreja, para que suas orações sejam excessivamente abundantes, que supliquem mais e mais a Deus pela prosperidade de Sua Igreja e pela expansão do reino do Redentor.

Primeiro, nosso texto apresenta *um modelo de oração* e, segundo, *o texto e as palavras ao redor dele encorajam-nos a orar*.

UM MODELO DE ORAÇÃO

Penso que posso mencionar este primeiro tópico como uma prévia à oração. Esta oração de Daniel *não foi apresentada sem reflexão*. Ele não começou a orar como algumas pessoas, como se a oração fosse algo que não necessitasse de nenhum preparo. Sempre ouvimos dizer que precisamos preparar nossos sermões, e tenho certeza de que, se um homem não preparar seus sermões, ele será muito censurado. Mas será que nunca devemos nos preparar para falar com Deus, e nos preparar somente quando falamos com os homens? Não deve haver nenhuma preparação no coração do homem quando ele abre a boca diante do Senhor? Vocês não acham que é comum começarmos a orar, tanto em particular como em público, sem nenhuma ponderação? Não acham que as palavras brotam, e depois tentamos apressá-las em vez de deixar que nossos desejos fluam, e as palavras surjam como roupas para vesti-los?

Porém, as ponderações de Daniel estão neste primeiro tópico: *ele estudava os livros*. Daniel possuía um antigo manuscrito do profeta Jeremias, e o leu do começo ao fim. Ao perceber que tais e tais coisas eram faladas, ele orava por elas. Ao perceber que tal e tal tempo viria e, sabendo que já estava se aproximando, ele orava com mais veemência. Ó! Tomara que todos nós o fizéssemos. Ó! Se todos estudássemos mais a Bíblia! Poderíamos suplicar pelas promessas! Em geral, somos vitoriosos com Deus quando nos apegamos a Ele e à Sua Palavra e dizemos: "Lembra-te da promessa que fizeste ao teu servo, na qual me tens feito esperar". Ó! A oração torna-se extraordinária quando nossa boca está cheia da Palavra de Deus, porque não há nenhuma palavra que possa convencê-lo como a Palavra dele próprio. Quando vocês pedem algo a um homem, dizem a ele: "Você disse que faria tal e tal coisa". Vocês o pegam pela palavra. Também, quando se apossam das promessas da aliança com este poder santificado: "Tu disseste! Tu disseste!", têm a oportunidade de convencer o Senhor. Que nossas orações brotem de nossos estudos da Bíblia; que nossa familiaridade com a Palavra seja tão grande a ponto de sermos capacitados a repetir a oração de Daniel.

Além do mais, e isso ficará claro se vocês lerem a oração de novo, Daniel havia estudado a história de seu povo. Ele apresenta um resumo dela desde o dia em que o povo saiu do Egito. Os cristãos deveriam estar familiarizados com a história da igreja — se não com a igreja do passado, certamente com a igreja de hoje. Conhecemos a posição do exército prussiano e compramos novos mapas mais ou menos a cada semana para ver todos os lugares e cidades. Vocês não acham que deveriam conhecer a posição do exército de Cristo e rever seus mapas para conhecer o progresso do reino de Deus na Inglaterra, nos Estados unidos, no Continente ou nos postos de missão ao redor do mundo? Todas as nossas orações seriam muito mais produtivas se conhecêssemos mais sobre a igreja, principalmente sobre a nossa igreja. Infelizmente preciso dizer isto: há alguns membros da igreja que não sabem o que a igreja está fazendo. Eles mal conhecem o significado de alguns de nossos empreendimentos. Irmãos, informem-se bem sobre as necessidades da igreja até o ponto de conseguirem identificá-las e, então, sua oração será como a de Daniel, fundamentada em informações; com as promessas de Deus e o conhecimento das carências da igreja, vocês orarão em espírito e entendimento. Pensem seriamente nisso.

Em seguida, a oração de Daniel foi *mesclada com muita humilhação*. De acordo com o costume oriental que expressa os pensamentos e os sentimentos interiores por meio de atos exteriores, Daniel vestiu-se de uma roupa tosca feita de pelos de ovelhas negras chamada pano de saco; depois, encheu as mãos de cinza e jogou-a sobre a cabeça e a roupa que o cobria; em seguida ajoelhou-se secretamente no pó. Esses símbolos exteriores foram feitos para expressar a humilhação que ele sentia diante de Deus. Sempre oramos melhor quando as palavras brotam das profundezas; quando a alma se rebaixa o suficiente, ela adquire força e então pode suplicar a Deus. Não estou dizendo que devemos pedir para enxergar todo o mal que existe em nosso coração. Houve um homem bondoso que orava dessa maneira com frequência. Ele é ministro do evangelho e seu nome é citado por alguns escritores puritanos. Deus se agradava de ouvir sua oração, e ele nunca se alegrava depois de ter orado. Custou-lhe muito evitar o suicídio em razão da profunda e terrível agonia que sentiu quando começou a ver seu pecado da forma como desejava. É melhor ver o nosso pecado do tamanho que Deus deseja que o vejamos. Vocês não podem ver Cristo de uma forma exagerada, mas podem ver seu pecado de forma exagerada. No entanto, irmãos, esse raramente é o caso. Precisamos ver mais as nossas necessidades maiores, os nossos maiores pecados, porque a oração que sobe mais alto é aquela que vem do lugar mais baixo. Saber curvar-se é uma grande arte na oração. Eliminar a última gota de hipocrisia, ser capaz de dizer do fundo do coração: "Não é por nossa justiça que te imploramos, ó Deus, porque nós pecamos, e nossos pais também pecaram". Coloquem o negativo, o negativo mais pesado, sobre qualquer ideia de suplicar mérito humano. Quando fizerem isso, estarão no caminho certo para proferir uma oração que moverá o braço de Deus e lhes trará a bênção. Ó, alguns de vocês não-cristãos, têm tentado orar, mas sem se curvar. As orações cheias de orgulho batem com a cabeça na verga da porta da misericórdia, mas não conseguem passar pelo portal. Vocês não poderão receber coisa alguma de Deus enquanto não se colocarem no lugar certo, isto é, como mendigos ao estrado de Seus pés; só então Ele os ouvirá e não antes disso.

A oração de Daniel instrui-nos no ponto seguinte. *Ela foi estimulada pelo zelo pela glória de Deus.* Às vezes, oramos com a motivação errada. Se eu busco a conversão de almas em meu ministério, esse não é um bom motivo? Sim, é; mas suponhamos que eu busque a conversão de almas a fim de que as pessoas digam: "Como esse pastor é valioso!". Esse é um motivo prejudicial, que estraga tudo. Se sou membro de uma igreja cristã e oro por sua prosperidade, isso não é certo? Claro que é. Mas se desejo sua prosperidade simplesmente para que eu e os outros possamos dizer: "Vejam nosso zelo pelo Senhor! Vejam como Deus nos abençoa mais do que a outros!". Esse é um motivo errado. A motivação certa é esta: "Ó, que Deus seja glorificado, que Jesus possa ver a recompensa de Seus sofrimentos! Ó! Que os pecadores sejam salvos, para que haja novas bocas para louvar a Deus, novos corações para amá-lo! Ó! Que não haja mais pecado, que a santidade, a justiça, a misericórdia e o poder de Deus sejam engrandecidos!". Essa é a forma de orar; quando nossas orações buscam a glória de Deus, é a glória de Deus que responde às nossas orações. Quando vocês têm certeza de que Deus está no comando, estão em boas mãos. Se estiverem orando para que Ele seja grandemente glorificado, estejam certos de que sua oração ganhará velocidade. Mas se ela não ganhar velocidade e não for para a glória de Deus, talvez seja melhor vocês se contentarem em viver sem seu pedido do que com ele. Portanto orem, mas mantenham a corda do arco de maneira correta; não valerá a pena disparar a flecha da oração se esta não for a corda de seu arco: "A glória de Deus, a glória de Deus" — este é o maior, o primeiro, o último, o do meio, o único objetivo de minha oração.

No entanto, ao nos ater um pouco mais à oração, eu gostaria que vocês observassem *como a oração de Daniel foi intensa.* "Ó Senhor, ouve; ó Senhor, perdoa; ó Senhor, atende-nos e age; não te retardes, por amor de ti mesmo." As próprias repetições no texto expressam veemência. As pessoas que oram em público cometem um grande erro quando repetem o nome: "Ó Senhor, ó Senhor, ó Senhor" com muita frequência — em geral significa tomar o nome de Deus em vão e trata-se, na verdade, de uma vã repetição. Mas quando a repetição desse nome sagrado provém da alma, não é vã repetição; então a oração não pode ser repetida muitas vezes e não está aberta a qualquer coisa como a crítica que acabo de fazer. Vocês hão de notar como o profeta parece derramar sua alma quando diz: "Ó Senhor, ó Senhor, ó Senhor", como se a primeira batida na porta da misericórdia não tivesse sido suficiente para abri-la. Então, ele bate de novo e até o ponto de sacudir a porta e, pela terceira vez, esmurra-a com tanta força a ponto de provocar o som do ribombar de um trovão para tentar ter êxito. As orações frias pedem de Deus uma resposta negativa; somente as orações que importunam serão respondidas. Quando a Igreja do Senhor não aceitar um "não" como resposta, ela não receberá um "não" como resposta. Quando a alma em súplica *precisa* receber a resposta, quando o Espírito de Deus trabalha poderosamente na alma da pessoa de modo que ela não permita que o anjo vá embora sem abençoá-la, o anjo só partirá quando abençoar a súplica que foi feita. Irmãos, se houver apenas uma pessoa aqui entre nós que seja capaz de orar como Daniel orou, com intensidade, a bênção virá. Que estas palavras transmitam coragem a qualquer homem ou mulher sincero presente a este culto que esteja receando que os outros não estejam tão entusiasmados para orar quanto ele ou ela. Querido irmão, você se responsabilizará por isso? Querida irmã, em nome de Deus, você assumirá essa tarefa? Deus enviará uma bênção a muitas pessoas por intermédio da oração de uma só. Mas seria muito, muito melhor se um grande número de homens aqui presentes, sim, a Igreja inteira de Deus, fosse sacudida dessa maneira, se não déssemos descanso ao Senhor enquanto Ele não estabelecesse Jerusalém e não fizesse dela o louvor da Terra. Ó! Que nossas orações pudessem ir além do ato de orar, até chegarem ao ponto de agonizarem. Assim que Sião sentiu dores — e vocês sabem do que estou falando — assim que *entrou em trabalho de parto*, ela deu à luz filhos. Somente quando sentirmos as dores de parto — não antes disso — poderemos esperar ver os grandes feitos do Senhor. Deus envia dores de parto a cada um de nós, e então a promessa está próxima a se cumprir.

Mas, continuando a ler o texto, e com um pouco mais de atenção, quero observar que essa oração extraordinária foi *uma oração de entendimento*, bem como de extrema franqueza. Algumas pessoas, em sua franqueza, dizem coisas sem sentido, e penso que já ouvi orações que Deus compreendeu, mas tenho certeza de que eu não as entendi. Aqui, porém, está uma oração que podemos entender, e Deus também. Começa assim: "Ó Senhor, ouve". Daniel quer ser ouvido. É assim que o suplicante faz quando se apresenta diante de uma majestade terrena: ele pede para ser ouvido. Começa com: Ó Senhor, ouve. "Não sou digno de ser ouvido. Se me calares e não ouvires minha súplica, concordarei que isso é justo". Daniel pede para ser ouvido, e é ouvido, e agora passa para seu ponto principal sem demora: "Ó Senhor, perdoa". Ele sabe o que quer. O pecado foi o dano, a causa de todo o sofrimento. E ele coloca a mão no pecado. Ó! Como é maravilhoso quando alguém conhece o motivo pelo qual está orando. Muitas divagam e dão voltas — a pessoa que ora pensa que está agindo corretamente ao dizer algumas frases apropriadas, mas a oração que atinge o alvo bem no centro é a oração que vale à pena fazer. Deus nos ensina a orar corretamente. "Ó Senhor, perdoa."

Observem, então, como Daniel pressiona para chegar onde deseja. "Ó Senhor, atende-nos e age." Se tu me perdoaste — Daniel não perde um minuto, mas há outra oração imediatamente após essa. Bom Deus, intervém para a reconstrução de Jerusalém — intervém para redimir teu povo cativo; intervém para restabelecer a adoração sagrada. É bom quando nossas orações voam rápido, uma atrás da outra, quando sentimos que estamos ganhando terreno. Vocês sabem que na luta (e esse é um modelo de oração) muitas coisas dependem de firmar os pés, mas é comum haver outras coisas que dependem de ligeireza e rapidez de ação. O mesmo ocorre na oração. "Ouve-me, meu Senhor! Tu me ouviste, então perdoa-me. Cheguei até este ponto, então age em meu favor, concede-me as bênçãos que desejo". Uma vez que vocês foram ouvidos, deem continuidade à oração; façam outra com base na resposta obtida. Se já receberam uma grande bênção, digam: "*Porque* ele inclinou para mim os seus ouvidos, invocá-lo-ei enquanto eu viver; porque ele me ouviu uma vez, vou invocá-lo novamente". Essa oração prova a seriedade daquele que a profere. É uma oração oferecida no espírito, e também com entendimento.

E agora, outro ponto a ser destacado. A oração de Daniel foi *uma oração de proximidade santa*. Vemos isso na expressão: "Ó *meu* Deus". Ah! Às vezes oramos a distância; oramos a Deus como se fôssemos escravos prostrados aos pés de Seu trono; como se pudéssemos, talvez, ser ouvidos, mas sem certeza. Quando, porém, Deus nos ajuda a orar como deveríamos, dirigimo-nos diretamente a Ele, mesmo que aos Seus pés, e dizemos: "Ouve-me, ó meu Deus". Ele é Deus, portanto devemos ser reverentes. Ele é o meu Deus, portanto, posso ter familiaridade com Ele, posso me aproximar dele. Creio que algumas expressões usadas por Martinho Lutero na oração, se fossem usadas por mim, seriam uma espécie de blasfêmia, mas como Martinho Lutero as usou, acho que foram profundamente piedosas e aceitáveis a Deus, porque ele sabia como se aproximar do Senhor. Vocês que têm um filho pequeno sabem como ele sobe em seu joelho; ele dá-lhe um beijo e diz-lhe tantas coisinhas que, se outra pessoa lhe dissesse, você não toleraria; não deveriam ser ditas. Nenhum outro ser pode ter tanta familiaridade com vocês quanto seu filho. Mas, ó, filho de Deus — quando as razões de seu coração estão corretas — pode chegar muito perto do seu Deus; e derramar suas queixas em linguagem infantil como uma criança diante do Altíssimo. Irmãos, observem bem estas palavras: embora esteja suplicando e em posição de humildade, esse filho de Deus não está na posição de escravo. A oração continua a ser "Ó *meu Deus*" e ele entende a aliança. A fé entende o relacionamento indestrutível entre a alma e Deus e suplica por aquele relacionamento: "Ó, meu Deus!".

Agora, o último ponto que chamará a atenção de vocês nesse modelo de oração é este: *o profeta usa argumento*. A oração deve ser sempre feita com argumento. "Alegai as vossas razões" é um bom cânone para uma oração vitoriosa. Devemos insistir com Deus e apresentar razões diante dele — não porque Ele queira razões, mas porque deseja que saibamos por que queremos a bênção. Neste texto temos uma razão apresentada. Primeira: "Não te retardes, por amor de ti mesmo", como se Daniel tivesse dito: "Se permitires que este Teu povo pereça, o mundo inteiro vai injuriar Teu nome; Tua honra será manchada. Este é o Teu povo e, porque ele te pertence, não permitas que Tua propriedade venha a ser posta em perigo, mas salva Jerusalém por amor de ti mesmo".

A seguir, o profeta diz a mesma coisa de outra maneira: "porque a tua cidade e o teu povo"; ele insiste para que esse povo não seja semelhante aos outros povos. O povo de Deus pecou realmente, mas havia ainda um relacionamento entre eles e Deus, um relacionamento que não existia entre Deus e nenhum outro povo. Na verdade, o profeta suplica pela aliança entre Abraão e a semente de Abraão e o Deus de toda a Terra. Ótima súplica essa! E então ele diz: "porque são chamados pelo teu nome". O povo sabia que era o povo de Jeová; recebera o nome do Deus de Israel. "Ó Deus! não permitas que nada que leve Teu nome ande a esmo por aí como se fosse uma coisa comum. Não permitas que seja arrastado na poeira; vem resgatá-lo. Teu sinal, Teu selo está sobre Israel. Israel pertence a ti; portanto, peço que intervenhas." Ora, de acordo com essas palavras entendo que, se devemos prevalecer, devemos apresentar argumentos a Deus, e eles são muitos; as mentes cuidadosas quando se encontram em ebulição sabem prontamente até que ponto devem suplicar e onde parar. Lembro de um irmão querido, agora presente, ter orado certa manhã de uma forma que me pareceu muito prevalente quando disse: "Ó Senhor, foi do Teu agrado chamar

Tua Igreja de Tua Noiva; nós, que somos maus, temos tanto amor por nossa esposa que se houvesse alguma coisa no mundo que fosse para o bem dela, não pouparíamos esforços para lhe oferecer; será que tu, o Marido da Igreja, não farias o mesmo por Tua esposa, não permitirias que Tua Igreja recebesse uma bênção neste momento em que ela te suplica?" Pareceu-me um bom argumento, segundo as palavras do próprio Cristo: "Se vós, que sois maus, sabeis dar boas dádivas aos vossos filhos, quanto mais vosso Pai, que está nos céus, dará boas coisas aos que lhe pedirem?". Agarrem a promessa, desfraldem-na diante de Deus e digam: "Ó Senhor, tu disseste; cumpre Tua palavra". Deus ama quando cremos nele. Ele ama quando vocês pensam que Ele cumpre o que diz. Ele é um Deus prático. Sua Palavra tem poder, e Ele não gosta do modo como algumas pessoas tratam Suas promessas, como se fossem papéis inúteis, como se fossem material para ser lido com a finalidade de aumentar nosso entusiasmo, mas não para ser usado como material contendo a verdade real e prática. Ó! Supliquem as promessas a Deus; encham a boca de motivos e aproximem-se dele. Façam disso sua determinação e que como igreja, vendo que necessitamos de Seu Espírito e de prosperidade renovada, não pouparemos nem abandonaremos um só argumento não usado, por meio do qual convenceremos o Deus misericordioso de enviar aquilo que desejamos. E assim, façam disso um modelo de oração. Agora, gostaria de tomar um pouco mais de tempo para falar do incentivo que o texto e contexto nos oferecem a respeito da oração.

INCENTIVO PARA ORAR

Irmãos, é sempre um incentivo fazer algo quando *vemos um homem destacado fazendo a mesma coisa*. Muitas pessoas tomam certo remédio só porque conhecem homens mais sábios do que elas que o tomaram. As melhores e mais sábias pessoas de todas as eras adotaram o costume de orar em tempos de angústia; na verdade, o tempo todo. Esse exemplo deveria incentivar-nos a fazer o mesmo. Ouvi um querido irmão galês pregar na última quinta-feira à noite, o que me despertou o interesse e também me divertiu, mas não consigo contar a história bíblica da mesma forma que ele. Foi algo mais ou menos assim. Ele contou a história como um galês, não exatamente do modo como imagino que eu contaria. Disse que quando o Senhor Jesus subiu ao Céu, depois de ter dito aos Seus discípulos que aguardassem em Jerusalém até a chegada do Espírito Santo, Pedro deve ter dito: "Já que não podemos sair para pregar enquanto essa bênção não chegar, vou pescar um pouco". E João deve ter dito: "Há o velho barco no lago de Genesaré. Acho que vou até lá para ver o que está acontecendo; faz muito tempo que não o vejo". E os outros devem ter dito: "Vou cuidar dos meus negócios. Faltam poucos dias para a chegada, portanto é melhor cuidar de nosso chamado terreno". "Não", prosseguiu o pregador, "eles não disseram nada disso, mas Pedro disse: 'Onde vamos realizar uma reunião de oração?' e Maria disse que havia conseguido um cômodo grande e agradável que serviria para uma reunião de oração. A verdade é que o cômodo se localizava numa rua afastada, e a casa não era muito respeitável. 'Além disso', ela diz, 'o cômodo fica no alto da casa, mas é espaçoso'. 'Não importa', diz Pedro, 'vamos ficar mais perto do Céu'. Então eles subiram para o cenáculo e lá começaram a orar e só terminaram a reunião de oração quando a bênção chegou."

Depois o irmão contou-nos a próxima história de uma reunião de oração na Bíblia. Pedro estava na prisão, e Herodes, com muito medo de que ele saísse de lá novamente, colocou dezesseis guardas para vigiá-lo. Os irmãos sabiam que não havia meios de tirar Pedro de lá a não ser um; então disseram: "Vamos fazer uma reunião de oração". Quando havia um problema, a igreja daquela época sempre dizia: "Onde vamos fazer uma reunião de oração?". Então a mãe de Marcos disse que havia conseguido um bom cômodo que seria muito apropriado para uma reunião de oração. Localizava-se numa rua afastada, portanto ninguém conhecia o lugar, e eles falariam baixo. Reuniram-se ali e começaram a orar. Penso que não oraram para que o Senhor derrubasse as paredes da prisão nem matasse os guardas nem fizesse nada desse tipo, mas apenas oraram para que Pedro fosse libertado e deixaram nas mãos de Deus como Ele o faria. Enquanto oravam, alguém bateu na porta. "Ah!", disseram, "um dos guardas veio atrás de nós". Porém, Rode foi abrir a porta e, quando olhou, voltou assustada. O que ela viu? Quando olhou de novo, convenceu-se de que era Pedro. Voltando à sua patroa, ela disse: "Pedro está no portão". Que almas bondosas! Eles haviam orado para que Pedro saísse da prisão, mas não acreditaram, por isso disseram: "É o espírito dele, o seu anjo!". "Não", a moça retrucou, "conheço o Pedro muito bem; ele esteve aqui dezenas de vezes e sei que *é* o Pedro". E Pedro entra, e todos ficaram atônitos diante de tanta falta de fé. Pediram a Deus que libertasse Pedro, e ele fora libertado. E foi a reunião de oração que o libertou. E tenham certeza de que nós, todos nós, devemos fazer da oração o nosso melhor recurso em todas as horas de necessidade para nos aproximarmos de Deus.

> A oração as nuvens negras afasta,
> Também sobe a escada que Jacó contemplou,
> A fé e o amor exercita,
> Lá do alto traz as bênçãos que Deus derramou.
>
> Restringindo a oração, deixamos de lutar;
> A oração faz brilhar a armadura do cristão;
> E Satanás estremecerá quando avistar
> O mais débil santo sobre seus joelhos em oração.

É a oração que faz isso, e esse fato deve incentivar-nos a orar.

O sucesso da oração de Daniel é o próximo incentivo. Ele ainda não tinha terminado a oração quando uma mão suave o tocou. Ergueu os olhos e lá estava Gabriel na forma de um homem. Foi uma ação rápida, claro, Daniel pensou, mas foi muito mais rápida do que o esperado, porque assim que ele começou a orar, veio a palavra para o anjo descer. A resposta à oração é a coisa mais rápida do mundo. "Antes que clamem, eu responderei; estando eles ainda falando, eu os ouvirei". Acredito que a eletricidade viaja na velocidade de 320 mil quilômetros por segundo — ou essa é a estimativa; mas a oração viaja mais rápido ainda, porque: "Antes que eles clamem, eu responderei". Deus nunca está com o tempo ocupado. Quando Ele quer responder, a resposta pode vir assim que o desejo for concedido. E se demorar, é porque virá em tempo melhor — como alguns navios que demoram mais para chegar ao porto porque trazem carga mais pesada. Orações que demoram a ser respondidas são como investimentos que chegam não apenas com o capital, mas com os juros também. Ó! A oração não pode falhar — a oração não pode falhar. O Céu cairá se a oração falhar. Deus pode mudar mais cedo as ordens do dia e da noite do que deixar de responder à oração fiel, confiante, espiritual de Seus filhos apressados, sinceros e importunos. Portanto, irmãos, orem muito, porque Deus envia sucesso.

A seguir, eu deveria incentivá-los também a lembrar-se de que *Daniel orou por uma situação muito difícil.* Jerusalém estava em ruínas; os judeus estavam dispersos; seus pecados eram excessivos; contudo, ele orou e Deus o ouviu. Não estamos em situação tão difícil quanto aquela na igreja; não temos de chorar porque Deus se afastou de nós; nossa oração é para que Ele não retire Sua mão de nós nem por um momento. Oro a Deus para estar debaixo da terra antes que Ele permita que Sua Igreja perca a Sua presença. Não há nada que eu saiba em relação à vida de nossa igreja que valha um único vintém se o Espírito de Deus se ausentar. Ele precisa estar aqui. Irmãos, se vocês não forem homens e mulheres de oração, se não forem santos, se não forem sinceros, Deus não manterá os pastores, os diáconos, os presbíteros e os membros da igreja vivendo perto dele. Não se pode expressar a dor no coração daquele que sempre teve uma vida reta. Que o Senhor os impeça de enfraquecer. Se estiverem enfraquecendo, que Ele os fortaleça. Receio que alguns de vocês estejam esfriando. Ouço de vez em quando alguém dizer que acha muito longe vir ao Tabernáculo. Gastava-se muito pouco tempo para chegar ao Tabernáculo, embora ele estivesse a sete ou oito quilômetros de distância. Mas quando o coração esfria, a estrada fica longa. Ah! Existem pessoas aqui que necessitam dessa pequena atenção e de outras. Houve um tempo em que elas ficavam em pé no corredor, no lugar mais frio e afastado. Não se importavam, desde que a Palavra as abençoasse. Que Deus conceda que vocês estejam sempre animados durante anos e anos, até que Cristo venha. Mas ó! vocês que estão vivendo perto de Deus, façam disso uma oração diurna, noturna, hora após hora, para que Ele não se afaste de nós por causa de nossos pecados, mas que continue a estender Sua mão com benignidade, até o dia em que Cristo nos reunir com o nosso Pai.

Deveríamos ainda ser incentivados a orar ao lembrar que *Daniel era apenas um homem e, mesmo assim, sua causa foi ganha.* Se dois de vocês concordarem a respeito de qualquer coisa, receberão o que pediram, mas se for um cordão de três dobras — um cordão de cinquenta dobras — ah! se dos quatro mil membros da igreja, todos orarem imediatamente, dia e noite, pela bênção, ah que força essas orações terão! Deus queira que seja assim!

Irmãos, e quanto às suas orações em particular, elas são como deveriam ser? Aquelas orações matutinas, as vespertinas e aquelas ao meio-dia (porque a alma de vocês deve subir ao Céu, mesmo que seus joelhos não estejam dobrados), essas orações são como deveriam ser? Elas lhes trarão magreza; não pode haver uma alma obesa e uma oração negligenciada. Para nos alegrar no Senhor é preciso orar muito.

E quanto às orações de sua família, vocês fazem questão de mantê-las? Outro dia, quando eu estava num vagão de trem, um homem sentado ao meu lado me disse: "Meu filho vai se casar amanhã — vai casar com uma moça de sua igreja". "Fico feliz por saber", eu disse. "Espero que ele seja cristão." "Ah! sim, senhor; faz alguns anos que ele é membro de sua igreja. Gostaria que o senhor escrevesse algumas palavras para eu lhes dar amanhã." Bom, vocês sabem como o vagão chacoalha, mas tentei rabiscar algumas palavras a lápis em um pedacinho de papel. As palavras, penso eu, foram mais ou menos estas: "Desejo a vocês muitas alegrias. Que suas alegrias sejam duplicadas; que suas tristezas sejam divididas e aliviadas". E acrescentei: "Construam o altar antes de construírem a tenda. Cuidem para que o casamento de vocês comece com orações diárias". Não tenho certeza se podemos esperar que nossos filhos sejam uma semente piedosa quando crescerem, se não houver oração em família. E então, as orações de sua família são como deveriam ser?

A seguir, quero perguntar a cada um de vocês: como são suas orações como membros da igreja? Talvez eu seja a última pessoa que poderia reclamar das reuniões de oração. É realmente muito bom ver um grande número de pessoas aqui, mas devo confessar que não estou plenamente feliz, porque estou notando a falta de alguns que costumavam vir. Estou vendo alguns novos, e nunca nos faltaram homens de oração, mas gostaria de ver os outros também. Sei que aqueles que frequentam constantemente as reuniões de oração podem dizer que é bom estar lá. É a melhor noite da semana para quase todos nós quando nos reunimos para suplicar bênçãos. Oro para que vocês não caiam no hábito de deixar de se reunirem para orar. Tenho dito com frequência: "Toda a nossa força se encontra na oração!". Quando nosso grupo era pequeno, Deus multiplicou-nos em resposta às orações. Que belas orações fizemos dia e noite quando iniciamos a pregação do evangelho em um prédio maior! E que magnífica resposta Deus nos enviou. A partir de então, em tempos de necessidade e problemas, temos clamado a Deus, e Ele nos tem ouvido. O Senhor nos envia todos os dias ajuda para nossa faculdade, para nosso orfanato e para outras obras em resposta às orações. Ó! vocês, membros da igreja, que aqui estão, se não orarem, as vigas destas paredes e as pedras clamarão contra vocês. Esta casa foi construída em resposta a orações. Se alguém tivesse dito que nós, que éramos poucos e pobres, poderíamos erguer esta estrutura, penso que teríamos achado impossível. Porém, ela está terminada — e vocês sabem com que rapidez foi terminada, como Deus nos enviou amigos, como Ele nos tem ajudado até hoje. Ó! não parem de orar. Meus bons amigos, vocês parecem aquele rei que, quando foi falar com o profeta agonizante, recebeu esta instrução: "Pegue suas flechas e bata no chão com elas". O rei bateu três vezes e parou. O profeta se indignou e disse: "Você deveria ter batido muitas vezes e, então, teria destruído seus inimigos". E nós oramos, supostamente, mas pouco. Pedimos pouco, e Deus no-lo dá. Ó! tomara pudéssemos pedir mais, orar mais, bater mais vezes e suplicar com muita sinceridade.

Vejam esta nossa cidade. Eu não diria nenhuma palavra depreciativa sobre meu país, mas receio que não haja muito que escolher entre o pecado de Londres e o pecado de Paris. E vejam o que acontece com Paris! É muito difícil viver naquela cidade e conhecer todo o pecado que ocorre lá sem temer que o pecado de uma nação traga um castigo em âmbito nacional. E ó! esta cidade corrompida de Londres, com seus antros de depravação e obscenidade! Vocês são o sal da terra; vocês que amam a Cristo, não deixem que seu sal perca o sabor. Que Deus não permita que vocês pequem contra o Senhor deixando de orar por essas pessoas depravadas. Todos os lugares, no mar e na terra, estão cercados de adversários da verdade à procura de prosélitos. Eu lhes suplico, cerquem o propiciatório para que a maquinação deles seja derrotada. Deve haver uma oração especial neste momento. Quando Deus, em Sua providência, parece estar sacudindo o pontificado em sua base, é agora que devemos clamar em alta voz sem esmorecer. Deus pode trazer bênçãos duradouras dessas comoções. Não devemos negligenciar a obra quando Deus trabalha. Que a mão do homem seja levantada em oração quando a asa do anjo se mover na providência de Deus. Podemos esperar coisas grandiosas se orarmos com fervor e lutarmos bravamente. Eu os convoco, em nome de Deus, ao propiciatório. Aproximem-se de lá o mais que puderem com intensa importunação, e essa bênção virá como vocês nunca imaginaram. Orem pelos não convertidos que estão aqui presentes. Há um bom número deles. Eles não oram por si mesmos; oremos por eles. Oremos a Deus por eles, até que eles finalmente orem por si mesmos. A oração pode abrir a porta da misericórdia, para os outros e para nós; vamos, portanto, orar continuamente, e Deus nos enviará a bênção, por amor de Jesus. Amém.

Este sermão foi extraído de *O Púlpito do Tabernáculo Metropolitano* e pregado na noite do domingo, 25 de setembro de 1870.

9

"NÃO NOS DEIXES CAIR EM TENTAÇÃO"

> ...*não nos deixes cair em tentação* (Mateus 6:13).

Um dia destes, ao examinar um livro de palestras para jovens, vi o esboço de um discurso que me comoveu como se fosse uma joia perfeita. Vou ofertá-lo a vocês. O texto é a Oração do Pai Nosso, e a exposição está dividida em subtítulos muito instrutivos.

"Pai nosso, que estás nos céus": *um filho longe de casa*. "Santificado seja o teu nome": *um adorador*. "Venha o teu reino": *um súdito*. "Faça-se a tua vontade, assim na terra como no céu": *um servo*. "O pão nosso de cada dia dá-nos hoje": *um mendigo*. "E perdoa-nos as nossas dívidas, assim como nós temos perdoado aos nossos devedores": *um pecador*. "E não nos deixes cair em tentação; mas livra-nos do mal": *um pecador em perigo de ser mais pecador ainda*. Os títulos são, em todos os casos, os mais apropriados e resumem com fidelidade o pedido.

Se vocês se lembrarem do esboço, notarão que a oração é semelhante a uma escada. Os pedidos começam no topo e descem. "Pai nosso que estás nos céus": um filho, um filho do Pai celestial. Ora, ser filho de Deus é a posição mais alta possível para um homem. "Vede que grande amor nos tem concedido o Pai, a ponto de sermos chamados filhos de Deus". É o que Cristo é — o Filho de Deus. E "Pai nosso" é a forma no plural da própria palavra que Ele usa para dirigir-se a Deus, porque Jesus diz: "Pai". É uma posição muito alta, misericordiosa e exaltada que, pela fé, ousamos ocupar quando dizemos inteligentemente: "Pai nosso, que estás nos céus".

O degrau abaixo é este: "Santificado seja o teu nome". Aqui temos um adorador cultuando com humilde reverência o Deus santo e trino. O lugar do adorador é elevado, mas não atinge a excelência da posição do filho. Os anjos encontram-se nas alturas como sendo adoradores; seus cânticos incessantes santificam o nome de Deus, mas eles não podem dizer: "Pai nosso". "Pois a qual dos anjos disse [...]: Tu és meu Filho"? Eles devem contentar-se em estar a um degrau abaixo da posição mais alta, mas não podem alcançar o topo, porque não são filhos de Deus nem por adoção, nem por regeneração, nem por união a Cristo. "Aba, Pai" é para os homens, não para os anjos, portanto a frase de adoração da oração se encontra um degrau abaixo do início: "Pai nosso".

O segundo pedido é feito para nós, os súditos: "Venha o teu reino". O súdito ocupa uma posição inferior ao adorador, porque a adoração é um compromisso elevado no qual o homem exerce um sacerdócio e é visto em posição de humildade, mas também em condição honrosa. O filho adora e confessa a realeza do Grande Pai.

Ainda em descendência, a posição seguinte é a de servo: "Faça-se a tua vontade, assim na terra como no céu". Esse é outro degrau mais baixo que o de um súdito, porque Sua Majestade a rainha tem muitos súditos que não são seus servos. Eles não são obrigados a atendê-la no palácio com serviços pessoais embora a considerem sua respeitável soberana. Os duques e outros com título de nobreza são súditos da rainha, mas não são seus servos. O servo encontra-se em posição abaixo do súdito.

Todos reconhecem que o pedido seguinte é feito por alguém de nível bem mais inferior, porque é o pedido de um mendigo: "O pão nosso de cada dia dá-nos hoje" — um pedido de pão, um pedido diário de um indigente, daquele que suplica continuamente por caridade, até mesmo para sobreviver. Esse é um lugar adequado para ocuparmos, nós que devemos tudo à caridade que vem do Céu.

Há, porém, um degrau mais abaixo que o do mendigo: o lugar do pecador. "Perdoa" é uma súplica mais humilde que "dá-nos". "Perdoa-nos as nossas dívidas, assim como nós temos perdoado aos nossos devedores". Aqui também cada um de nós deve assumir sua posição, porque nenhuma palavra é mais digna de ser proferida por nossos lábios indignos do que a oração: "Perdoa". Enquanto vivermos e pecarmos, devemos chorar e clamar: "Tem misericórdia de nós, ó Senhor".

E agora, no degrau mais baixo da escada, está o pecador, com medo de cometer um pecado maior, em perigo extremo e consciente de sua fraqueza, sensível ao pecado do passado e temeroso de cometer outro no futuro. Ouçam-no quando ele clama as palavras de nosso texto com lábios trêmulos: "Não nos deixes cair em tentação; mas livra-nos do mal".

E, no entanto, meus queridos amigos, embora eu tenha descrito a oração como uma descida, em termos de graça essa descida é muito semelhante a uma subida, conforme mostraremos prontamente se o tempo permitir. De qualquer maneira, o processo descendente da oração poderia ilustrar igualmente o avanço da vida divina na alma. A última parte da oração contém uma experiência interior mais profunda do que a primeira. Todo convertido é um filho de Deus, um adorador, um súdito, um servo, um mendigo e um pecador, mas nem todos os homens percebem as atrações que os envolvem ou sua própria tendência de render-se a elas. Nem todos os filhos de Deus, mesmo aqueles em idade avançada, que conhecem o significado completo de cair em tentação, porque alguns seguem um caminho fácil e raramente são punidos; outros são como bebês frágeis que mal conhecem a própria corrupção. Para entender completamente o nosso texto o homem deve ter tido ferimentos graves nas guerras e ter batalhado muitos dias contra o inimigo dentro de sua alma. Aquele que escapou por um triz apresenta essa oração dando ênfase ao significado. O homem que sentiu a rede do passarinheiro sobre ele — o homem que foi capturado pelo adversário e quase destruído —, esse homem ora com terrível ansiedade: "Não nos deixes cair em tentação".

Eu proponho neste momento recomendar essa oração a vocês, para que notem em primeiro lugar *o espírito que sugere esse pedido*; em segundo, *os sofrimentos que essa oração reprova*; e em terceiro, *as lições que ela ensina*.

O QUE ESSA ORAÇÃO SUGERE COM "NÃO NOS DEIXES CAIR EM TENTAÇÃO"?

"Não nos deixes cair em tentação." Primeiro, a partir da posição da sentença, entendo por um rápido processo de raciocínio, que ela sugere *vigilância*. A petição é feita após a sentença: "Perdoa-nos as nossas dívidas". Vou supor que a petição tenha sido atendida, e o pecado do homem está perdoado. E então? Se vocês fizerem um retrospecto de sua vida, logo perceberão o que geralmente acontece a um homem que foi perdoado, porque "como na água o rosto corresponde ao rosto, assim, o coração do homem, ao homem". A experiência interior do homem convertido é semelhante à de outro convertido, e os sentimentos de vocês eram iguais aos meus. Imediatamente após o penitente ter recebido perdão e tê-lo sentido na alma, ele é tentado pelo diabo, porque Satanás não tolera perder seus súditos, e quando os vê do outro lado da cerca e fora de seu controle, ele reúne todas as suas tropas e exercita toda a sua lábia para, se possível, exterminá-lo sem demora. Para enfrentar esse ataque especial, o Senhor torna o coração vigilante. Ao perceber a ferocidade e a astúcia das tentações de Satanás, o cristão recém-nascido, alegrando-se no perdão perfeito que recebeu, clama a Deus: "Não nos deixes cair em tentação". É o medo de perder a alegria de ter o pecado perdoado que clama ao bom Senhor: "Pai nosso, não permitas que percamos a salvação que recebemos tão tardiamente. Não permitas sequer que a coloquemos em risco. Não permitas que Satanás interrompa nossa paz recém-descoberta. Fomos libertos recentemente, portanto não nos faças mergulhar nas profundezas novamente. Nadando em direção à praia, alguns sobre tábuas e outros sobre destroços do navio, chegamos à terra em segurança; impede-nos de ser tentados a voltar ao alto-mar. Não nos lances mais nos agitados vagalhões. Ó Deus, vemos o Inimigo avançando; ele está pronto, se puder, a nos peneirar como trigo,. Não permitas que sejamos colocados em sua peneira, mas livra-nos, nós te suplicamos". Essa é uma oração de vigilância; prestem atenção, embora tenhamos falado da vigilância como necessária no início da vida cristã, ela é igualmente necessária até no final. Não há nenhuma hora na qual o cristão possa se dar ao luxo de cochilar. Vigiem, eu oro, quando estiverem sozinhos, porque a tentação, como um assassino rastejante, tem um punhal para atacar corações solitários. Vocês precisam trancar bem a porta com ferrolhos se quiserem manter-se longe do diabo. Vigiem-se em público, porque as tentações em tropas disparam suas flechas durante o dia. As melhores companhias que vocês escolherem sempre terão alguma influência perniciosa sobre vocês, a não ser que permaneçam em guarda. Lembrem-se das palavras de nosso Mestre bendito: "O que, porém, vos digo digo a todos: vigiai!" e, quando vigiarem, esta oração muitas vezes se elevará das profundezas de seu coração:

Do poder tenebroso da tentação
E da astúcia de Satanás vem me defender.
Liberta-me nos momentos de aflição
E guia-me até o fim.

Essa é a oração de vigilância.

A seguir, para mim, ela parece ser a oração natural do *horror santo diante do pensamento de voltar a pecar*. Lembro-me da história de um mineiro que, pelo fato de ter sido um blasfemo grosseiro, um homem de vida devassa e de tudo o que não prestava, quando se converteu pela graça divina, tinha muito medo de que seus antigos companheiros o induzissem a voltar à vida anterior. Ele sabia que era um homem de fortes paixões e muito propenso a ser desencaminhado pelos outros, portanto, com pavor de cometer os antigos pecados, orou com muita veemência para morrer antes de voltar aos velhos hábitos. O homem morreu imediatamente. Talvez tenha sido a melhor resposta à melhor oração que aquele pobre homem podia ter feito. Tenho a certeza de que qualquer homem que tenha vivido devassamente, se a graça maravilhosa de Deus o livrar disso, concordará que a oração do mineiro não foi feita com entusiasmo. Seria melhor morrer imediatamente do que continuar a viver e voltar à nossa condição anterior e desonrar o nome de Jesus Cristo, nosso Senhor. A oração diante de nós surge do encolhimento da alma na primeira abordagem do tentador. O som dos passos do diabo chega aos ouvidos atemorizados do tímido penitente; ele treme como a folha de um álamo e grita: "O quê? Ele está vindo de novo? É possível que eu peque novamente? E vou profanar mais uma vez estes trajes com aquele pecado assassino e repugnante que matou meu Senhor?" "Ó meu Deus", a oração parece dizer, "livra-me de um mal tão horrendo. Conduz-me, eu oro, ao lugar que determinares — sim, mesmo que seja para atravessar o vale escuro da morte, mas não me deixes cair em tentação, para que eu não venha a desonrar-te." A criança queimada tem pavor do fogo. Aquele que um dia ficou preso na correia dentada de aço carrega as cicatrizes na carne e tem pavor de ser agarrado de novo por seus dentes cruéis.

O terceiro sentimento, também muito aparente, é *desconfiança da força pessoal*. O homem que se sente forte diante de qualquer coisa é destemido e provoca a batalha para provar seu poder. "Ó", ele diz, "não me importo; que venham quantos quiserem. Sou totalmente capaz de dar conta de mim mesmo e de enfrentar qualquer número de pessoas." Ele está pronto para entrar na briga; ele namora o conflito. Não é assim o homem que foi ensinado por Deus e conhece a própria fraqueza; ele não quer ser posto à prova e procura lugares tranquilos onde possa estar longe do caminho do mal. Se for colocado na batalha, ele fará o seu papel, se for tentado vocês verão sua firmeza, mas ele não pede para entrar em um conflito, porque, penso, poucos soldados vão querer saber o que significa lutar. Por certo, somente aqueles que nunca sentiram o cheiro da pólvora nem viram corpos amontoados em pilhas sangrentas são muito ávidos por tiroteios e granadas, mas o veterano de guerra prefere desfrutar os tempos serenos de paz. Nenhum cristão experiente deseja o conflito espiritual, mas pode ser que alguns novos recrutas queiram enfrentá-lo. No cristão, a lembrança de nossa fraqueza anterior — suas resoluções arruinadas, suas promessas não cumpridas — o faz orar para que não seja provado severamente no futuro. Ele não ousa voltar a confiar em si mesmo. Não quer lutar com Satanás nem com o mundo, mas pede que, se possível, seja mantido longe desses cruéis encontros e sua oração é: "Não nos deixes cair em tentação". O cristão sábio mostra uma desconfiança sagrada — não, penso que posso dizer que seja um completo desespero de si mesmo; embora saiba que o poder de Deus é forte o suficiente para enfrentar qualquer coisa, no entanto a sensação de fraqueza lhe é tão pesada a ponto de ele implorar para ser poupado de muitas provações. Então ele clama: "Não nos deixes cair em tentação".

Penso também que não esgotei as fases do espírito que sugerem essa oração, porque me parece que ela surge, de alguma forma, da *caridade*. "Caridade?", você diz. "Como assim?" Bem, a conexão deve sempre ser observada, e ao ler a frase anterior em conexão com ela, lemos: "assim como nós temos perdoado aos nossos devedores, e não nos deixes cair em tentação". Não devemos ser tão severos com as pessoas que erraram e nos ofenderam, mas devemos orar: "Senhor, não nos deixes cair em tentação". Sua empregada — uma pobre moça — furtou uma bugiganga de sua casa. Não desculpo o furto que ela cometeu, mas peço-lhe que faça uma pausa antes de destruir o caráter da moça para sempre. Pergunte a si mesmo: "Eu não teria feito a mesma coisa se estivesse na posição dela? Senhor, não me deixes cair em tentação". É verdade que foi um erro muito grande aquele rapaz ter lidado com suas mercadorias de modo tão desonesto. Mas, você sabe, ele estava sendo muito pressionado por uma mão forte e somente agiu daquela maneira por compulsão. Não seja tão severo. Não diga: "Vou até o fim; vou processá-lo". Não, aguarde um pouco; deixe a piedade falar, deixe a voz prateada da misericórdia suplicar por você. Lembre-se de que você pode também ser tentado e ore: "Não nos deixes cair em tentação". Tenho muito medo disso, porque algumas pessoas se comportam assim sob tentação, ao passo que outras dentre nós poderiam agir de modo pior se estivessem na mesma situação. Gosto, quando posso, de formar um julgamento bondoso do erro; sou capaz de fazer isso quando imagino que sofri as provações da outra pessoa; olho para a situação de acordo com o ponto de vista dela, coloco-me em seu lugar e vejo que não tenho nada a não ser a graça de Deus para me ajudar. Será que eu não pecaria da mesma forma que ela, ou até mais, por maldade?

Será que não chegará o dia em que vocês, que nunca mostraram misericórdia, terão de pedir misericórdia para si mesmos? Eu disse: não chegará o dia? Ele chegará com certeza. Quando tudo for por água abaixo, vocês precisarão fazer uma retrospectiva de sua vida e verão que há muitas coisas pelas quais terão de chorar. A quem poderão recorrer senão à misericórdia de Deus? E se Ele responder: "Você pediu misericórdia e não recebeu. Minha misericórdia é proporcional à misericórdia que você mostrou aos outros". Que resposta vocês dariam se Deus os tratasse dessa maneira? Não seria uma resposta justa e correta? Todo homem que está no banco dos réus não deveria ser pago com a mesma moeda? Portanto, penso que esta oração: "Não nos deixes cair em tentação" deveria partir sempre do coração de quem sente compaixão pelos outros que erraram. Eles são tão humanos quanto nós. E sempre que vocês virem um bêbado cambaleando pelas ruas, não se vangloriem por ser melhores do que ele, mas digam: "Não nos deixes cair em tentação". Quando pegarem o jornal e lerem que homens famosos se corromperam em troca de ouro, condenem a conduta deles se quiserem, mas não exultem em sua própria firmeza; ao contrário, clamem com toda humildade: "Não nos deixes cair em tentação". Quando a pobre moça que seduzida dos caminhos da virtude cruzar o seu caminho, não olhem para ela com desdém, para não lhe causar mais destruição. Digam: "Não nos deixes cair em tentação". Aprenderíamos de modo mais suave e brando com homens e mulheres pecadores se esta oração estivesse sempre em nosso coração tanto quanto está em nossa boca.

Pergunto mais uma vez: Vocês não acham que esta oração sopra o espírito de *confiança* — confiança em Deus? "Por quê?", alguém dirá. "Não entendo dessa forma." Para mim — não sei se serei capaz de transmitir corretamente o que penso — há um pouco de familiaridade muito terna e de uma ousadia sagrada nessa expressão. É claro que Deus me conduzirá agora que sou Seu filho. E, acima de tudo, agora que o Senhor me perdoou, sei que Ele não me conduzirá a um lugar que me prejudique. Esta minha fé deve saber e crer, mas por vários motivos surge um medo em minha mente de que Ele me conduza a um lugar no qual serei tentado. É certo ou errado sentir esse medo? Ele arde em minha mente; posso levá-lo a Deus? Posso expressar em oração essa dúvida em minha alma? Posso derramar essa ansiedade diante do Deus grande, sábio e amoroso? Não será uma impertinência de minha parte? Não, não será, porque Jesus coloca as palavras em minha boca e diz: "Tu orarás assim". Vocês têm medo de que Deus possa conduzi-los à tentação, mas Ele não fará isso; se achar conveniente pôr vocês à prova, Ele também lhes dará força para suportar até o fim. Em Sua infinita misericórdia, Ele se agradará de preservá-los. Vocês estarão em completa segurança para seguir o caminho por onde Ele os conduzir, porque Sua presença tornará o ar totalmente impuro em ar saudável. Mas, se vocês têm um medo instintivo de serem conduzidos a um lugar onde a luta será implacável e o caminho acidentado demais, digam isso ao seu Pai celestial sem restrições.

Em casa, vocês sabem que, quando um filho tem uma pequena queixa contra o pai, é sempre melhor que ele extravase seus sentimentos. Se achar que o pai o desprezou outro dia ou pensar que a tarefa que o pai lhe deu é muito pesada ou ainda imaginar que o pai está esperando muito dele — se o filho não disser nada, poderá ficar tristonho e perder grande parte do carinho e amor que seu coração deve sentir. Mas quando o filho diz com franqueza: "Pai, não quero que o senhor pense que não o amo ou que não confio no senhor, mas estou com um pensamento que me perturba e vou dizer qual é neste exato momento". Esse é o caminho mais sábio a seguir e mostra a confiança do filho no pai. Essa é a maneira de preservar o amor e a confiança. Portanto, se vocês têm uma desconfiança na alma de que talvez seu Pai poderá colocá-los em situação de serem grandemente tentados, contem isso a Ele. Contem-lhe, mesmo que isso pareça tomar uma liberdade exagerada. Mesmo que o medo possa ser fruto de falta de fé, assim mesmo abram o coração com o Senhor; não fiquem mal-humorados nem alimentem esse tipo de pensamento. Lembrem-se de que a oração do Pai Nosso não foi feita para Ele, mas para vocês, portanto ela comunica os assuntos a partir de seu ponto de vista, não do ponto de vista de Deus. A oração do Pai Nosso não é para o

Senhor; é para nós, os Seus filhos, e os filhos dizem sempre muitas coisas aos pais que são apropriadas para dizer, mas às vezes os pais não as consideram sábias nem corretas. Os pais sabem o que os filhos querem dizer, porém acham que grande parte do que eles dizem é tolice ou erro. Considero, portanto, essa oração como uma demonstração daquela abençoada confiança infantil que conta ao pai um medo que o atormenta, sem se importar se é correto o que sente ou não. Amados, não precisamos debater neste momento se Deus nos conduz ou não à tentação nem se podemos deixar ou não de receber a graça; basta saber que temos um medo e recebemos permissão para contá-lo ao nosso Pai que está no Céu. Todas as vezes que vocês sentirem qualquer tipo de medo, apressem-se para contá-lo Àquele que ama Seus filhos e que, como um pai, se compadece deles e os acalma mesmo quando eles se alarmam sem necessidade.

Mostrei, dessa forma, que o espírito que sugere esta oração é o espírito da vigilância, do horror santo diante do fato de pensar no pecado, diante da desconfiança de nossa própria força, da compaixão para com os outros e da confiança em Deus.

QUAIS TENTAÇÕES?

Quais são essas tentações que a oração condena? Não penso que a oração tenha apenas o propósito de pedir a Deus que nos poupe de aflições para o nosso bem ou que nos livre de sofrer um castigo. É claro que devemos ficar felizes por não termos de enfrentar essas coisas, mas a oração aponta para outra forma de provação e pode ser parafraseada desta forma: "Salva-me, ó Senhor, das provações e dos sofrimentos que possam me levar ao pecado. Poupa-me de provações muito severas, para que eu não perca a paciência, a fé ou minha a perseverança".

Agora, sendo o mais breve que puder, mostrarei a vocês como os homens podem ser levados à tentação pela mão de Deus.

Podemos ser levados à tentação primeiramente *pela retirada da graça divina*. Suponhamos por um momento — trata-se apenas de uma suposição — que o Senhor decidisse abandonar a todos nós; todos nós pereceríamos rapidamente. Mas suponhamos — e esta não é uma vã suposição — que Ele decidisse tirar um pouco de Sua força de nós. Não ficaríamos em péssima situação? Suponhamos que Ele não mantivesse a nossa fé. Não mostraríamos grande falta de fé? Suponhamos que Ele não apoiasse a nossa fé; que incredulidade exibiríamos? Suponhamos que Ele se recusasse a nos apoiar em tempos de provação e, dessa forma, deixássemos de manter nossa integridade. O que seria de nós? Ah, o mais justo de todos os homens deixaria de ser justo, e o mais santo de todos os homens deixaria de ser santo. Suponha, caro amigo — você que anda na luz do semblante de Deus e carrega o jugo da vida de modo fácil porque Ele o sustenta —, suponha que a Sua presença fosse retirada de você. Qual deveria ser a sua porção?

Somos todos tão semelhantes a Sansão neste assunto que preciso trazê-lo à baila como ilustração, embora ele tenha sido usado com frequência, por outras pessoas, para esse propósito. Enquanto nossos cabelos não forem cortados, poderemos fazer tudo, qualquer coisa — rasgar a boca de leões, carregar os portões de Gaza e derrotar os exércitos estrangeiros. É pela marca divina consagrada que somos fortes no poder da força do Senhor, mas se Ele se afastar de nós e tentarmos agir sozinhos, seremos fracos como o menor de todos os insetos. Quando o Senhor se afastou de ti, ó Sansão, o que foi feito de ti a não ser ficar igual a qualquer outro homem? Então o grito: "Os filisteus vêm sobre ti, Sansão" é o soar melancólico de toda a tua glória. Sacodes em vão teus braços e pernas vigorosos. Agora teus olhos serão arrancados, e os filisteus zombarão de ti.

Ao ver uma catástrofe semelhante, nós também poderemos suplicar em agonia. Orem então: "Senhor, não me abandones; não me deixes cair em tentação. Não retires o teu Espírito de mim".

> Sustenta-nos, Senhor, ó sustenta-nos sempre,
> Vã é a nossa esperança sem tua presença.
> Somos teus, ó sustenta-nos sempre,
> Até contemplarmos teu rosto no Céu.
> Lá nós te louvaremos
> Por toda a eternidade.
>
> Toda nossa força nos faltará
> Se tu, Senhor, nos abandonares;
> Nada portanto nos satisfará,
> E certamente seremos derrotados.
> Aqueles que nos odeiam
> A partir de então passariam a nos entender.

Outro conjunto de tentações encontra-se nas *condições oportunas*. Usarei as palavras de Agur, filho de Jaque, como ilustração: "Afasta de mim a falsidade e a mentira; não me dês nem a pobreza nem a riqueza; dá-me o pão que me for necessário; para não suceder que, estando eu farto, te negue e diga: Quem é o Senhor? Ou que empobrecido, venha a furtar e profane o nome de Deus". Alguns de nós nunca saberemos qual é o significado de privação porque vivemos em conforto social desde nossa juventude. Caros amigos, quando vemos o que a extrema pobreza tem forçado alguns homens a fazer, como vamos saber se não nos comportaríamos de maneira pior se fôssemos pressionados de forma tão intensa quanto eles? Podemos ficar horrorizados e dizer: "Senhor, quando vejo famílias pobres amontoadas em um cômodo pequeno onde mal há espaço para viver decentemente, quando vejo crianças chorando de fome porque não há pão suficiente, quando vejo homens vestindo roupas tão ralas que não conseguem proteger-se do frio, eu oro a ti suplicando que não me sujeites a sofrer tal provação, porque receio que, se estivesse em condição semelhante, eu estenderia minha mão para roubar. Não me deixes cair na tentação de desejar mais do que preciso".

E, por outro lado, olhe para as tentações do dinheiro quando os homens têm mais para gastar do que possam necessitar e ao redor deles há uma sociedade que os tenta a apostar em corridas e jogos, a envolver-se com prostituição e todas as outras formas de iniquidades. O moço que tem em mãos uma fortuna antes de ter discernimento suficiente e é cercado de lisonjeadores e bajuladores, todos querendo defraudá-lo — vocês se admiram de ele ser levado a ter má conduta e tornar-se um homem moralmente arruinado? Como um navio que transporta uma carga muito preciosa e é assaltado por piratas, ele nunca está livre do perigo; não é de se admirar saber que ele nunca chegará seguro ao porto? As mulheres o tentam, os homens o bajulam, mensageiros desprezíveis do diabo o lisonjeiam, e o moço simplório vai atrás deles como um boi para o matadouro ou como um pássaro voando rápido em direção à armadilha, sem saber que perderá a vida. Vocês que nunca conheceram a tentação agradeçam ao Céu, porque se ela for colocada em seu caminho, também correrão grande perigo. Se as riquezas e a honra os atraírem, não corram ansiosamente atrás delas, mas orem: "Não nos deixes cair em tentação".

As condições oportunas quase sempre põem os homens à prova. Há um homem muito pressionado para ter dinheiro disponível para gerir seus negócios. Como ele conseguirá saldar aquela conta tão alta? Se não conseguir pagá-la, será a ruína de sua família; o ramo comercial com o qual ele ganha a vida fracassará; todos sentirão vergonha dele; seus filhos serão rejeitados; ele irá à falência. Tudo o que ele pode fazer é usar um dinheiro que lhe foi confiado. O homem não tem o direito de arriscar nem um centavo desse dinheiro porque não é dele, mas pode ser que, se usá-lo temporariamente, ele poderá resolver o problema. O diabo lhe diz que ele poderá devolver o dinheiro em uma semana. Se tocar naquele dinheiro, aquele homem se tornará um trapaceiro, mas ele diz: "Ninguém será prejudicado, e será um excelente empréstimo" e assim por diante. Se ele concordar com a sugestão e tudo der certo, alguém dirá: "Bom, afinal, até que foi bom; ele adotou uma atitude prudente, porque o salvou da ruína". Mas se der errado, e ele for descoberto, todos dirão: "Foi um roubo vergonhoso. O homem devia ser deportado". Mas, irmãos, o erro estava na ação em si, e as consequências não o tornaram melhor nem pior. Não condenem com crueldade, mas orem outra vez e outra vez: "Não nos deixes cair em tentação. Não nos deixes cair em tentação". Vocês estão vendo que Deus coloca os homens nesse tipo de posição oportuna nas ocasiões em que são severamente provados. Se eles forem tentados para o próprio bem, e vencerem a provação, engrandecerão a graça de Deus e se tornarão mais fortes; o teste é benéfico quando consegue ser vencido, e Deus nem sempre protege Seus filhos desse teste. Nosso Pai celestial nunca teve a intenção de nos envolver em Sua proteção e evitar que sejamos tentados, porque isso não faz parte do sistema que Ele planejou com sabedoria para a nossa educação. Ele não quer que sejamos bebês andando em carrinhos de mão pelo resto da nossa vida. Ele criou Adão e Eva no jardim, e não colocou uma cerca de ferro ao redor da Árvore do Conhecimento e disse: "Vocês não podem entrar aí". Não, Ele avisou-os para que não tocassem no fruto, mas Adão e Eva poderiam tocar na árvore se quisessem. A intenção de Deus era que eles tivessem a possibilidade de chegar à dignidade de serem fiéis voluntariamente, se permanecessem firmes, mas eles perderam a dignidade porque pecaram. Em Sua nova criação, Deus não deseja proteger Seu povo de todo o tipo de teste e provação, porque isso produziria hipócritas e até os fiéis se tornariam fracos e insignificantes. Às vezes, o Senhor coloca os Seus escolhidos no lugar onde são provados, e agimos corretamente quando oramos: "Não nos deixes cair em tentação".

E há tentações que surgem de *condições físicas*. Há alguns homens de caráter íntegro porque têm saúde; há outros de má conduta que, não tenho dúvida, se soubéssemos tudo a respeito deles, lhes mostraríamos um pouco de leniência por causa da estrutura infeliz de sua constituição. Ora, há muitas pessoas que são alegres e generosas por natureza, ao passo que outras precisam esforçar-se muito para não cair no desespero ou na misantropia. Doença no fígado, palpitações cardíacas e problemas no cérebro são difíceis de enfrentar. Por que aquela senhora idosa reclama tanto? Faz apenas 30 anos que ela sofre de reumatismo, e ainda resmunga de vez em quando! Como seria se vocês sentissem as dores dela por trinta minutos? Ouvi a história de um homem que reclamava de todo mundo. Quando ele morreu, os médicos abriram seu crânio e descobriram que sua caixa craniana provocava convulsões e que o homem padecia de irritação cerebral. Isso não explica a grande maioria de suas numerosas reclamações? Ao mencionar esses assuntos, não tenho a intenção de justificar o pecado, mas para que você e eu tratemos esse tipo de pessoas da forma mais educada possível e oremos: "Senhor, não permitas que minha caixa craniana seja daquela forma, e não permitas que eu sofra de reumatismo ou sinta essas dores, porque, se fosse torturado dessa forma, eu seria pior do que eles. Não nos deixes cair em tentação".

Repetindo, então, as *condições mentais* quase sempre provocam grandes tentações. Quando um homem fica deprimido, ele é tentado. Aqueles entre nós que se alegram com muita frequência costumam afundar tanto quanto emergem, e quando tudo parece tenebroso ao nosso redor, Satanás certamente aproveita a ocasião para sugerir desânimo. Deus proíbe que usemos de subterfúgios para nos justificar, mas, caro irmão, ore para não cair em tentação. Se você fosse muito propenso ao nervosismo e abatimento de espírito como o amigo que você acusou de viver deprimido, talvez agisse de forma pior do que ele, portanto tenha piedade em vez de condenar.

E, por outro lado, quando a alma está vibrando de contentamento e o coração está pronto para dançar de alegria, a frivolidade instala-se com facilidade e as palavras tornam-se inoportunas. Ore ao Senhor para não se sentir tão entusiasmado nem tão imerso a ponto de ser conduzido a pecar. "Não nos deixes cair em tentação" deve ser a nossa oração frequente.

Além disso, há tentações que surgem de *relacionamentos pessoais*, que o destino coloca em nosso caminho. Devemos evitar más companhias, mas há casos em que as pessoas se envolvem com indivíduos maus sem ter culpa alguma. Cito como exemplo a criança inocente cujo pai diz palavrões o tempo todo, e a mulher piedosa recém-convertida, cujo marido não para de praguejar e blasfema o nome de Cristo. Ocorre o mesmo com o operário que precisa trabalhar em fábricas nas quais seus colegas indecentes proferem um palavrão em cada dez palavras e deixam escapar aquela linguagem obscena que nos choca mais e mais a cada dia que passa. Penso que nossos operários em Londres falam mais palavrões do que antes; pelo menos, ouço com mais frequência esse linguajar grosseiro quando caminho pelas ruas ou paro em algum lugar. Bem, se as pessoas são obrigadas a trabalhar nesses lugares ou conviver com essas famílias, poderá chegar o dia em que, sob a pressão de ser engraçado ou por zombaria ou sarcasmo, o coração fique um pouco atemorizado e a língua se recuse a falar em nome de Cristo. Esse silêncio e covardia não devem ser justificados, mas, em vez de censurar seu irmão, digam: "Senhor, não nos deixes cair em tentação". Como vocês podem saber se seriam mais corajosos? Pedro intimidou-se diante de uma criada tagarela, e vocês poderão acovardar-se por causa da língua de uma mulher. A pior tentação que conheço para um moço cristão é conviver com um hipócrita — um homem tão santarrão e reservado que o jovem, enganado pelas aparências, confia plenamente naquele infeliz que tem falsidade no coração e vida corrupta. E são esses hipócritas que, com o pretexto e a presunção de santidade, são capazes de nos fazer derramar lágrimas de sangue. Os moços são facilmente confundidos e muitos têm a vida deformada em suas características espirituais por associar-se a pessoas como essas. Quando você vir erros gerados por essas causas comuns, porém horríveis, diga a si mesmo: "Senhor, não me deixes cair em tentação. Eu te agradeço pelos pais piedosos, pelos relacionamentos cristãos e bons exemplos, pois o que seria de mim se tivesse sido submetido àquela vicissitude? Se as más influências tivessem me atingido quando eu estava sendo conduzido como um navio, teria mostrado falhas mais grosseiras que aquelas que vejo agora nos outros".

E, assim, eu devo continuar a insistir para que vocês orem, caros amigos, contra as várias tentações; mas permitam-me dizer: o Senhor tem *provações muito especiais* para alguns homens, como pode ser visto no caso de Abraão. Deus concede-lhe um filho na velhice e depois diz a ele: "Toma teu filho, teu único filho [...] oferece-o ali em holocausto". Você agirá corretamente ao orar: "Senhor, não me deixes cair em tentação como aquela. Não sou digno de ser tão tentado. Ó, não me proves". Conheço alguns cristãos que se sentam e imaginam se poderiam ter agido como o patriarca agiu. É tolice demais, caro irmão. Quando você receber esse chamado, conseguirá fazer o mesmo sacrifício pela graça de Deus, mas se não for chamado, por que deverá receber poder? Para deixar a graça de Deus sem uso? Sua força será igual ao seu dia, mas não o excederá. Eu gostaria que você pedisse para ser poupado de provações mais severas.

Outro exemplo é visto em Jó. Deus entregou Jó a Satanás, mas impôs um limite, e vocês sabem o quanto Satanás o atormentou e tentou destruí-lo. Se um homem orasse: "Senhor, prova-me como provaste Jó", seria uma oração muito imprudente. "Ó, mas eu seria tão paciente quanto ele", vocês diriam. Vocês se entregariam à amargura e amaldiçoariam o seu Deus. O homem capaz de mostrar a paciência de Jó será o primeiro, de acordo com o mandamento de Deus, a orar fervorosamente: "Não nos deixes cair em tentação". Caros amigos, devemos estar preparados para a provação se essa for a vontade de Deus, mas não devemos buscá-la; ao contrário, devemos orar contra ela à semelhança de nosso Senhor Jesus que, embora estivesse pronto para beber o cálice amargo, exclamou em agonia: "Pai, se queres, passa de mim este cálice". As tentações que procuramos não são aquelas que o Senhor prometeu abençoar. Nenhum filho de verdade pede para ser açoitado com vara.

Para explicar de uma forma que seja entendida com mais clareza, vou contar uma velha história. Li nessa história que dois homens foram condenados a morrer como mártires na época da rainha Maria em que os cristãos eram queimados. Um deles vangloriou-se em voz alta ao seu companheiro dizendo-se confiante de que poderia ser amarrado ao poste. Não se importava com o sofrimento; ele era tão firme no evangelho que jamais o negaria. Disse que aguardava com ansiedade a manhã fatal da mesma forma que a noiva aguarda o casamento. Seu companheiro preso na mesma cela era uma pobre alma trêmula que não queria nem poderia negar seu Mestre, mas disse ao outro que estava com muito medo do fogo. Disse que sempre fora muito sensível ao sofrimento e que tinha pavor do momento em que seu corpo começasse a arder nas chamas, porque a dor poderia fazê-lo negar a verdade. Suplicou, então, ao amigo que orasse por ele e passou a maior parte do tempo chorando por causa de sua fraqueza e implorando força a Deus. O outro censurou-o o tempo todo e repreendeu-o por ser tão incrédulo e fraco. Quando ambos chegaram perto do poste, aquele que havia dito ser muito corajoso negou tudo ao ver o fogo e voltou vergonhosamente para uma vida de apostasia, ao passo que o coitado que tremia de medo e orou: "Não me deixes cair em tentação" permaneceu firme como uma rocha, louvando e exaltando o Senhor enquanto era queimado até seu corpo ser reduzido a cinzas. A fraqueza é a nossa força; a nossa força é a fraqueza. Clamem a Deus para que Ele não os prove além de suas forças, e na ternura encolhida de sua fraqueza consciente murmurem a oração: "Não nos deixes cair em tentação". E se Deus os conduzir ao conflito,

Seu Santo Espírito os fortalecerá, e vocês serão corajosos como um leão diante do adversário.

Apesar de estarem trêmulos e encolhidos dentro de si mesmos diante do trono de Deus, vocês confrontarão o diabo e todas as hostes do inferno sem um pingo de medo. Pode parecer estranho, mas é verdade.

QUE LIÇÕES ESSA ORAÇÃO ENSINA?

Entre as lições que essa oração ensina, a primeira é esta: *Nunca se vanglorie de sua força*. Nunca diga: "Oh, eu jamais cairei nessas tolices e nesses pecados. Podem me tentar. Serei mais forte do que eles". Não se gabe quem se cinge como aquele que vitorioso se descinge. Nunca se entreguem a um pensamento de congratulações como se a força fosse sua. Sozinhos, vocês não têm nenhum poder: são tão fracos como água. O diabo precisa apenas tocar em vocês no lugar certo, e vocês agirão de acordo com a vontade dele. Se uma pedra solta, ou duas, se movimentarem, vocês logo verão que a casa frágil de sua virtude natural se desmoronará rapidamente. Nunca busquem a tentação gabando-se de sua capacidade.

O próximo tópico é *jamais querer ser provado*. Alguém já fez isso? Sim. Ouvi um homem dizer outro dia que Deus o havia feito prosperar tanto que ele receava não ser filho de Deus, porque os filhos de Deus eram castigados, portanto ele quase desejava ser afligido. Caro irmão, não deseje isso; você logo encontrará problema. Se eu fosse um menino, penso que não diria ao meu irmão que acabou de apanhar de chicote: "Acho que não sou filho de meu pai e receio que ele não me ame porque não estou sendo castigado com vara. Gostaria que meu pai batesse em mim só para saber que ele me ama". Não. Nenhum filho seria tão tolo. Não há nenhum motivo para sermos afligidos ou provados, mas devemos orar: "Não nos deixes cair em tentação".

O tópico a seguir é *jamais cair em tentação*. O homem que ora: "Não nos deixes cair em tentação" e em seguida cai em tentação é mentiroso perante Deus. O homem precisa ser muito hipócrita para proferir essa oração e depois ir a uma casa de *shows*! Como é falso aquele que faz essa oração e depois senta-se no bar, bebe e conversa com homens depravados e mulheres vestidas com exagero! "Não nos deixes cair em tentação" é uma profanação vergonhosa quando parte da boca de homens que frequentam lugares de divertimento onde o tom de moral é ruim. "Ah", vocês dirão, "o senhor não deveria nos dizer essas coisas". Por que não? Alguns de vocês agem assim, e faço questão de repreender o mal onde ele for encontrado e continuarei a repreendê-lo enquanto esta minha língua se movimentar. Há um mundo de hipocrisia por aí. As pessoas vão à igreja e dizem: "Não nos deixes cair em tentação". Elas sabem onde se encontra a tentação, mas vão direto ao seu encontro. Vocês não precisam pedir a Deus que não os deixe cair em tentação; isso é irrelevante para Ele. O diabo e vocês, e mais ninguém, terão sucesso sem ridicularizar Deus com suas orações hipócritas. O homem que peca voluntariamente e de olhos abertos e depois ajoelha-se e repete meia dúzia de vezes em sua igreja na manhã de domingo: "Não nos deixes cair em tentação" é um hipócrita sem máscaras. Deixem que ele vá para casa e acredite que falei diretamente a esse hipócrita descarado.

A última palavra é, se vocês orarem a Deus para não caírem em tentação, *não façam os outros caírem em tentação*. Algumas pessoas parecem particularmente esquecidas do efeito de seu exemplo porque fazem coisas erradas na presença dos filhos e de quem as admira. Oro para que vocês entendam que esse é um mau exemplo que destrói os outros e vocês. Não faça nada, meu caro irmão, que venha a envergonhá-lo ou que você não queira que os outros imitem. Seja correto o tempo todo e não permita que Satanás o use para destruir a alma de outras pessoas. Você ora: "Não nos deixes cair em tentação"? Então não faça seus filhos caírem em tentação. Durante as épocas festivas, se eles forem convidados para ir a uma festa na casa da família de fulano de tal, onde haverá de tudo menos aquilo que os fará crescer espiritualmente ou ensinar-lhes bons princípios morais, não lhes dê permissão. Imponha sua autoridade. Seja firme. Depois de orar: "Não nos deixes cair em tentação", não seja hipócrita permitindo que seus filhos vão à festa.

Que Deus abençoe estas palavras para nós. Que elas caiam fundo em nossa alma, e se sentirem que pecaram, ó, que peçam perdão imediatamente por meio do sangue precioso de Cristo e sejam perdoados pela fé que têm nele. Quando você já experimentou a misericórdia, que o seu próximo desejo seja o de não pecar no futuro como fizeram antes, portanto orem: "Não nos deixes cair em tentação". Deus os abençoe.

Este sermão foi extraído de *O Púlpito do Tabernáculo Metropolitano* e pregado no Tabernáculo Metropolitano, em Newington, em 1878.

10

A MENOR ORAÇÃO DE PEDRO

Salva-me, Senhor! (Mateus 14:30)

Falarei sobre as características desta oração na esperança de que possa haver muitos que não a fizeram corretamente e que possam precisar transformá-la em sua nesta noite, de forma que esse clamor possa elevar-se de muitos aqui presentes: "Salva-me, Senhor!".

Onde Pedro fez essa oração? Não foi num lugar separado para adoração pública, nem em seu habitual local privativo para oração; ele a proferiu enquanto afundava na água. Estava em grande perigo, e assim clamou: "Salva-me, Senhor!". É muito bom se reunir com o povo de Deus para oração, caso vocês possam fazê-lo, mas se não puderem ir à casa do Senhor, não importa muito, pois a oração pode ascender ao Céu de qualquer lugar do mundo. É bom possuir um local especial onde possa orar em seu lar; a maioria de nós, provavelmente, tem certa poltrona ao pé da qual nos ajoelhamos para orar e sentimos que podemos conversar mais livremente com Deus deste lugar. Ao mesmo tempo, nunca devemos nos permitir nos escravizar até mesmo a tão bom hábito como esse e precisamos sempre nos recordar de que, se realmente queremos encontrar o Senhor pela oração —

> Onde quer que o busquemos, Ele será encontrado,
> E qualquer lugar será solo sagrado.

Podemos orar a Deus quando ocupados em qualquer afazer, desde que lícito; se for ilícito não devemos nos envolver nele. Se houver qualquer coisa que pratiquemos sobre a qual não possamos orar, jamais devemos ousar praticá-la novamente; se houver alguma ocupação da qual digamos: "Não podemos orar enquanto fazemos isso", está claro que esta ocupação é um erro.

O hábito de orar diariamente deve ser mantido. É útil que tenhamos horas regulares para nossa devoção e um local para o qual recorramos para orar sempre que possível; ainda assim, o espírito da oração é ainda melhor do que o hábito de orar. É melhor poder orar o tempo todo do que transformar em regra a oração em determinados horários e ocasiões. O cristão está mais plenamente crescido na graça quando ora sobre tudo, do que estaria se somente orasse sob certas condições e circunstâncias. Sempre sinto que há algo errado se eu ficar sem orar por, pelo menos, meia hora do dia. Não consigo entender como um homem cristão pode passar desde a manhã até a noite sem a oração. Não compreendo como ele vive e como combate nas batalhas da vida sem clamar pelo cuidado protetor de Deus, enquanto os dardos da tentação voam com muita insistência ao seu redor. Não imagino como consegue decidir sobre o que fazer em tempos de perplexidade, como pode ver suas próprias imperfeições ou as faltas dos outros, sem se sentir constrangido a repetir o dia todo: "Ó Senhor, guia-me; ó Senhor, perdoa-me; ó Senhor, abençoa meu amigo!". Não cogito como ele pode receber, continuamente, as misericórdias do Senhor, sem dizer: "Graças dou a Deus, por essa nova prova de Sua graça! Bendito seja o nome do Senhor pelo que faz por mim em Sua abundante misericórdia! Ó Senhor, lembra-te de mim com o favor que mostras ao Teu povo!". Não se satisfaçam, queridos irmãos e irmãs em Cristo, a menos que possam orar em qualquer lugar e o tempo todo e assim obedecer à imposição apostólica: "Orai sem cessar".

Já lembrei a vocês, caros amigos, que Pedro fez essa oração quando estava em circunstâncias de perigo iminente. "Começando a submergir, gritou: Salva-me, Senhor!". Contudo, alguém pergunta: ele não deveria ter orado antes? Claramente que sim, mas se não o tivesse feito, não seria tarde demais. Não diga, com relação aos problemas: "Estou tão imerso nele, agora, que não posso pedir ajuda divina para isso". Por que não? "Acaso, para o Senhor há coisa demasiadamente difícil?" Seria bom que os discípulos tivessem orado antes que o primeiro sopro revoltoso da tempestade começasse a atirar-se sobre sua pequena embarcação, porém não seria tarde demais quando o barco parecia submergir. Desde que você tenha ânimo para orar, Deus terá ouvidos para ouvi-lo. Olhe para Pedro; ele começa a afundar. A água está na altura de seus joelhos, dos quadris, do pescoço, no entanto, ainda não é tarde demais para que clame: "Salva-me, Senhor!"; mal terminara de dizê-lo quando a mão de Jesus se estende para alcançar e guiá-lo novamente à embarcação. Então, cristão, clame a Deus, embora o diabo lhe diga que não vale a pena clamar; levante sua voz a Deus mesmo que esteja debaixo dos pés do tentador. Diga a Satanás: "Não se regozije em mim, ó meu inimigo, pois quando eu cair, me levantarei"; mas não se esqueça de clamar ao Senhor. Clame a Deus por seus filhos mesmo que sejam os mais ímpios, quando a impiedade deles quase parte seu coração. Clame por aqueles a quem ensina na Escola Dominical; ainda que lhe pareça que o caráter deles esteja se desenvolvendo da pior forma possível, ore por eles. Pouco importa se o que pede em seu favor pareça ser impossível, pois Deus "é poderoso para fazer infinitamente mais do que tudo quanto pedimos ou pensamos".

Eu também diria a qualquer não-convertido que está debaixo da condenação do pecado — "amigo, se você estiver começando a afundar, ore mesmo assim. Se seus pecados o encaram e ameaçam levá-lo ao desespero, ainda assim aproxime-se de Deus em oração. Embora pareça que o inferno tenha aberto sua boca para sorvê-lo, levante sua voz a Deus. Enquanto há vida, há esperança.

> Enquanto a chama da lâmpada brilhar,
> O mais vil pecador pode retornar;

E o mais desprezível pecador que retornar encontrará o Senhor capaz e desejoso por salvá-lo. Jamais creia naquela mentira satânica de que a oração não prevalecerá com Deus. Aproxime-se como o publicano, batendo em seu peito e clamando: "Ó Deus, sê propício a mim, pecador!", e descanse na certeza de que o Senhor está esperando para ser gracioso com você.

Não posso evitar de sentir que a curta e simples oração de Pedro foi pronunciada no tom de voz mais natural: "Salva-me, Senhor!". Que oremos da forma como o Espírito de Deus nos dita que façamos e da maneira que a profunda tristeza e humilhação de nosso coração naturalmente nos sugere que façamos. Muitos homens que oram em público adquirem o hábito de usar certos tons na oração que são qualquer coisa, menos natural, e temo que alguns, até mesmo em seu momento privado, falham em orarem de forma natural. Qualquer discurso que não for natural é ruim; o melhor tom é aquele usado quando se conversa sóbria e sinceramente sobre o que se diz, e essa é a melhor forma de orar. Fale com sinceridade; não gema, use jargões ou recite, mas derrame sua alma da forma mais simples e natural que puder. Pedro estava em grandíssimo perigo para imprimir qualquer refinamento à sua oração; estava consciente do perigo para considerar como frasearia, ao contrário, apenas expressou o forte desejo de sua alma da maneira mais simples possível: "Salva-me, Senhor!". Essa oração foi ouvida, e Pedro foi salvo de afogar-se, assim como um pecador será salvo do inferno se conseguir orar de forma idêntica.

Agora, com relação à própria oração de Pedro, sugiro que seja cabível para todos que possam, de alguma forma, orar.

A ORAÇÃO DE PEDRO FOI BREVE

A oração que Pedro fez foi breve. Havia apenas duas palavras: "Salva-me, Senhor!". Creio que a excelência da oração muitas vezes consiste em sua brevidade. Vocês devem ter notado a extrema brevidade da maioria das orações que foram preservadas nas Escrituras. Uma das mais longas é a oração de nosso Senhor, registrada por João, a qual, suponho, deva ter durado cerca de cinco minutos; e há a oração de Salomão na dedicação do Templo, que deve ter tomado seis minutos. Quase todas as outras orações na Bíblia são muito breves e, provavelmente, em nossos cultos públicos nossas orações durem mais do que todas juntas. Talvez isso se explique quando há muitas petições a serem apresentadas por uma só pessoa a favor de uma grande congregação, mas em nossas reuniões de oração onde há muitos para falar, tenho certeza de quanto mais longa a prece, pior ela é. Naturalmente, há exceções a esta regra. Às vezes, o Espírito de Deus inspira um homem de tal forma que, se ele permanecer orando a noite toda, ficaríamos alegres em nos unir a ele nesse santo exercício. No entanto, como regra geral, o Espírito de Deus não age assim. Há muitos que oram prolongadamente quando têm menos a dizer e apenas prosseguem repetindo certas expressões piedosas que se tornam sem sentido pela monótona reiteração. Lembrem-se, queridos amigos, quando vocês estiverem orando, pública ou pessoalmente, que não têm de ensinar ao Senhor um sistema de teologia; Ele sabe infinitamente mais sobre teologia do que vocês. Não precisam explicar a Deus toda a experiência que um cristão deve ter, pois Ele sabe disso melhor do que vocês. E não há necessidade de percorrer todas as agências, instituições e campos missionários. Digam ao Senhor o que está em seu coração em menos palavras possível e deixem tempo e oportunidade para que os outros façam o mesmo.

Pergunto-me se há alguém aqui que já disse: "Não tenho tempo para a oração". Querido amigo, você ousa deixar seu lar de manhã sem dobrar os joelhos diante de Deus? Pode aventurar-se a fechar seus olhos à noite, e vestir a imagem da morte, sem primeiramente entregar-se ao cuidado divino durante as horas de sono inconsciente? Não compreendo como pode viver uma vida descuidada como essa. Contudo, com certeza, você não quis dizer que não teve que oferecer uma oração como a de Pedro: "Salva-me, Senhor!". Quanto tempo precisa para essa oração? Ou quem sabe para orar: "Deus, sê propício a mim, pecador"? Se percebesse sua verdadeira condição diante de Deus, você encontraria tempo para orar de uma ou de outra forma, porque sentiria que precisa orar. Nunca ocorreu a Pedro, enquanto começava a submergir, que não havia tempo para a oração. Sentiu que devia orar; seu senso de perigo o forçou a clamar a Cristo: "Salva-me, Senhor!". E se vocês se sentirem como deveriam de fato, seu senso de necessidade os dirigirá a orar; nunca mais repetirão: "Não tenho tempo para a oração". Não é uma questão de ter tempo, tanto quanto uma questão do coração; se tiver o coração inclinado a orar, encontrará tempo para fazê-lo.

Gostaria de encorajá-los a cultivar o hábito de orar brevemente todos os dias. Já lhes contei anteriormente sobre o puritano que, em um debate, foi visto fazendo anotações; quando as examinaram mais tarde, descobriu-se que não havia nada no papel senão: "Mais luz, Senhor! Mais luz, Senhor! Mais luz, Senhor!". Ele desejava luz sobre o assunto em discussão e, portanto, pediu-a ao Senhor. E essa é a maneira de orar. Durante o dia, vocês podem orar: "Dá-me mais graça, Deus. Subjuga meu temperamento, Senhor. Salva-me, Senhor". Orem assim e estarão imitando o bom exemplo de brevidade em oração que nosso texto coloca diante de vocês.

A ORAÇÃO DE PEDRO FOI ABRANGENTE

A oração de Pedro era maravilhosamente abrangente e adaptável para ser usada em muitas ocasiões. Cobriu as necessidades de Pedro, naquele momento, e ele deve ter continuado a usá-la por toda sua vida. Quando seu Mestre lhe falou que Satanás desejava tê-lo para peneirá-lo como trigo, ele deve ter orado: "Salva-me, Senhor!". Quando negou o Mestre e retirou-se para prantear amargamente, deve ter sido uma boa ocasião para que clamasse: "Salva-me, Senhor!". Quando, mais tarde, viajava para cá e para lá pregando o evangelho, poderia ainda orar: "Salva-me, Senhor!"; quando, finalmente, foi levado para ser crucificado por amor a Cristo, dificilmente poderia encontrar melhor oração com a qual encerrar sua vida: "Salva-me, Senhor!".

Assim como Pedro descobriu que essa oração era tão adequada a si próprio, eu a recomendo para cada um aqui. Você enriqueceu ultimamente? Então pode ser tentado a se tornar orgulhoso e mundano; ore: "Salva-me, Senhor, dos males que frequentemente vêm com as riquezas; tu me dás esses bens, ajuda-me a ser bom mordomo e a não fazer deles ídolos". Ou está empobrecendo? Seu negócio está passando por fracassos? Suas poucas economias se foram? Bem, há perigos ligados à pobreza; por isso ore: "Salva-me, Senhor, de me tornar invejoso ou descontente; torna-me disposto a ser pobre em vez de fazer qualquer coisa errada a fim de conseguir dinheiro". Você sente, caro amigo, que não está vivendo tão próximo a Deus quanto antes? A influência esfriadora do mundo está se apoderando de você? Então, ore: "Salva-me, Senhor". Caiu em algum pecado que teme poder trazer desgraça para sua profissão de fé? Bem, antes que esse pecado cresça, ore: "Salva-me, Senhor!". Já chegou a uma situação em que seus pés quase resvalaram? O precipício está diante de você, e sente que, se alguma força mais poderosa do que a sua não se interpor, cairá ferindo-se gravemente, ou quem sabe será sua destruição. Ore imediatamente: "Salva-me, Senhor!". Posso recomendar essa oração quando você estiver sobre o turbulento mar, mas ela será igualmente aplicável quando estiver em terra seca: "Salva-me, Senhor!". Posso indicá-la como adequada quando estiver próximo aos portões da morte, mas também lhe servirá quando estiver com vigorosa saúde: "Salva-me, Senhor!". E se puder acrescentar à oração: "Senhor, salva meus filhos, parentes e vizinhos", será ainda melhor. Mesmo assim, esta é uma oração admirável para você, pessoalmente, para que a leve consigo onde quer que for: "Salva-me, Senhor!".

A ORAÇÃO DE PEDRO FOI DIRETA

A oração de Pedro foi muito direta. Não serviria a Pedro, naquele momento, usar os vários títulos que, merecidamente, pertencem a Cristo, ou ter pedido milhares de coisas, por isso ele foi direto ao ponto de sua necessidade imediata e clamou: "Salva-me, Senhor!". Quando um de nossos queridos amigos, que ultimamente foi para o Céu, estava muito doente, um de seus filhos orou com ele. Começou de forma muito apropriada: "Pai Todo-poderoso, Criador do Céu e da Terra, nosso Criador" — no entanto, o doente interrompeu-o e disse: "Filho querido, sou um pobre pecador e desejo a misericórdia de Deus; diga: 'Senhor, salva-o'!". Ele queria que seu filho chegasse ao ponto, e me identifico com ele, pois, muitas vezes, quando algum de nossos queridos irmãos ora aqui e começa a usar de rodeios, desejo que cheguem direto ao ponto e peçam o que realmente precisam. Ficam rodeando a casa, em vez de bater à porta e buscar entrar. A oração de Pedro nos demonstra como ir diretamente ao âmago da questão: "Salva-me, Senhor!".

Muitas pessoas fracassam em receber respostas às suas orações porque não vão direto a Deus e confessam os pecados que cometeram. Havia um membro de uma igreja cristã que, certa vez, caiu vergonhosamente na bebedeira. Estava muito arrependido e pediu a seu pastor que orasse por ele, mas não queria contar qual pecado havia cometido. O pastor orou e depois pediu ao irmão que ele próprio orasse. O pobre homem disse: "Senhor, tu sabes que errei e fiz o mal", e assim por diante, fazendo uma confissão geral, o que não lhe trouxe paz mental. Sentiu que não poderia ir embora assim, então ajoelhou-se novamente e falou: "Senhor, tu sabes que me embebedei; foi um pecado vergonhoso que cometi, mas estou verdadeiramente pesaroso; ó, Senhor, perdoa-me, por amor a Jesus!". Antes mesmo de terminar sua oração, encontrou paz por haver simplesmente confessado seu pecado a Deus e não buscar mais escondê-lo. Vocês lembram que Davi não conseguiu ter paz até que chegou ao ponto de orar: "Livra-me dos crimes de sangue, ó Deus, Deus da minha salvação, e a minha língua exaltará a tua justiça". Antes disso, ele havia tentado suavizar seu grande pecado; mas não houve descanso para sua consciência até que fizesse completa confissão de sua culpa, e após isso pôde dizer: "Sacrifícios agradáveis a Deus são o espírito quebrantado; coração compungido e contrito, não o desprezarás, ó Deus". Que nossas orações, quer por nós mesmos ou por outros, e especialmente nossa confissão de pecado, cheguem diretamente ao ponto e não fiquem fazendo rodeios. Se algum de vocês estiver usando formas de oração que não obtêm nenhuma resposta às suas súplicas, coloquem-nas de lado e simplesmente dirija-se ao Senhor e diga-lhe francamente o que quer. Sua oração, então, será algo provavelmente como: "Ó Deus, sou um pecador perdido! Tenho sido descuidado com as coisas divinas; tenho ouvido o evangelho e não o obedeço. Senhor, perdoa-me, salva-me, faz de mim Teu filho, e permite a mim, e à minha família também, sermos totalmente Teus para sempre". Essa é a oração que Deus ouve e responde.

A ORAÇÃO DE PEDRO TINHA SOLIDEZ

A oração de Pedro foi muito sólida em termos de doutrina. Parece que ele não tinha qualquer ideia de salvar-se a si mesmo do afogamento; não parece ter pensado que houvesse em si mesmo qualquer propriedade flutuadora natural que o mantivesse boiando ou que poderia nadar até o barco; mas "começando a submergir, gritou: Salva-me, Senhor!". Uma das tarefas mais difíceis do mundo é conseguir que um homem abra mão de toda sua autoconfiança e, de coração, ore: "Salva-me, Senhor!". Ao contrário disso, ele diz: "Ó Senhor, não me sinto como deveria; quero sentir mais minha pobreza; quero sentir mais alegria; quero sentir mais santidade". Vejam, ele está colocando sentimentos no lugar da fé; está, por assim dizer, traçando uma trilha pela qual deseja que Deus ande, em vez de ele andar no caminho que Deus sinalizou para todos que desejam ser salvos. Outro homem está buscando corrigir-se a si mesmo, de forma a tornar-se apto ao Céu; ora em harmonia com essa ideia e, claro, não obtém resposta. Gosto de ouvir orações como esta: "Ó, Senhor, não posso salvar-me e não peço que tu me salves de qualquer forma que eu te prescreva; Senhor, salva-me de qualquer maneira, apenas salva-me! Satisfaço-me em ser salvo pelo precioso sangue de Jesus. Satisfaço-me em ser salvo pela obra regeneradora do Espírito Santo. Sei que preciso nascer de novo se quiser entrar no Céu; desperta-me, ó bendito Espírito! Sei que preciso abandonar meus pecados. Senhor, não desejo mantê-los, salva-me deles por Tua graça, humildemente imploro. Sei que somente tu podes fazer essa obra; não posso sequer levantar um dedo para ajudar-te com isso; então, salva-me, Senhor, por amor à Tua imensa misericórdia!". Essa é uma verdade doutrinal sólida — salvação totalmente por graça, não do homem, não pelo homem; não "do sangue, nem da vontade da carne, nem da vontade do homem, mas de Deus"; salvação de acordo com o eterno propósito do Pai pela operação efetiva do Espírito Santo, por meio do sacrifício substitutivo de Jesus Cristo. Quando um pecador está disposto a aceitar a salvação nos termos divinos, sua oração ascenderá aceitavelmente ao Altíssimo: "Senhor, salva-me!".

A ORAÇÃO DE PEDRO FOI PESSOAL

A oração de Pedro foi muito pessoal. Pedro não pensou em qualquer outra pessoa naquele momento; e quando uma alma preocupa-se com seus interesses eternos, é melhor que, inicialmente, mantenha seus pensamentos para si mesma e ore: "Salva-me, Senhor!". Sim, na vida após a morte de um cristão, haverá momentos em que lhe seria melhor, por um tempo, esquecer-se de todos os outros e simplesmente orar: "Salva-*me*, Senhor!". Aqui estamos, uma grande congregação, reunida por vários motivos; e talvez alguns aqui, que ainda não se interessam pessoalmente por Cristo podem, vagamente, estar esperando que Deus abençoe alguém nesta assembleia; mas, se o Espírito Santo começar a agir sobre o coração e a consciência de algum indivíduo, o condenado começará a orar: "Salva-*me*, Senhor! Já ouvi de muitos outros que foram trazidos a Jesus; mas Senhor, salva-*me*. Minha querida irmã já se converteu e fez sua profissão de fé; contudo, salva-*me*, Senhor. Tive uma mãe piedosa que já partiu para a glória; e meu querido pai caminha em Teu temor; não permitas que o filho deles seja um náufrago, salva-*me*, Senhor!".

Rogo a todos aqui que façam essa oração pessoal e imploro a todos quantos amam ao Senhor que se unam a mim na súplica para que seja assim. Vejo algumas menininhas ali; queridas crianças, cada uma de vocês não fará essa oração? Peço ao Espírito Santo que as mova a clamar: "Senhor, salve a pequena Annie", ou "Senhor, salve a pequena Mary"; e que vocês meninos sejam igualmente tocados a orar: "Senhor, salva o Tom", ou "Senhor, salva o Harry". Ore por si mesmo dessa forma simples e quem sabe qual bênção pode sobrevir a vocês? E vocês, mães, com certeza não deixarão que eles orem por si próprios, enquanto vocês permanecem sem orar; vocês clamarão: "Salva-me, Senhor"? E vocês, trabalhadores, a quem tenho a alegria de ver num culto noturno, durante a semana, não se retirem sem apresentar suas petições pessoais. O apóstolo Pedro teve de orar por si próprio; os mais eminentes servos de Deus oraram por si mesmos, e vocês devem fazer de igual forma. Se todos os santos de Deus fossem orar por você, a uma voz, enquanto você vivesse, você não seria salvo a menos que também clamasse a Deus por si próprio. A religião é uma questão pessoal; não existe algo como religião por procuração. Vocês precisam se arrepender, orar por si próprios e crer pessoalmente se desejam ser salvos. Que Deus lhes permita fazerem-no.

A ORAÇÃO DE PEDRO
FOI URGENTE

A oração de Pedro foi muito urgente. Ele não disse: "Senhor, salva-me amanhã", ou "Senhor, salva-me daqui uma hora". Estava começando a afundar; as famintas vagas haviam aberto sua boca para engolfá-lo e logo teria morrido. Apenas teve tempo para clamar: "Salva-me, Senhor!", e, com certeza, o que estava dizendo era: "Salva-me agora, Senhor, pois estou em perigo de afogar-me. Senhor, salva-me agora; porque se te atrasares, afundar-me-ei na profundeza do mar". "E, prontamente, Jesus, estendendo a mão, tomou-o", salvando-o assim. Há muitas pessoas que gostariam que Jesus os salvasse, mas quando? Ah! Essa é a questão que ainda não resolveram. Um jovem diz: "Gostaria que Cristo me salvasse depois de mais velho, depois que eu tiver visto um pouco mais da vida". Você quer dizer, depois que tiver visto muito mais da morte, pois isso é tudo o que se vê no mundo; não há vida real ali, com exceção daquela que está em Cristo Jesus. Muitos homens de meia-idade dizem: "Desejo tornar-me cristão antes de morrer, mas não ainda". Estão muito ocupados para buscar ao Senhor, mas a morte lhes vem sem nenhum aviso; ocupados ou não, morrerão sem estar preparados.

Há esperança para o pecador quando ele ora: "Senhor, meu caso é urgente, salva-me agora. O pecado, como uma víbora, prende-se a mim; salva-me, Senhor, de seu veneno mortal. Sou culpado agora e já condenado, porque não cri em Jesus; Senhor, salva-me agora, salva-me da condenação, salva-me do maldito pecado da incredulidade. Deus, pelo pouco que sei, estou à beira da morte, e em perigo do inferno tanto quanto de morte, enquanto permanecer não perdoado. Portanto, jubila-te em permitir que as rodas da Tua carruagem de misericórdia se apressem e salva-me agora mesmo, ó Senhor!". Conheço algumas pessoas que estão tão profundamente sob a influência do Espírito Santo que se ajoelham ao lado de suas camas e dizem: "Jamais permitiremos o sono aos nossos olhos ou repousaremos nossas pálpebras até que encontremos o Salvador", e em pouco tempo o encontraram. Dizem: "Lutaremos em oração até que nossa carga de pecado tenha sido removida", e quando alcançam essa determinação, não faz muito tempo que obtiveram a bênção que desejavam. Quando nada mais der certo, a importunação, certamente, prevalecerá. Quando você não aceita uma negativa de Deus, Ele não lhe dá negativas, mas enquanto você estiver contente com seu estado perdido, permanecerá sem ser salvo. Quando clamar, com toda a urgência que for capaz: "Preciso de Jesus ou morrerei; estou faminto, sedento, consumido, arquejante por Ele; assim como a corça anseia pelas correntes de água", não estará distante de agarrar o tesouro sem preço a seu coração e dizer: "Jesus é meu Salvador; creio nele".

A ORAÇÃO DE PEDRO FOI EFICAZ

A oração de Pedro foi eficaz. Pode haver consolo para alguns aqui presentes no pensamento que, embora essa seja uma prece de um homem em dificuldade, de um homem em quem havia uma mistura de incredulidade e fé, mesmo assim, ela prosperou. As imperfeições e enfermidades não impedirão a oração de apressar-se, se ela for sincera e anelante. Jesus disse a Pedro: "Homem de pequena fé, por que duvidaste?", o que demonstra que ele duvidara, mesmo que houvesse pequena fé em seu coração, pois cria que Cristo poderia salvá-lo da sepultura de água. Muitos de nós somos estranhas combinações, assim como Pedro. O arrependimento e a dureza de coração podem ocupar partes de nosso ser, e a fé pode coexistir em nosso coração com certa medida de incredulidade, como foi com o homem que disse a Jesus: "Eu creio! Ajuda-me na minha falta de fé!".

Alguém aqui sente que quer orar, mas não consegue? Vocês creem em Jesus, mas existe outra lei em seus membros que não os permite ir adiante. Vocês fariam uma oração eficaz como a de Elias, jamais vacilando na promessa pela incredulidade, mas, de uma forma ou outra, não sabem dizer o porquê, não conseguem chegar a esse tipo de oração. No entanto, não desistirão de orar; sentem que não podem fazê-lo. Demoram-se diante do propiciatório, mesmo que não possam prevalecer com Deus em oração. Ah, cara alma! É misericórdia que Deus não julgue sua oração pelo que há nela; Ele a julga de um ponto de vista completamente diverso. Jesus toma-a, repara-a, acrescenta a ela o mérito de Seu próprio sangue e, depois, quando a apresenta ao Seu Pai, está tão modificada que você dificilmente a reconheceria como sua petição. Diria: "Dificilmente creio que essa seja minha prece, Cristo a alterou e a melhorou grandemente". Acontece a vocês da mesma maneira que, de vez em quando, acontece ao pobre em dificuldades, como ocorreu com alguém a quem conheci há algum tempo. Uma boa senhora queria que eu enviasse uma petição a um escritório governamental, com relação ao marido dela, que havia morrido e por quem ela gostaria de receber certo favor. Ela resenhou a petição e a trouxe para mim. Apenas uma, em cada dez palavras, estava escrita corretamente, e toda a redação não estava adequada a ser enviada. Ela queria que eu acrescentasse meu nome ao documento e que o enviasse. Eu o fiz, mas primeiramente reescrevi toda a petição, alterando seu formato e palavreado. É isso que nosso bondoso Senhor e Mestre faz por nós, num sentido muito mais elevado. Ele reescreve nossa petição, assina-a pessoalmente (a assinatura de um Rei) e quando Seu Pai vê isso, Ele concede o pedido imediatamente. Uma gota do sangue de Cristo sobre uma oração, fará ela prosperar.

Portanto, voltem aos seus lares, vocês que estão atribulados por dúvidas e temores, que estão atormentados por Satanás, que estão entristecidos pela memória de seus pecados passados; não obstante tudo isso, acheguem-se a Deus e digam: "Pai, pequei contra o céu e diante de ti", rogue-lhe Seu perdão, e perdão vocês receberão. Prossiga orando algo como: "Salva-me, Senhor, por amor a Jesus. És o Salvador dos pecadores, salva-me, suplico. És poderoso para salvar; Senhor, salva-me. Estás no Céu rogando pelos transgressores; Senhor, implora por mim". Não esperem até chegar à casa, mas orem de onde estão assentados: "Salva-me, Senhor!". Que Deus conceda graça a todos que fizerem essa oração de coração, em nome de Jesus! Amém.

Este sermão foi extraído de *O Púlpito do Tabernáculo Metropolitano* e pregado na noite da quinta-feira, 2 de outubro de 1873.

11

AS ORAÇÕES PREPARATÓRIAS DE CRISTO

E aconteceu que, ao ser todo o povo batizado, também o foi Jesus; e, estando ele a orar, o céu se abriu, e o Espírito Santo desceu sobre ele em forma corpórea como pomba; e ouviu-se uma voz do céu: Tu és o meu Filho amado, em ti me comprazo (Lucas 3:21,22).

Naqueles dias, retirou-se para o monte, a fim de orar, e passou a noite orando a Deus. E, quando amanheceu, chamou a si os seus discípulos e escolheu doze dentre eles, aos quais deu também o nome de apóstolos... (Lucas 6:12,13).

Cerca de oito dias depois de proferidas estas palavras, tomando consigo a Pedro, João e Tiago, subiu ao monte com o propósito de orar. E aconteceu que, enquanto ele orava, a aparência do seu rosto se transfigurou e suas vestes resplandeceram de brancura (Lucas 9:28,29).

*E, despedidas as multidões, subiu ao monte,
a fim de orar sozinho. Em caindo a tarde, lá estava ele, só.
Entretanto, o barco já estava longe, a muitos estádios da
terra, açoitado pelas ondas; porque o vento era contrário.
Na quarta vigília da noite, foi Jesus ter com eles,
andando por sobre o mar* (Mateus 14:23-25).

*Tiraram, então, a pedra. E Jesus, levantando os olhos
para o céu, disse: Pai, graças te dou porque me ouviste.
Aliás, eu sabia que sempre me ouves, mas assim falei
por causa da multidão presente, para que creiam
que tu me enviaste* (João 11:41,42).

*Simão, Simão, eis que Satanás vos reclamou para vos
peneirar como trigo! Eu, porém, roguei por ti, para que
a tua fé não desfaleça; tu, pois, quando te converteres,
fortalece os teus irmãos* (Lucas 22:31,32).

*Então, Jesus clamou em alta voz:
Pai, nas tuas mãos entrego o meu espírito!
E, dito isto, expirou* (Lucas 23:46).

Há uma peculiaridade na vida de nosso Senhor Jesus Cristo que todos devem ter percebido — aqueles que leem cuidadosamente os quatro evangelhos — isto é, que Ele era um homem de oração. Era poderoso como pregador, pois até mesmo os oficiais enviados para o prenderem disseram: "Jamais alguém falou como este homem". Contudo, parece que Ele era ainda mais poderoso na oração, se isso for possível. Nunca lemos que Seus discípulos tivessem lhe pedido para lhes ensinar a pregar, mas é-nos dito que "estava Jesus orando em certo lugar; quando terminou, um dos Seus discípulos lhe pediu: Senhor, ensina-nos a orar". Não há dúvida de que Ele orara com maravilhoso fervor que Seus discípulos perceberam que era um mestre na santa arte da oração, e, portanto, desejaram aprender esse segredo. Toda a vida de nosso Senhor Jesus Cristo era de oração. Embora se fale muitas vezes sobre Ele orando, sentimos que necessitamos muito pouco que nos informem disso, pois sabemos que Ele deve ter sido um homem de oração. Seus atos são obra de um homem de oração; Suas palavras falam-nos como aquelas que partem de alguém cujo coração estava constantemente elevado em oração a Seu Pai. Vocês não conseguiriam imaginar que Ele tivesse expirado tais bênçãos sobre os homens se não tivesse, antes disso, inspirado a atmosfera celestial. Jesus deve ter orado muito, ou não poderia ser tão abundante em serviço e tão gracioso em compaixão.

A oração se parece com um fio de prata que percorre toda a vida do Salvador, e temos o registro de Suas orações em muitas ocasiões especiais. Assim, ocorreu-me que seria interessante e instrutivo que notássemos alguns períodos em que Jesus dedicou-se a orar. Selecionei alguns que aconteceram ou antes de alguma grande obra ou de algum grande sofrimento. Desta forma, nosso assunto será as orações preparatórias de Cristo, aquelas que Ele fez quando se aproximava de algo que traria algum estresse ou tensão sobre Sua humanidade, quer para o serviço, quer por causa de sofrimento. Se a consideração deste assunto nos conduzir, a todos nós, a uma lição prática sobre oração incessante e também para que tenhamos temporadas específicas de oração antes de alguma provação ou serviço incomum, não teremos nos reunido em vão.

A ORAÇÃO EM PREPARAÇÃO PARA O BATISMO

A oração de nosso Senhor em preparação para Seu batismo encontra-se em Lucas 3:21,22: "E aconteceu que, ao ser todo o povo batizado, também o foi Jesus; e, estando ele a orar," (parece ter sido ato contínuo no qual Ele estivera ocupado anteriormente) "o céu se abriu, e o Espírito Santo desceu sobre ele em forma corpórea como pomba; e ouviu-se uma voz do céu: Tu és o meu Filho amado, em ti me comprazo".

O batismo de nosso Senhor marcava o início de Sua manifestação aos filhos dos homens. Ele estava para tomar sobre si, completamente, todas as obras de Seu messianismo; consequentemente, o encontramos socialmente envolvido com a oração. Amados, parece-me peculiarmente adequado que, quando qualquer um de nós se converte e está para fazer sua profissão de fé baseada nas Escrituras — prontos para assumir a vida de soldado sob o grande Capitão de nossa salvação, para começar como peregrinos em direção aos limites da cidade de Sião — digo, parece-me especialmente apropriado que invistamos muito tempo em oração muito especial. Eu ficaria muito pesaroso em pensar que qualquer pessoa pudesse aventurar-se a vir para se batizar ou para se unir a uma igreja cristã sem fazer desse ato uma questão de solene consideração e oração fervorosa. Ao contrário, quando estivermos para dar esse passo decisivo todo nosso ser deveria estar especialmente concentrado em nossas súplicas ao trono da graça. Naturalmente, não cremos em nenhuma eficácia sacramental ligada à observação da ordenança, mas recebemos uma bênção especial no ato em si porque somos movidos a orar ainda mais do que o normal antes de nos batizarmos ou no momento do batismo. Em todas as ocasiões, sei que foi assim em meu próprio caso. Foi há muitos anos, mas a lembrança é muito vívida agora mesmo, e parece-me que aconteceu ontem. Foi no mês de maio. Acordei muito cedo de manhã para que pudesse ter um longo período de oração particular. Depois tive que andar cerca de 13 quilômetros desde Newmarket até Isleham, onde eu seria batizado no rio; penso que a bênção que recebi naquele dia resultou, em grande parte, daquele tempo de súplica solitária e de minha meditação em gratidão ao meu Salvador e meu desejo de viver para Seu louvor e glória, enquanto eu andava por ruas de barro e vielas. Queridos jovens, cuidem bem de seus começos em sua vida cristã, orando muito. Uma profissão de fé que não comece com oração vai terminar em desgraça. Se você se unir à igreja, mas não orar para que Deus o sustente em consistência de vida e para tornar sua confissão de fé sincera, a probabilidade é que já seja um hipócrita; se esta não for uma sugestão generosa, a probabilidade é que, se você for convertido, a obra tem tido caráter muito superficial e não profundo e fervoroso como a oração indicaria. Assim, novamente, lhes digo que se algum de vocês pensa em fazer profissão de sua fé em Cristo, assegurem-se de que, em preparação para isso, devotem um tempo especial aproximando-se de Deus em oração.

Quando li o primeiro texto, não há dúvida, de que vocês perceberam que foi enquanto Cristo orava que "o céu se abriu, e o Espírito Santo desceu sobre ele em forma corpórea como pomba; e ouviu-se uma voz do céu: Tu és o meu Filho amado, em ti me comprazo". Há três ocasiões que vemos nas Escrituras em que Deus deu testemunho audível a Cristo, e em cada uma delas Ele estava, ou no ato da oração ou já havia orado pouco tempo antes. A oração de Cristo é especialmente mencionada, em cada exemplo, lado a lado com o testemunho de Seu Pai, e se vocês, amados amigos, quiserem ter o testemunho de Deus em seu batismo ou em qualquer outro ato futuro em sua vida, precisarão obtê-lo por meio da oração. O Espírito Santo nunca coloca o Seu selo numa religião sem oração. Não há nela aquilo que Ele aprova. Pode-se verdadeiramente dizer de um homem: "ele está orando", antes de que o Senhor dê o testemunho sobre ele, como o fez com relação a Saulo de Tarso: "este é para mim um instrumento escolhido para levar o meu nome perante os gentios".

Assim, vemos que foi enquanto Cristo estava orando em Seu batismo, o Espírito Santo veio sobre Ele "em forma corpórea como pomba" para qualificá-lo para Seu serviço público; é por intermédio da oração que também recebemos o enriquecimento espiritual que nos equipa como cooperadores de Deus. Sem a oração, você permanecerá numa região que é desolada e desértica, porém dobre seus joelhos em súplica ao Altíssimo e terá chegado à Terra da Promessa, o país da bênção. "Chegai-vos a Deus, e ele se chegará a vós outros", não meramente com Sua gloriosa presença, mas com a obra poderosa e eficaz do Espírito Santo. Mais oração, mais poder; quanto mais implorar a Deus, mais poder haverá no apelo aos homens, pois o Espírito Santo virá sobre nós enquanto clamamos, e assim seremos achados adequados e qualificados para fazer a obra para a qual Deus nos chamou.

Que aprendamos, deste primeiro exemplo de oração preparatória de nosso Senhor em Seu batismo, a necessidade de uma súplica especial de nossa parte em circunstâncias parecidas. Se estivermos fazendo nossa primeira confissão pública de fé nele ou se a estivermos renovando, se estivermos nos afastando para outra esfera de serviço, se estivermos assumindo nova função na igreja como diáconos ou anciãos, se estivermos iniciando o pastorado, se estivermos nos revelando com mais distinção como servos de Cristo diante do mundo, que separemos tempos de oração e assim busquemos porção dobrada da bênção do Espírito Santo sobre nós.

ORAÇÃO EM PREPARAÇÃO PARA A ESCOLHA DOS DOZE

A oração preparatória de nosso Senhor para escolher Seus doze apóstolos está registrada em Lucas 6:12,13: "Naqueles dias, retirou-se para o monte, a fim de orar, e passou a noite orando a Deus. E, quando amanheceu, chamou a si os seus discípulos e escolheu doze dentre eles, aos quais deu também o nome de apóstolos."

Nosso Senhor estava para ampliar Seu ministério; Sua linguagem singular, Sua única voz, pôde entregar Sua mensagem pessoal por toda a Palestina, mas Ele desejava realizar muito mais do que poderia fazê-lo individualmente no breve período de Seu ministério público sobre a Terra. Portanto, teria 12 apóstolos e, mais tarde, 70 discípulos que iriam adiante em Seu nome e levariam as boas-novas da salvação. Ele era infinitamente mais sábio do que o mais sábio dos meros mortais, então por que não escolheu logo Seus 12 apóstolos? Aqueles homens estiveram com Ele desde o começo e Ele conhecia seu caráter e sua adequação para a obra que estava para lhes confiar; então deve ter dito a si mesmo: "Ficarei com Tiago, João e Pedro e o restante dos Doze e os enviarei a pregar que o reino dos céus está próximo e para exercitar poderes miraculosos os quais lhes concederei." Ele o faria se não fosse o Cristo de Deus, mas por ser ungido pelo Pai, Jesus não tomaria um passo importante como esse sem oração contínua. Desta forma, retirou-se para ficar com Seu Pai e lhe disse o que desejava fazer, implorou-lhe, não da forma breve que oramos, que dura apenas alguns poucos minutos, mas Seu clamor durou uma noite inteira.

O que o nosso Senhor pediu ou como Ele orou, não podemos saber, porque isso não nos foi revelado. Porém, penso que não seremos culpados de curiosidade vã ou desavisada se usarmos nossa imaginação por 1 ou 2 minutos. Ao fazê-lo, com a máxima reverência, penso que podemos ouvir Cristo clamando ao Seu Pai para que os homens certos fossem selecionados como os líderes da Igreja do

Senhor sobre a Terra. Acho que também podemos ouvi-lo implorando que sobre esses escolhidos repousasse uma influência divina para que eles pudessem ser preservados firmes na doutrina e que não se desviassem para o erro ou falsidade. Depois, penso que o ouço orando para que o sucesso possa acompanhar sua pregação, para que fossem orientados para onde ir, onde a bênção de Deus os acompanharia, para que encontrassem corações desejosos por receber seus testemunhos, e para que, quando seu ministério pessoal terminasse, transmitissem sua comissão a outros, de forma que, enquanto houver seara para ser colhida diante do Senhor, haja trabalhadores para o fazer; enquanto houver pecadores perdidos no mundo, que também haja homens e mulheres fervorosos e consagrados buscando arrebatar os galhos do fogo. Não tentarei descrever a intensa luta daquela noite de oração quando, em forte clamor e lágrimas, Cristo derramou a Sua alma diante dos ouvidos e do coração do Pai. Mas está claro que Ele não enviaria um mensageiro solitário com as boas-novas do evangelho a menos que se assegurasse de que a autoridade de Seu Pai e o poder do Espírito Santo acompanhassem os servos a quem Ele estava para enviar.

Que lição há nisso para nós! Que orientação infalível há aqui quanto a como as sociedades missionárias devem ser conduzidas! Onde houver um comitê se reunindo para tratar de negócios, deve haver 50 para oração; sempre que houver uma sociedade missionária cuja maior função é orar, teremos uma sociedade cuja característica distintiva será a de ser um meio para salvação de uma multidão de almas. E para você, meu jovem universitário, sinto-me impelido a dizer que creio que teremos muito mais bênçãos do que já temos quando o espírito da oração nas faculdades for maior do que é atualmente; embora me regozijo em saber que ele é fervente e profundo agora. Vocês, irmãos, nunca tiveram falta de devoção; louvo a Deus que nunca houve uma situação da qual reclamar ou pela qual lamentar neste sentido; ainda assim, quem sabe quais bênçãos seguiriam uma noite de oração no começo ou em qualquer momento da reunião, ou de uma noite de batalha em oração na privacidade de nossos próprios quartos? Assim, quando saírem para pregar o evangelho no dia de descanso, encontrarão que a melhor preparação para pregar é orar. Sempre descubro que o sentido de um texto pode ser melhor compreendido pela oração do que por qualquer outro meio. Naturalmente, podemos consultar léxicos e comentários para ver o sentido literal das palavras e sua relação umas com as outras, mas quando fizermos tudo isso, ainda encontraremos nossa maior ajuda vindo da oração. Ó, que cada empreendimento de um cristão comece com oração, continue com oração e seja coroado com oração! Só então poderemos esperar vê-lo coroado com a bênção de Deus. Novamente lhes lembro de que o exemplo de nosso Salvador nos ensina que para épocas de serviço especial precisamos não apenas de orações breves, por mais excelentes que elas possam ser para situações comuns, mas da prolongada luta com Deus, como a de Jacó no vau de Jaboque, para que cada um de nós possa dizer ao Senhor, com determinação santa,

> Contigo a noite toda desejo estar
> E batalhar até o dia raiar.

Quando essa persistência sagrada em orações se tornar comum em toda a Igreja de Cristo, o desejo usurpador de Satanás chegará ao seu fim, e poderemos dizer a nosso Senhor, como os 70 discípulos quando retornaram a Ele em alegria: "Senhor, os próprios demônios se nos submetem pelo teu nome!".

ORAÇÃO EM PREPARAÇÃO PARA A TRANSFIGURAÇÃO

A oração preparatória para a Sua transfiguração encontra-se em Lucas 9:28,29: "Cerca de oito dias depois de proferidas estas palavras, tomando consigo a Pedro, João e Tiago, subiu ao monte com o propósito de orar. E aconteceu que, enquanto ele orava, a aparência do seu rosto se transfigurou e suas vestes resplandeceram de brancura". Podemos ver que foi enquanto Ele orava que foi transfigurado.

Agora, amados, vocês realmente desejam atingir as maiores realizações possíveis na vida cristã? No mais profundo de sua alma anseiam pelas alegrias mais seletas que podem ser conhecidas por seres humanos deste lado do Céu? Almejam erguer-se à plena comunhão com o Senhor Jesus Cristo e serem transformados à Sua imagem de glória em glória? Se sim, o caminho está aberto diante de vocês agora; é o caminho da oração e somente lá encontrarão bênçãos inestimáveis. Se falharem em orar, com certeza jamais chegarão ao topo do Tabor. Não há esperança, caros amigos, de chegarmos a qualquer coisa como a transfiguração e sermos cobertos com a luz de Deus, quer no corpo ou fora dele, não podemos dizer, a menos que oremos muito.

Creio que fazemos mais avanços verdadeiros na vida espiritual em uma hora de oração do que em um mês ouvindo sermões. Não quero dizer que devemos negligenciar nossa assembleia, como alguns o fazem; mas tenho certeza de que sem oração o ouvir é de pouco valor. Devemos orar, devemos implorar a Deus se realmente queremos crescer espiritualmente. Em oração, ocorre muito de nossa digestão espiritual. Quando ouvimos a Palavra, somos muito semelhantes ao gado pastando, mas quando seguimos nosso ouvir com a meditação e oração, nos deitamos nos pastos verdejantes e ganhamos rica nutrição, advinda da verdade, para nossa alma. Meu querido irmão ou irmã em Cristo, você se desfará do mundanismo que ainda se apega a você? Vai se livrar de suas dúvidas e temores? Superará sua impiedade? Dominará o pecado que o assedia? Brilhará e cintilará no esplendor e glória da santidade de Deus? Então, ore muito, como Jesus. Tenho certeza de que, longe da oração, você não avançará na vida divina. O esperar em Deus renovará sua força espiritual, você subirá com asas como águias, correrá e não se cansará, andará e não se fatigará.

ORAÇÃO EM PREPARAÇÃO PARA GRANDES MILAGRES

A primeira das orações preparatórias de nosso Senhor para grandes milagres que precedeu o Seu acalmar o lago de Genesaré está registrada em Mateus 14:23-25: "E, despedidas as multidões, subiu ao monte, a fim de orar sozinho. Em caindo a tarde, lá estava ele, só. Entretanto, o barco já estava longe, a muitos estádios da terra, açoitado pelas ondas; porque o vento era contrário. Na quarta vigília da noite, foi Jesus ter com eles, andando por sobre o mar." Ele estivera clamando ao Seu Pai por Seus discípulos; assim, quando o barco deles era arremessado pelas ondas e retrocedia pelos ventos contrários, Jesus veio-lhes do lugar elevado onde estivera orando por eles, fazendo um caminho por sobre as águas turbulentas que em pouco tempo Ele acalmaria. Antes que andasse sobre os vagalhões, havia orado a Seu Pai; antes de acalmar a tempestade, prevalecera com Deus em oração.

Devo fazer algo grandioso para Deus? Primeiramente devo ser poderoso sobre meus joelhos. Há um homem aqui que será o meio para cobrir o céu de nuvens e trazer chuva de bênçãos divinas sobre a ressequida e estéril igreja, que tão urgentemente necessita de reavivamento e renovação? Então, deve se preparar para essa grande obra como Elias quando, no topo do Carmelo, "encurvado para a terra, meteu o rosto entre os joelhos" e orou como só ele poderia orar. Nunca veremos uma pequena nuvem, do tamanho da mão de um homem, que depois cobrirá o céu com escuridão, a menos que primeiramente saibamos como clamar ao Altíssimo, mas quando o fizermos, veremos o que desejamos. Moisés jamais seria capaz de controlar os filhos de Israel se não estivesse primeiramente em comunhão com seu Deus no deserto e, mais tarde, no monte. Se queremos ser homens de poder, também devemos ser homens de oração.

Outro exemplo ao qual quero me referir, mostrando como nosso Senhor orava antes de fazer um grande milagre, é quando Ele parou diante do túmulo de Lázaro. Você encontrará esse relato em João 11:41,42: "Tiraram, então, a pedra. E Jesus, levantando os olhos para o céu, disse: Pai, graças te dou porque me ouviste. Aliás, eu sabia que sempre me ouves, mas assim falei por causa da multidão presente, para que creiam que tu me enviaste". Ele não clamou: "Lázaro venha para fora", para que as pessoas o ouvissem e Lázaro o ouvisse, antes de primeiramente orar: "Meu Pai, concede que Lázaro ressuscite dos mortos" e recebeu a certeza de que assim seria tão logo Lázaro fosse chamado por Cristo para sair do túmulo.

Contudo, irmãos, vocês não veem que, se Cristo, que era tão forte, precisava orar assim, qual a necessidade que nós, tão fracos, temos de orar? Se Ele, que era Deus e homem, orou ao Pai antes de realizar o milagre, quão necessário é para nós, que somos meramente homens, ir ao trono da graça e implorar com fervor importuno se queremos fazer algo para Deus? Receio que muitos de nós estejamos débeis lá na montanha solitária onde devíamos estar em comunhão com Deus. A forma de estar preparado para fazer o que os homens chamam de maravilhas é estar diante do Deus das maravilhas e lhe implorar para nos envolver com Sua força toda-suficiente a fim de que possamos promover Seu louvor e glória.

ORAÇÃO EM PREPARAÇÃO ANTES DA QUEDA DE PEDRO

Temos o relato da oração preparatória do Senhor com relação à queda de Pedro em Lucas 22:31,32: "Simão, Simão, eis que Satanás vos reclamou para vos peneirar como trigo! Eu, porém, roguei por ti, para que a tua fé não desfaleça; tu, pois, quando te converteres, fortalece os teus irmãos".

Há muita coisa que é admirável e instrutiva nessa afirmação de nosso Senhor. Satanás ainda não tentara Pedro, mesmo assim Cristo já implorara pelo apóstolo cujo perigo Ele claramente previu. Alguns de nós pensaríamos que somos muito rápidos se tivéssemos orado por um irmão que já houvesse sido tentado e cedera à tentação, mas nosso Senhor orou por Pedro antes de este ser tentado. Tão logo Satanás desejara tê-lo em sua peneira para que o pudesse peneirar como trigo, nosso Salvador sabia do pensamento formado na mente diabólica e, rapidamente, orou por Seu servo em perigo, que nem sequer sabia do perigo que o ameaçava. Cristo está sempre adiante de nós. Antes da tempestade chegar, Ele providencia o porto de refúgio; antes que a doença nos acometa, Ele possui o remédio para curá-la; a Sua misericórdia ultrapassa nossa miséria.

Que lição devemos aprender desse ato de Cristo! Sempre que virmos um amigo em perigo em meio à tentação, que não comecemos a falar sobre ele. Que rapidamente oremos por ele. Algumas pessoas são muito inclinadas a sugerir e insinuar o que acontecerá a certas pessoas de quem são conhecidas. Oro para que vocês, queridos amigos, não sejam assim. Não insinuem que Fulano de Tal provavelmente cairá, mas ore para que ele não caia. Não insinuem nada sobre ele aos outros, mas diga ao Senhor qual sua ansiedade com relação a esse amigo.

"Mas o Fulano de Tal ganhou muito dinheiro e está ficando muito orgulhoso de sua riqueza." Bem, mesmo que isso seja verdade, não fale sobre ele com os outros, mas ore para que Deus permita que ele não se torne orgulhoso por causa de sua riqueza. Não diga que ele ficará orgulhoso, ore para que não fique, e não permita que ninguém, além do Senhor, saiba que você ora por seu amigo.

"E há o Fulano de Tal; ele está tão exultante com o sucesso que raramente alguém consegue falar com ele." Bem, então, irmão, ore que que ele não exulte tanto. Não diga que você tem receio de que ele se torne orgulhoso, pois isso implicaria que você ficaria orgulhoso se estivesse no lugar dele. Seu temor revela um segredo com relação à sua própria natureza, porque o que aquilo que você julga que seu amigo seria é exatamente o que você seria se estivesse em circunstâncias semelhantes. Sempre medimos os outros com nossa própria medida — não utilizamos as deles — podemos nos julgar a partir de como julgamos os outros. Que paremos com essas censuras e julgamentos e oremos por nossos irmãos. Se você teme que um ministro esteja se afastando da fé ou acha que seu ministério não é tão lucrativo quando costumava ser ou se vê qualquer outra imperfeição nele, não vá por aí falando sobre isso com as pessoas na rua, pois eles não podem corrigi-lo; fale ao seu Mestre sobre esse ministro, ore por ele e peça que o Senhor corrija tudo o que está errado. Há um sermão de Matthew Wilks (N.E.: Pregador inglês e um dos fundadores da Sociedade Missionária de Londres, 1746–1829.) sobre sermos epístolas de Cristo, escritas não com tinta e não em tábuas de pedra, mas nas tábuas de nosso coração de carne. Ele disse que os ministros são as penas de escrita com as quais Deus escreve no coração dos ouvintes, e que estas precisam ser apontadas de vez em quando, e mesmo quando estão bem afiadas não podem escrever sem tinta. Afirmou que o melhor serviço que as pessoas poderiam oferecer aos pregadores é orar para que o Senhor lhes dê novos apontadores e os mergulhe em tinta fresca para que possam escrever melhor do que antes. Façam isso, queridos amigos; não manchem a página com censuras e observações maldosas, mas ajudem o pregador suplicando por ele, pois até Cristo orou por Pedro.

ORAÇÃO EM PREPARAÇÃO PARA A MORTE

Vocês encontrarão a oração preparatória do Senhor, pouco antes de Sua morte, em Lucas 23: 46. "Então, Jesus clamou em alta voz: Pai, nas tuas mãos entrego o meu espírito! E, dito isto, expirou."

Nosso Senhor Jesus estava especialmente muito ocupado com a oração à medida que se aproximava o fim de Sua vida terrena. Ele estava para morrer como a Garantia e o Substituto de Seu povo; a ira divina, causada por esse povo, caiu sobre Ele. Sabendo que tudo isso estava para lhe sobrevir, "manifestou, no semblante, a intrépida resolução de ir para Jerusalém"; e, no devido tempo, "suportou a cruz, não fazendo caso da ignomínia"; no entanto, não foi ao Getsêmani e ao Gólgota sem oração. Por ser o Filho de Deus, não poderia submeter-se a essa terrível provação sem fazer muitas súplicas. Vocês sabem o quanto há registrado sobre as Suas orações nos últimos capítulos do evangelho de João. Há, especialmente, aquela grande oração por Sua igreja, na qual implorou com fervor por aqueles que o Pai lhe dera. Depois, há a Sua súplica agonizante no Getsêmani, quando Seu suor "se tornou como gotas de sangue caindo sobre a terra". Não diremos muito sobre isso, mas podemos muito bem imaginar que o suor em sangue era a expressão externa e visível da intensa agonia de Sua alma que estava "profundamente triste até à morte".

Tudo o que Cristo fez e sofreu foi cercado de oração, então era apropriado que Sua última declaração sobre a Terra fosse uma oração de rendição de Seu espírito às mãos de Seu Pai. Já havia implorado por seus assassinos: "Pai, perdoa-lhes, porque não sabem o que fazem". Prometera conceder o pedido do ladrão arrependido. "Jesus, lembra-te de mim quando vieres no teu reino." Agora nada lhe restava a dizer além de "Pai, nas tuas mãos entrego o meu espírito. E, dito isto, expirou". Sua vida, marcada pela oração, terminava, assim, numa prece — um exemplo digno de ser imitado por Seu povo.

Talvez, eu esteja me dirigindo a alguém que está consciente de que uma doença séria o ameaça. Bem, querido amigo, prepare-se para ela em oração. Você teme uma cirurgia dolorosa? Nada irá ajudá-lo a suportar isso tão bem quanto o implorar a Deus por essa situação. A oração o auxiliará mental e fisicamente; enfrentará a provação com muito menos temor se colocar seu caso diante do Senhor e empenhar-se — corpo, alma e espírito — em Suas mãos. Se está na expectativa de, em pouco tempo, chegar ao fim de sua vida mortal por causa de sua idade avançada ou sua constituição débil ou do progresso de uma tuberculose mortal, ore muito. Você não precisa recear batizar-se na correnteza abundante do Jordão se estiver constantemente batizando-se na oração. Pense em seu Salvador no Jardim e na cruz, e ore como Ele: "não se faça a minha vontade, e sim a tua... Pai, nas tuas mãos entrego o meu espírito!".

Embora eu esteja falando aos que creem em nosso Senhor Jesus Cristo, pode haver alguns aqui que permanecem não convertidos, que imaginam que a oração é o caminho para o Céu; mas ela não é. A oração é uma grande e preciosa ajuda no caminho, porém, somente Cristo é o caminho, o primeiro passo em direção ao Céu é confiar a nós mesmos completamente a Ele. A fé em Cristo é a questão mais importante; se você verdadeiramente crer nele, estará salvo. No entanto, a primeira coisa que um homem salvo faz é orar, e a última que fará antes de ir para o Céu é orar. Como escreveu Montgomery [N.E.: James Montgomery, poeta escocês, 1771–1854.]:

A oração é a voz do pecador contrito,
   De seus caminhos retornando:

Enquanto os anjos cantam em regozijo,
E clamam: "Veja, ele está orando!".
A oração é do cristão o sopro vital
Do filho de Deus o fôlego original
Nos portais da morte seu sinal:
Em oração adentra o lar celestial.

Sermão extraído de *O Púlpito do Tabernáculo Metropolitano* e pregado na noite de quinta-feira, 7 de agosto de 1873.

12

A ORAÇÃO DO REDENTOR

> *Pai, a minha vontade é que onde eu estou, estejam também comigo os que me deste, para que vejam a minha glória que me conferiste, porque me amaste antes da fundação do mundo* (João 17:24).

Quando o sumo sacerdote, antigamente, entrava no Lugar Santíssimo, ele queimava o incenso em seu incensário e o balançava diante de si, perfumando o ar com sua doce fragrância e envolvendo o propiciatório com a densidade de sua fumaça. Assim está escrito sobre ele: "Tomará também, de sobre o altar, o incensário cheio de brasas de fogo, diante do SENHOR, e dois punhados de incenso aromático bem moído e o trará para dentro do véu. Porá o incenso sobre o fogo, perante o SENHOR, para que a nuvem do incenso cubra o propiciatório, que está sobre o Testemunho, para que não morra". Mesmo nosso Senhor Jesus Cristo, quando adentrou uma vez por todas no véu por Seu próprio sangue para expiar os pecados, ofereceu forte clamor e lágrimas. No capítulo

17 de João, temos, como deveria ser, a fumaça do incensário do pontífice Salvador. Ele orou pelas pessoas por quem estava para morrer, e antes de respingar o altar com Seu sangue, Ele os santificou com Suas súplicas. Esta oração, portanto, é preeminente nas Escrituras Sagradas como a Oração Sacerdotal de Jesus — a prece peculiar e especial de nosso Senhor Jesus Cristo. "Se", como dizia um antigo teólogo, "fosse lícito preferir uma Escritura acima de outra, podemos dizer que, embora todas sejam ouro, esta é como uma pérola sobre o ouro; embora todas sejam como o Céu, esta é como o sol e as estrelas". Ou, se uma parte das Escrituras puder ser mais apreciada pelo cristão do que qualquer outra, deve ser esta que contém a última oração do Mestre antes que entrasse no véu rasgado de Seu próprio corpo crucificado. Quão doce é contemplar que não apenas Ele, mas Seu povo, eram o mais importante de Sua oração! Jesus orou por si mesmo — disse: "Pai, glorifica-me", mas, mesmo que tivesse uma oração por si próprio, tinha muito mais por Seu povo. O Mestre orou continuamente por eles — "Pai, santifica-os", "Pai, guarda-os", "Pai, que eles sejam um". E conclui Sua súplica com "Pai, a minha vontade é que onde eu estou, estejam também comigo". Melanchton [N.E.: Filipe Melanchton, reformador alemão, 1497–1560.] bem disse que jamais houve voz mais excelente, santa, frutífera e amorosa ouvida no Céu ou na Terra do que esta oração.

Primeiramente, devemos perceber o *estilo da oração*, depois, *os interessados nela*; e por fim, *a grande petição apresentada* — sendo que a última parte é a principal do discurso.

O ESTILO DA ORAÇÃO

O estilo desta oração é singular: "Pai, a minha vontade". Só posso imaginar que haja algo a mais na expressão "minha vontade" do que mero desejo. Parece-me que quando Jesus disse "minha vontade", embora talvez não seja apropriado dizer que tenha feito uma exigência, mesmo assim podemos dizer que Ele implorou com autoridade, pedindo por aquilo que sabia ser Seu e afirmando o "minha vontade" com tanta potência quanto qualquer "faça-se" que tenha brotado dos lábios do Altíssimo. "Pai, minha vontade". É incomum vermos Jesus Cristo dizendo a Deus: "minha vontade". Vocês sabem que, antes que as montanhas fossem formadas, diz-se de Cristo "(no rolo do livro está escrito a meu respeito), para fazer, ó Deus, a *tua vontade*" (itálico meu); e descobrimos que enquanto Ele esteve na Terra jamais mencionou Sua própria vontade; expressamente declarava "eu desci do céu, não para fazer a minha própria vontade, e sim a vontade daquele que me enviou". É verdade que o ouvimos dizendo "eu quero" quando se dirige aos homens, pois diz: "Quero, fica limpo!"; mas em Suas orações ao Seu Pai orava com toda humildade. Portanto, "Minha vontade", parece ser uma exceção à regra, porém devemos nos lembrar de que Cristo estava, neste momento, numa situação excepcional. Nunca estivera anteriormente onde estava agora. Chegava ao fim de Seu ministério terreno; poderia ter afirmado: "Consumei a obra que me confiaste para fazer"; assim, antecipando o tempo em que o sacrifício seria completado e que Ele ascenderia ao alto, vê que Seu trabalho está feito e reassume Sua vontade dizendo "Pai, minha vontade".

Agora, perceba que uma oração como esta seria totalmente inconveniente em nossos lábios. Nunca poderemos dizer "Pai, minha vontade". Nossa oração deve ser "não se faça a *minha vontade*, e sim a tua". Devemos mencionar nossos desejos, mas a nossa vontade deve submeter-se à de Deus. Devemos sentir que, embora possamos desejar, é de Deus o querer. Contudo, quão prazeroso, repito, é encontrar o Salvador implorando com tal autoridade, pois ela coloca o selo da certeza sobre a Sua oração. Tudo quanto Cristo pediu nesse capítulo, Ele o obterá, sem dúvida alguma. Em outras ocasiões, quando implorou como mediador, em Sua humildade foi eminentemente próspero em Suas intercessões; quanto mais essa oração irá prevalecer agora que Ele assume Seu grande poder e clama, com autoridade: "Pai, minha vontade". Amo a abertura dessa oração; é uma garantia abençoada de seu cumprimento, tornando-a tão certeira que agora podemos olhar para a oração de Cristo como uma promessa que certamente se cumprirá.

AS PESSOAS POR QUEM ELE OROU

"Pai, a minha vontade é que onde eu estou, *estejam também comigo os que me deste*". Essa não era uma oração universal. Era uma prece que incluía em si certa classe e porção da humanidade que estava designada como aqueles que o Pai dera a Jesus. Nesta noite, devemos crer que Deus, o Pai, deu, desde antes da fundação do mundo, a Seu Filho Jesus Cristo certa quantidade de pessoas a qual não podemos contabilizar, que seria a recompensa de Sua morte, a aquisição pelas dores de Sua alma; que deveriam ser infalivelmente trazidos à glória eterna pelos méritos de Sua paixão e o poder de Sua ressurreição. É a essas pessoas que se refere aqui. Algumas vezes, nas Escrituras eles são chamados eleitos, porque quando o Pai os deu a Cristo, Ele os escolheu dentre outros homens. Em outras ocasiões, são chamados amados, pois o amor de Deus foi colocado sobre eles desde a antiguidade. São chamados de Israel, porque como o antigo Israel são pessoas escolhidas, uma geração santa. São chamados de herança de Deus, pois são especialmente queridos ao coração do Senhor e, assim como o homem cuida de sua herança e seu quinhão, também o Senhor cuida de forma especial deles.

Não me entendam mal. As pessoas pelas quais Cristo ora aqui são aquelas que Deus, o Pai, a partir de Seu próprio amor livre e favor soberano, ordenou para a vida eterna e que, a fim de que Seu desígnio se cumprisse, foram dadas nas mãos do Cristo Mediador, para serem por Ele redimidas, santificadas e aperfeiçoadas e, por Ele, eternamente glorificadas. Estas pessoas, e nenhuma das outras, são o objeto da oração sacerdotal de Jesus. Não é meu dever defender a doutrina; são as Escrituras que unicamente devo defender. Não devo vingar Deus de alguma acusação profana de parcialidade ou injustiça. Se há alguém vil o suficiente para imputá-lo ao Senhor, que acertem suas contas com seu Criador. Que a coisa formada, se for tão arrogante, diga ao que o fez: "Por que me fizeste assim?". Não sou apologeta de Deus; Ele não precisa de defensores. "Quem és tu, ó homem, para discutires com Deus?! Ou não tem o oleiro direito sobre a massa, para do mesmo barro fazer um vaso para honra e outro, para desonra?". Em vez de discutir, que questionemos: Quem são essas pessoas? Estamos entre elas? Ó, que cada coração agora faça a solene pergunta: "Estou incluído nesta feliz multidão que Deus o Pai deu para Cristo?". Amado, não posso afirmar-lhes pela simples menção de seu nome, mas se conheço seu caráter, posso dizer-lhes decididamente — ou melhor, não precisarão de minha afirmação, pois o Espírito Santo dará testemunho em seu coração de que estão entre eles. Respondam: Já se entregaram a Cristo? Foram trazidos pelo poder convencedor de Seu próprio amor a render-se voluntariamente a Ele? Já afirmaram: "Ó Senhor, outros senhores já dominaram sobre mim, mas agora os rejeito, e entrego-me a ti. Da mesma forma como não tenho outro refúgio, não tenho outro Senhor. Tenho pouco valor, mas, assim como estou dou a ti tudo que sou. É verdade que jamais fui digno de que tu me comprasses, mas já que me compraste, deves ter-me. Senhor, rendo-me completamente a ti". Bem, alma, se você já o fez, se já se entregou a Cristo, este é resultado da concessão feita na eternidade por Jeová a Seu Filho, muito antes dos mundos serem criados. E, novamente, sente que hoje você pertence a Cristo? Se não consegue se lembrar do tempo em que Ele o buscou e o trouxe a si mesmo, ainda pode dizer como um cônjuge: "Sou do meu

Amado"? Pode, no íntimo de sua alma, dizer "Quem mais tenho eu no céu? Não há outro em quem eu me compraza na terra." Não perturbem sua mente com a eleição; não há nada de problemático com a eleição para vocês. Aquele que crê é eleito; o que foi dado a Cristo agora, foi-lhe dado desde antes da fundação do mundo. Não precisam disputar sobre decretos teológicos, mas assentem-se e extraiam mel e vinho desta rocha. Ó, é uma doutrina difícil para o homem que não se interessa nela, mas quando o homem tem direito a ela, é como a rocha no deserto: flui com água refrescante de onde miríades podem beber sem jamais ter sede novamente. Bem diz a Igreja da Inglaterra sobre essa doutrina: "é plena de doçura, prazerosa, e um conforto indescritível para os piedosos". E, embora seja uma rocha de Tarpeia [N.E.: Local onde eram executados os traidores do Império Romano. Ali as vítimas eram atiradas de seu cume ao precipício.], de onde muitos malfeitores foram reduzidos a pedaços por sua presunção, é também como o Pisga [N.E.: Monte de onde Moisés contemplou a Terra Prometida.] de cujo elevado cimo pode-se ver o pináculo do Céu a distância. Novamente digo, não fiquem desencorajados, nem permitam que seu coração fique desconsolado. Se vocês foram dados a Cristo agora, estão entre aqueles por quem Ele intercede lá de cima, e serão reunidos entre a gloriosa multidão para estar com o Senhor onde Ele está e para contemplar a Sua glória.

AS PETIÇÕES QUE O SALVADOR APRESENTOU

Cristo orou, se bem entendo Sua prece, por três coisas — aquilo que se constitui na maior alegria celestial, na atividade mais doce e no mais elevado privilégio.

A primeira grande coisa pela qual orou foi pela *maior alegria celestial* — "Pai, a minha vontade é que onde eu estou, estejam também *comigo* os que me deste". Se vocês perceberem, cada palavra nessa frase é necessária para sua completude. Ele não diz — "oro para que aqueles que me deste possam estar onde estou". Ao contrário, disse "onde eu estou, esteja também comigo". E não apenas ora para que eles possam estar com Ele, mas para que possam estar com Ele no mesmo lugar onde Ele está. E observe, não diz que desejava que Seu povo estivesse no Céu, mas com Ele no Céu, porque é isso que faz do Céu, verdadeiro Céu. Estar com Cristo é o próprio âmago do Céu. Sem Cristo, o Céu seria um lugar vazio, perderia a alegria, seria como a harpa sem suas cordas — e onde estaria a música? — o mar sem água, a piscina de Tântalo [N.E.: Cujas água fresca retrocedia sempre que Tântalo se aproximava para bebê-la. Mitologia grega.]. Cristo orou para que estivéssemos com Ele — esta é nossa companhia, com Ele onde Ele estiver — esta é nossa posição. Parece que Jesus está nos dizendo que o Céu é tanto uma condição quanto um estado — na companhia de Cristo e no lugar em que Ele estiver.

Eu poderia, se assim escolhesse, ampliar muito mais esse argumento, mas deixo-lhe a matéria-prima de alguns pensamentos que irão supri--lo com temas para meditação à tarde. Vamos fazer uma pausa agora e pensar no quão doce é esta oração ao contrastá-la com nossas realizações terrenas. "Pai, a minha vontade é que onde eu estou, estejam também comigo os que me deste". Ah, irmãos e irmãs, sabemos pouco sobre como é estar com Cristo. Há tantos momentos alegres, pausas doces; entre o alvoroço das contínuas batalhas desta vida cansativa há alguns momentos agradáveis, como poltronas de repouso, onde descansamos. Há horas em que nosso Mestre vem a nós e nos faz, sem que o percebamos, como as carruagens de Aminadib [N.E.: Em algumas versões internacionais da Bíblia, este é o nome citado em Cântico dos Cânticos 6:12. Nas versões em português e na maioria em inglês há uma tradução para o nome como "nobre povo". Eram carruagens que rodavam com suavidade.]. É verdade, que não fomos levados ao terceiro céu como Paulo, para ouvir "palavras inefáveis as quais não é lícito ao homem referir", contudo, às vezes, achamos que o Céu baixou a nós. Ocasionalmente, digo a mim mesmo: "Bem, se isto não for o Céu, é vizinho dele" e achamos que habitamos na periferia da Cidade Celestial. Vocês estiveram naquela terra que Bunyan [N.E.: John Bunyan, escritor cristão inglês, 1628–88.] chamou de Beulá [N.E.: Em *O peregrino*, Publicações Pão Diário, 2014, p.195.]. Estavam tão próximos ao Céu que os anjos voavam por sobre a correnteza trazendo buquês de mirra e jarros de olíbano que crescem nos canteiros de especiarias sobre os montes. Vocês as pressionam contra o coração e dizem ao seu Esposo: "O meu amado é para mim um saquitel de mirra, posto entre os meus seios", pois estou impressionado com Seu amor e pleno de Seus deleites. Ele se fez próximo de mim, desvelou Seu semblante e manifestou todo o Seu amor.

Porém, amado, embora isso nos dê um antegozo do Céu, podemos, no entanto, usar nosso estado sobre a Terra com um contraste completo do glorificado estado celestial. Porque aqui, quando vemos o Mestre, é a distância. Ocasionalmente, estamos em Sua companhia, assim achamos, mas não podemos deixar de sentir que há um grande abismo posto entre nós, mesmo quando nos aproximamos dele. Sabe, falamos sobre recostar nossa cabeça em Seu peito e assentar-nos aos Seus pés, mas infelizmente descobrimos que, no final das contas, isso é muito metafórico quando comparado à realidade que desfrutaremos lá em cima. Contemplamos a Sua face, cremos que, por vezes, admiramos Seu coração e provamos como é gracioso, mas ainda há longas noites de escuridão entre nós. Clamamos repetidamente como a noiva: "Tomara fosses como meu irmão, que mamou os seios de minha mãe! Quando te encontrasse na rua, beijar-te-ia, e não me desprezariam! Levar-te-ia e te introduziria na casa de minha mãe, e tu me ensinarias; eu te daria a beber vinho aromático e mosto das minhas romãs." Estivemos com Ele, no entanto, Ele estava num cômodo no piso superior e nós abaixo; estivemos com Ele, mas ainda sentimos que estávamos longe dele, mesmo quando mais próximos.

Novamente, mesmo as mais doces visitas de Cristo, como são rápidas! Ele vem e vai como um anjo; Suas visitas são poucas e distantes para a maioria de nós, e, ó! tão curtas — infelizmente tão curtas para jubilarmos. Em um momento nossos olhos o veem e nos regozijamos com júbilo indescritível e pleno de glória. Contudo, mais um pouco e não o vemos, nosso Amado se retira de nós; como um cabrito ou um jovem cervo Ele salta sobre as montanhas da divisão; retorna à terra das especiarias e não mais se alimenta entre os lírios. Ó! Como é doce a perspectiva do tempo em que não o veremos mais a distância, mas face a face. Há um grande sermão nessas palavras, face a face. E não o veremos por curto tempo. Ó! Se é doce vê-lo aqui e agora, quão mais doce será contemplar a face bendita para sempre e jamais ter uma nuvem entre nós e nunca ter que desviar os olhos para olhar para um mundo de canseira e angústia. Dias melhores! Quando virão? Quando nossa companhia com Cristo será próxima e ininterrupta?

Observemos, mais uma vez, que quando temos um vislumbre de Cristo muitos entram em cena para interferir. Temos nossas horas de contemplação quando nos aproximamos de Jesus, mas, infelizmente, como o mundo se apresenta para interromper mesmo nossos momentos mais quietos — a loja, o campo, o filho, a esposa, o líder, talvez o próprio coração — todos esses se intrometem entre nós e Jesus. Cristo ama a quietude; Ele não falará à nossa alma em lugares movimentados, mas diz: "Venha, amado, vamos à vinha, afaste-se dos vilarejos, lá lhe mostrarei meu amor." Mas quando vamos aos vilarejos, vejam os filisteus estão lá, o cananita invadiu a terra. Quando nos libertamos de todos os pensamentos, exceto do pensar em Jesus, o errante bando de pensamentos beduínos vêm sobre nós e nos roubam os tesouros e pilham nossas tendas. Somos como Abraão com seu sacrifício; dispomos os pedaços prontos para serem queimados, mas os vis pássaros vêm aproveitar-se do sacrifício que desejamos guardar para nosso Deus, e para Ele apenas. Temos de fazer como Abraão: quando os pássaros vieram sobre o sacrifício, ele os espantou. No entanto, no

Céu não haverá interrupções; os olhos que pranteiam não farão que, por um momento, interrompamos nossa visão; nenhuma alegria terrena e, nenhum prazer sensual criarão dissonância em nossa melodia; não haverá campos para cultivar, nenhuma vestimenta para fiar, ou braços e pernas cansados, nenhuma agonia tenebrosa, ou sede que consome, nem sofrimento por fome, nenhum pranto por luto; não teremos mais o que fazer ou pensar, apenas contemplaremos para sempre o Sol da justiça com olhos que não podem ser cegados e com corações que não se fatigam. Estar naqueles braços para sempre, por toda a eternidade estar preso a Seu peito, sentir os batimentos de Seu sempre fiel coração, ou beber de Seu amor, estar para sempre satisfeito com Seu favor, e pleno com a bondade do Senhor. Ó! Se precisássemos morrer para ter deleites como esses! — a morte é lucro, ela foi tragada pela vitória.

Nem devemos nos desviar do doce pensamento que temos de estar com Cristo onde Ele estiver, até que tenhamos nos lembrado de que, embora nos aproximemos dele na Terra, por mais que tenhamos recebido dele será apenas como um gole do poço. Muitas vezes chegamos aos poços de Elim e às 70 palmeiras [N.E.: Êxodo 15:27.], mas quando nos assentamos embaixo delas, sentimos como se fosse apenas um oásis; amanhã teremos que andar sobre as escaldantes areias com o causticante sol sobre nós. Um dia nos sentamos e bebemos da doce e refrescante fonte; amanhã sabemos que estaremos com lábios ressecados à fonte de Mara clamando: "Ai de mim, ai de mim! É amarga; desta não posso beber". Contudo, no Céu faremos o que Rutherford [N.E.: Pastor escocês, 1600–61.] diz: traremos a fonte a nossos lábios e beberemos diretamente do poço que jamais secará, beberemos até saciar nossa alma plenamente. Sim, o cristão receberá de Jesus tanto quanto o finito pode suportar do infinito. Não o veremos por um piscar de olhos e depois o perderemos, mas para sempre o contemplaremos. Não comeremos do maná que será como algo pequeno e arredondado, uma semente de coentro, mas o maná do qual nos alimentaremos será como montanhas, grandes montes de alimento; lá teremos rios de prazer e oceanos de alegria arrebatadora. Ó, é-nos muito difícil dizer, com tudo o que podemos supor do Céu, quão grande, profundo, elevado e amplo ele é. Quando Israel se alimentou daquele ramo vindo de Escol, imaginaram como seriam os cachos em Canaã, e quando provaram do mel, imaginaram a doçura. No entanto, garanto que nenhum homem em toda aquela multidão tinha a menor ideia do quão plena de fertilidade e doçura era aquela terra, como os riachos fluíam com mel e as rochas escorriam gordura. Da mesma forma, nenhum de nós que vive mais perto de nosso Mestre esboça a menor ideia do que é estar com Jesus onde Ele está.

Agora, tudo que há para ajudar na minha débil descrição do estar com Jesus é — se você tem fé em Cristo, considere este fato, que em alguns poucos meses você saberá mais sobre esse assunto do que o mais sábio dos mortais poderia saber. Mais algumas rotações do Sol e estaremos no Céu. Prossiga! Ó, tempo, voe com suas rápidas asas! Mais alguns anos e verei a Sua face. Ó, meu ouvinte, você pode dizer: "Contemplarei Sua face?". Venham irmãos de cabelos alvos que se aproximam do objetivo desta vida. Vocês podem confiantemente dizer: "Eu sei que meu Redentor vive!"? Se sim, isso encherá de alegria a sua alma. Nunca posso pensar sobre isso sem vir às lágrimas. Pensar que esta cabeça usará uma coroa; que esses pobres dedos tocarão as cordas das harpas nas canções eternas; que esses míseros lábios que agora debilmente falam sobre as maravilhas da graça remidora, se unirão aos querubins e serafins e concorrerão com eles em melodias. Não é bom demais para ser verdade? Não lhes parece que, às vezes, a grandeza do pensamento estupefaz sua fé? Contudo, a verdade é: Estaremos com Ele onde Ele está. Sim, João, você reclinou sua cabeça no peito do seu Salvador certa vez, e muitas vezes eu o invejei, porém tomarei seu lugar logo. Sim, Maria, foi seu prazer assentar-se aos pés de seu Mestre enquanto Marta estava atarefada com seu excesso de serviço. Eu, semelhantemente, estou sobrecarregado com este mundo, mas deixarei no túmulo meus cuidados do tipo Marta e tomarei assento para ouvir a voz do Mestre. Sim, ó esposa, você pediu para ser beijada por seus lábios, e o que você pediu, a pobre humanidade ainda verá. E os mais pobres, miseráveis e menos instruídos entre vocês que confiaram em Jesus colocarão seus lábios sobre os lábios de seu Salvador — não como Judas — mas com um sincero "Viva ao Mestre!", você o beijará. E, então, envolvido pelos raios de Seu amor, como uma turva estrela é eclipsada à luz solar, você mergulhará no doce esquecimento provocado pelo êxtase, que é a melhor descrição que podemos dar das alegrias dos redimidos. "Pai, a minha vontade é que onde eu estou, estejam também comigo os que me deste". A mais doce alegria celestial é estar com Cristo.

E agora a próxima oração é "para que vejam a minha glória que me conferiste". Esse é a *mais amável atividade celestial*. Não duvido de que haja muitas alegrias no Céu que ampliarão a grande alegria com a qual apenas começamos; confio que o encontro com os amigos que já partiram — a sociedade dos apóstolos, profetas, sacerdotes e mártires — alargarão a alegria dos redimidos. No entanto, o sol que lhes trará a maior luz ao seu júbilo será o fato de que estarão com Jesus e contemplarão a Sua face. Podem haver outras atividades no Céu, mas esta menção no texto é a principal: "Para que vejam a minha glória". Ó para a língua dos anjos! Ó para os lábios dos querubins! Por um momento retratar as altíssimas cenas que o cristão contemplará quando vir a glória de seu Mestre, Jesus Cristo! Daremos um panorama diante de nossos olhos das grandiosas cenas da glória que veremos depois da morte. No momento em que a alma se separar deste corpo, ela contemplará a glória de Cristo. A glória de Sua pessoa será a primeira coisa que cativará nossa atenção. Lá, Ele estará assentado no trono, e nossos olhos primeiramente serão conquistados com a glória de Sua aparência. Talvez sejamos tomados pelo assombro. É este o semblante que foi mais ferido do que de qualquer outro homem? São estas as mãos transpassadas pelo rude ferro? É esta a cabeça que uma vez esteve coroada por espinhos? Ó, como crescerá e crescerá nossa admiração até às mais elevadas alturas, quando virmos Aquele que era humilde e muito aflito, agora como Rei dos reis e Senhor dos senhores. São aqueles olhos flamejantes os mesmo que choraram sobre Jerusalém? São estes os pés, calçados com sandálias de luz, que uma vez foram feridos pelos ásperos terrenos da Terra Santa? É este o Homem que, cheio de feridas e hematomas, foi levado ao Seu túmulo? Sim, é Ele. E isso dominará nossos pensamentos — a divindade e humanidade de Cristo; o maravilhoso fato de que Ele é Deus sobre tudo e bendito para sempre e, ao mesmo tempo, homem, carne da nossa carne e sangue do nosso sangue. E, quando por um momento tivermos testemunhado disso, não duvido de que a próxima glória que veremos será a glória de Sua *entronização*. Ó, quando o cristão estiver aos pés do trono de Seu Mestre e olhar para cima! Se pudesse haver lágrimas no Céu, lágrimas de rico deleite rolariam sobre sua face quando olhasse para o entronizado. "Ó", dirá ele, "muitas vezes cantei na Terra 'Coroai-o! Coroai-o! Coroai o Rei dos reis e o Senhor dos senhores!'". E agora o vejo; aquelas montanhas de gloriosa luz minha alma não ousa escalar. Lá, lá está Ele assentado! Na escuridão, Suas vestimentas surgem com luz ofuscante. Milhões se prostram em êxtase. Não ponderaremos por muito tempo, mas, tomando nossas coroas em nossas mãos, ajudaremos a aumentar esta pompa solene e, atirando nossas coroas a Seus pés, nos uniremos às canções eternas: "Àquele que nos ama, e, pelo seu sangue, nos libertou dos nossos pecados... a ele a glória... pelos séculos dos séculos". Vocês conseguem imaginar a magnificência do Salvador? Conseguem entender como os tronos e príncipes, principados e poderes, todos aguardam o Seu sinal e comando? Não conseguem descrever como a mitra do Universo serve-lhe na fronte, ou como a régia púrpura de todos os mundos cercam-lhe os ombros; mas é certo que desde o mais alto Céu até ao mais profundo Inferno, Ele é o Senhor dos senhores — desde o mais longínquo oriente até ao ocidente, Ele é o dono de tudo. As canções de todas as criaturas encontram objetivo nele. Ele é o grande receptáculo de louvor. Todos os rios correm para o mar, e todos os Aleluias são para Ele, pois é o Senhor de tudo. Ó, isso é o Céu — é todo o Céu que desejo, ver meu Mestre exaltado; isso tem frequentemente fortalecido meus joelhos quando estou exausto e acerado e estimulado a minha coragem quando estou desfalecido. "Pelo que também Deus o exaltou sobremaneira e lhe deu o nome que está acima de todo nome, para que ao nome de Jesus se dobre todo joelho, nos céus, na terra e debaixo da terra".

O cristão terá de esperar um pouquinho mais e então verá coisas ainda mais gloriosas. Após alguns anos, verá a glória dos últimos dias. A profecia nos diz que este mundo se tornará domínio de Cristo. No presente, a idolatria, o derramamento de sangue, a crueldade e a luxúria reinam. Mas está próximo o tempo em que esse estábulo de Áugias [N.E.: Rei grego que possuía enorme gado, cujos estábulos Hércules limpou em um só dia.] será limpo de uma vez para sempre; quando esse enorme campo de Aceldama [N.E.: Termo aramaico para o Campo do Oleiro, ou Campo de Sangue (Mateus 27:3-10).] se tornará o templo do Deus vivo. Cremos nesse tempo, Cristo em pompa solene descerá do Céu para reinar sobre a Terra. Não podemos ler nossa Bíblia e crer nela literalmente sem acreditar que dias melhores virão quando Cristo sentará sobre o trono de Seu pai Davi, quando reunirá Sua corte na Terra e reinará gloriosamente entre Seus antepassados. Mas, ó, se for assim, nós o veremos, se pertencermos àquela jubilosa multidão que colocou sua confiança em Cristo. Estes olhos verão essa aparição pomposa, quando Ele se levantar sobre a Terra no último dia. "Os meus olhos o verão, e não outros". Eu quase poderia prantear em pensar que perdemos a oportunidade de vê-lo crucificado. Penso que os doze apóstolos foram altamente agraciados, mas quando virmos nosso Senhor aqui, e será como nosso Cabeça, veremos que todas as deficiências são transformadas em eterno peso de glória. Quando desde o centro até os polos as harmonias deste mundo forem oferecidas em Seu louvor, estes ouvidos o ouvirão; quando todas as nações se unirem no brado, esta língua se unirá a elas também. Bem-aventurados os homens e mulheres que têm a esperança de contemplar a glória do Salvador.

Enfim, depois disso outra pequena pausa; mil anos percorrerão seu círculo de ouro e, enfim, virá o julgamento. Cristo descerá do Céu ao som da trombeta e com impressionante pompa — anjos serão Seus guarda-costas, cercando-o pelos lados. As carruagens do Senhor são vinte milhares, e também milhares de anjos. Todo o céu se revestirá de maravilhas. Profecias e milagres serão tão abundantes e plenos como as folhas das árvores. A Terra estremecerá com a pisada do Onipotente; os pilares dos Céus serão abalados como um bêbado sob o peso do eterno esplendor — a eternidade se revelará no Céu, enquanto na Terra todos os homens serão reunidos. O mar entregará seus mortos; as sepulturas cederão seus inquilinos; dos cemitérios e dos campos de batalha, os homens partirão aos milhares; todo olho o verá, inclusive aqueles que o crucificaram. E enquanto o incrédulo mundo prantear e se lamentar por causa dele, buscando esconder-se da face do que se assenta no trono, os cristãos se apresentarão e com músicas e sinfonias de corais encontrarão seu Senhor. Depois disso, se reunião ao Senhor nos ares e após Ele dizer: "Vinde, benditos!", eles tomarão assento como Seus assessores naquele horrendo banco do julgamento. Quando por fim Ele disser: "Apartai-vos de mim, malditos", e com Sua mão esquerda abrir a porta do trovão liberando as chamas do fogo, os crentes clamarão "Amém!". E quando a Terra se desfizer e os homens se afundarem na sua determinada perdição, os fiéis, alegremente testemunhando o triunfo de seu Mestre, bradarão continuamente o grito da vitória — "Aleluia, pois o Senhor triunfou sobre tudo."

E para completar a cena, quando o Salvador ascender pela última vez, Suas vitórias todas consumadas e a própria morte destruída, Ele, como poderoso conquistador a cavalgar sobre as luminosas ruas celestiais, arrastará com as rodas de Sua carruagem o inferno e a morte. Você e eu, como servos ao Seu lado, bradaremos a vitória ao Seu trono; enquanto os anjos batem suas brilhantes asas e clamam: "A obra do Mediador está consumada". Contemplaremos a Sua glória. Imagine qualquer esplendor e magnificência que quiser, se o fizer e concebê-lo corretamente, você o contemplará.

Vocês veem pessoas neste mundo correndo pelas ruas para ver um rei ou rainha cavalgando entre eles. E como alguns sobem em seus telhados para ver alguns guerreiros retornando da batalha. Que irrelevante! O que é ver um pedaço de carne e sangue, mesmo que coroado com ouro? Mas, o que significa ver o Filho de Deus com as mais altas honrarias celestiais o acompanhando, entrando pelos portões de pérola enquanto o vasto Universo ressoa: "Aleluia, pois o Senhor Deus Onipotente reina!"

Preciso encerrar observando o último ponto. Na oração de nosso Salvador, o maior privilégio celestial também está incluído. Note, não apenas devemos estar com Cristo e contemplar Sua glória, mas devemos ser como Cristo e glorificados com Ele. O Senhor é fulgurante? Nós também o seremos. Está Ele entronizado? Nós também seremos entronizados. Há uma coroa sobre Sua cabeça? Também haverá sobre a nossa. Ele é sacerdote? Também seremos sacerdotes e reis para oferecer sacrifícios aceitáveis eternamente. Perceba, que tudo o que pertence a Cristo, o cristão também o compartilhará. Isso me parece a soma e a coroa de tudo — reinar com Cristo, cavalgar em Sua carruagem triunfante e ter uma porção de Sua alegria; ser honrado com Ele, ser aceito nele, ser glorificado com Ele. Isso é Céu, é Céu sem dúvida.

E agora, quantos há aqui que têm esperança de que esta será a sua porção? Bem disse Crisóstomo [N.E.: Arcebispo de Constantinopla (347–407).]: "As dores do inferno não são o pior do inferno; a perda do Céu é o maior sofrimento de lá". Perder a visão de Cristo, Sua companhia, a contemplação de Suas glórias, isto deve ser a pior parte da maldição dos perdidos.

Ó, vocês que não têm essa bendita esperança, como conseguem viver? Estão enfrentando um mundo obscuro em direção à eternidade ainda mais escura. Eu lhes imploro, parem. Reflitam por um momento se vale a pena perder o Céu por essa Terra pobre. O quê? Empenhar as glórias eternas por um mísero centavo dos poucos momentos de alegria deste mundo? Não, imploro-lhes que parem. Avaliem a barganha antes de aceitá-la. O que lhes aproveitará se ganharem o mundo todo e perderem sua alma e um Céu como este?

E quanto a vocês que têm esperança, clamo, segurem-se firmes, vivam sobre essa verdade, regozijem-se nela. Vivam perto de Seu Mestre agora, para que suas evidências sejam claras; quando cruzarem a correnteza, o verão face a face. E somente os que desfrutam desse privilégio todo o momento, poderão descrever como isso é.

Sermão extraído de *O Púlpito do Tabernáculo Metropolitano* e pregado na manhã de domingo, 17 de abril de 1858.

13

A PRIMEIRA DOXOLOGIA DE JOÃO

Àquele que nos ama, e em seu sangue nos lavou dos nossos pecados, e nos fez reis e sacerdotes para Deus e seu Pai, a ele, glória e poder para todo o sempre.
Amém! (Apocalipse 1:5,6 ARC)

João nem começara a escrever suas cartas às sete igrejas, mal mencionara seu próprio nome e afirmado de quem viera esta mensagem, quando sentiu a necessidade de elevar seu coração numa alegre doxologia. A simples menção do nome do Senhor Jesus, "a Fiel Testemunha, o Primogênito dos mortos e o Soberano dos reis da terra", incendiou seu coração. Não poderia sentar-se sem entusiasmo para escrever o que o Espírito de Deus lhe ditava; precisa levantar-se, cair sobre seus joelhos bendizendo, magnificando e adorando o Senhor Jesus. Esse texto é a erupção de um grande gêiser de devoção. O espírito de João estivera calmo por um tempo, contudo, repentinamente a correnteza de seu amor por Jesus salta como uma fonte, elevando-se tanto que parece orvalhar o próprio Céu com sua cintilante coluna de amor cristalino. Veja esse fluir ascendente enquanto lê as palavras: "Àquele que nos ama, e em seu sangue nos lavou dos nossos pecados, e nos fez reis e sacerdotes para Deus e seu Pai, a ele, glória e poder para todo o sempre. Amém!".

João é apenas um entre os demais apóstolos nessa forma de irromper devoção em momentos inesperados. O amor deles por seu Mestre divino era de tal forma intenso que somente ouvir os Seus passos lhes aceleraria a pulsação; e se ouvissem a Sua voz, seriam arrebatados. Quer no corpo ou fora dele, não poderiam afirmar, mas estavam impelidos a magnificar o nome do Salvador. Independentemente do que estivessem fazendo, sentiam-se compelidos a interrompê-lo na mesma hora, para render honras diretas e distintas ao Senhor Jesus por meio da adoração e da doxologia. Observe como Paulo irrompe em doxologia: "Ora, àquele que é poderoso para fazer infinitamente mais do que tudo quanto pedimos ou pensamos, conforme o seu poder que opera em nós, a ele seja a glória, na igreja e em Cristo Jesus, por todas as gerações, para todo o sempre. Amém!". E novamente: "Assim, ao Rei eterno, imortal, invisível, Deus único, honra e glória pelos séculos dos séculos. Amém!". O mesmo é verdade em Judas, que clamou: "Ora, àquele que é poderoso para vos guardar de tropeços e para vos apresentar com exultação, imaculados diante da sua glória, ao único Deus, nosso Salvador, mediante Jesus Cristo, Senhor nosso, glória, majestade, império e soberania, antes de todas as eras, e agora, e por todos os séculos. Amém!". Os apóstolos fluíam em adoração.

Isso me explica, penso eu, aqueles textos que nos ordenam: "regozijai-vos sempre", "[bendizei] ao Senhor em todo o tempo" e "orai sem cessar". Não quer dizer que devemos sempre estar envolvidos em exercícios devocionais, pois isso implicaria em negligência de nossas demais tarefas. O mesmo apóstolo que nos ordenou orar sem cessar fazia muitas outras coisas, além de orar; certamente falharíamos gravemente se nos trancássemos em nossas recâmaras pessoais e continuássemos lá, perpetuamente sobre nossos joelhos. A vida possui outras tarefas, e tarefas necessárias; ao atendê-las podemos render adoração mais verdadeira ao nosso Deus. Parar de trabalhar em nosso chamado a fim de passar todo nosso tempo em oração seria oferecer a Deus uma tarefa manchada com o sangue de muitos outros. No entanto, podemos "orar sem cessar" se nosso coração estiver sempre em tal estado que a cada oportunidade estaremos prontos para a oração e louvor; melhor ainda se estivermos prontos para criar oportunidades, se formos perseverantes a tempo e fora de tempo e preparados para adorar e suplicar a qualquer momento. Mesmo que não estejamos sempre voando, podemos ser como os pássaros em alerta para alçar voo a qualquer hora, sempre tendo asas, embora nem sempre as usando. Nosso coração deveria ser como um sinalizador luminoso em prontidão para ser aceso. Quando a invasão era iminente nos dias da rainha Elizabeth I, pilhas de madeira e material combustível eram dispostos no alto de certas colinas, e os vigias permaneciam preparados para acender as pilhas ao menor sinal de navios inimigos no horizonte. Tudo estava em prontidão. O montão não era feito de madeira úmida, nem precisavam correr em busca de combustível, mas este aguardava apenas o fósforo. O sinal de fogo não queimava sempre, porém estava sempre preparado para atirar suas chamas. Vocês já não ouviram: "A ti, ó Deus, confiança e louvor em Sião!"? Então, que nosso coração esteja preparado para ser incendiado com louvor por somente um vislumbre dos olhos do Redentor; que esteja em chama com adoração prazerosa com apenas um toque daquelas queridas mãos perfuradas. Em qualquer lugar que estejamos, que possamos estar trajados com a vestimenta da reverência e prontos para unir-nos, a qualquer instante, ao trabalho angelical de magnificar o Senhor, nosso Salvador. Não podemos estar sempre cantando, mas podemos estar sempre cheios de gratidão, que é o tecido com o qual os verdadeiros salmos são compostos.

Essa explosão espontânea do amor de João é o tema de minha pregação nesta manhã. Inicialmente, vou pedir-lhes que considerem *a situação do coração de onde procedem tais explosões*; depois, olharemos mais de perto para *a explosão em si,* pois meu desejo é que possamos ser assim transportados ao louvor, demonstrado em adoração extática. Almejo que nosso coração possa ser como harpas eólicas através das quais cada vento, à medida que varre seu caminho, possa produzir música agradável. Como as rosas que estão prontas para exalar seu perfume, que possamos estar ávidos para louvar a Deus, deleitando-nos de tal maneira no bendito exercício da adoração que imergiremos nela, quando corações mais frios não esperariam que o fizéssemos. Li sobre o senhor Welch, um pastor em Suffolk, que sempre era visto aos prantos, e quando lhe perguntavam o porquê, ele respondia que chorava por não amar mais ainda o Cristo. Não é que muitos de nós não choram por não louvar mais o Senhor? Ó, que essa meditação possa ser usada pelo Espírito Santo para nos conduzir nessa direção!

A SITUAÇÃO DO CORAÇÃO DE ONDE PROCEDEM TAIS EXPLOSÕES

Quem era este homem que, quando começava a tratar das maiores necessidades da Igreja, põe de lado sua caneta para louvar ao Salvador? Vamos aprender sobre o caráter dele a partir de sua própria linguagem piedosa. Veremos seu ser interior aqui, pois fica estupefato e fala de seu coração de maneira muito franca. Agora podemos vê-lo como ele é e aprender que tipo de pessoas devemos ser se, como ele, transbordarmos em louvor. Seria fácil falar extensivamente sobre João a partir daquilo que conhecemos de sua história em outras partes das Escrituras, mas, neste momento, vou me ater às palavras desse texto e logo percebo que esse homem de doxologia, de quem o louvor irradia como a luz do sol nascente, é primeiramente *um homem que percebeu a pessoa de seu Senhor*. A primeira palavra é "*Àquele*"; então, precisa dizer pela segunda vez, antes de concluir: "a *ele*, a glória e o poder". A pessoa de seu Salvador evidentemente está diante de seus olhos. Ele vê o próprio Cristo assentado no trono. A falha de muitos acadêmicos é que para eles Cristo é um personagem no papel, certamente mais do que um mito, no entanto, ainda somente uma pessoa de passado turvo, uma figura histórica que viveu há muitos anos e realizou obras muito admiráveis pelas quais somos salvos. Contudo, longe de ser uma realidade viva, presente e brilhante. Muitos pensam de Jesus como alguém que partiu, não sabem para onde, e que é pouco mais real e presente para si do que Júlio César ou qualquer outro notável personagem da antiguidade. Temos uma forma muito maligna de tornar os fatos das Escrituras em romances, transformando aquilo que é sólido em noções superficiais, considerando as augustas sublimidades da fé como ilusórias, fantasias indistintas, em vez de questões substanciais de fato. É grandioso conhecer pessoalmente o Cristo de Deus como alguém vivo, falar-lhe aos ouvidos, olhar-lhe a face e entender que habitamos nele e que Ele está sempre conosco, até o fim do mundo. Jesus não era uma abstração para João; o apóstolo o amava demais por isso. O amor tem um grande poder vivificador; ele torna nossas impressões daqueles que estão distantes de nós muito vívidas e os trazem para perto. O grande e terno coração de João não poderia imaginar Cristo como uma concepção nebulosa, mas ele se lembrava de seu Mestre como o bendito com que conversara e sobre cujo peito reclinara. Percebemos isso porque sua canção se eleva instantaneamente ao próprio ser do Senhor, começando com "Àquele".

João nos faz ver Jesus na ação da qual fala em sua doxologia. É assim: "*Àquele* que nos ama". Não é "ao amor de Deus", um atributo ou influência ou uma emoção; é "Àquele que nos ama". Sou imensamente grato pelo amor, porém mais agradecido Àquele que concede o amor. Você pode, de alguma forma, falar do amor e elogiá-lo, porém, se o conhece apenas abstratamente, de que lhe serve? Não aquece o coração, nem inspira o espírito. Quando o amor nos vem de uma pessoa conhecida, então o valorizamos. Davi não se importava com o amor de um guerreiro desconhecido, mas quanto prezava aquele amor que Jônatas lhe dedicava, do qual cantou: "Excepcional era o teu amor, ultrapassando o amor de mulheres"! É doce cantar o amor, mas os corações santificados deleitam-se ainda mais em cantar "*Àquele* que nos ama".

Também é assim com a lavagem dos pecados. Ela é suficiente para nos fazer entoar canções sobre a misericórdia perdoadora para sempre e sempre, se é que já fomos purificados do pecado. Contudo o cerne da alegria é adorar Aquele que "em seu sangue nos lavou dos nossos pecados". Observe que Ele nos limpa, não por um processo alheio a si mesmo, mas pelo derramar de Seu próprio sangue da reconciliação. Quando contemplamos as feridas de onde escorreu a expiação, quando fitamos aquele semblante tão tristemente desfigurado, a fronte com tão cruéis cicatrizes, e quando espreitamos o coração perfurado pela lança em nosso favor para suprir dupla purificação por nossos pecados, a lavagem pelo sangue é conduzida à mais elevada estima do coração. "Àquele que nos lavou". Os discípulos ficaram constrangidos a amar as mãos que tomaram a bacia e derramaram água sobre seus pés, e o lombo cingido com a toalha para limpá-los; nós, irmãos, temos de fazer o mesmo. No entanto, quanto à lavagem com o Seu próprio sangue, como poderemos louvá-lo suficientemente? Que possamos cantar o novo cântico, dizendo: "Digno és [...] porque foste morto e com o teu sangue compraste para Deus os que procedem de toda tribo, língua, povo e nação". Quando percebemos Cristo e compreendemos quão distintas são essas preciosas obras de amor, bem como o próprio amor que vem dele, cujo sagrado coração é todo nosso, acrescentamos peso à nossa adoração.

Portanto, se somos "reis e sacerdotes", foi Cristo quem nos fez assim.

> Confessam os sacerdotes ao redor do altar:
> Se alvas como a neve suas vestes são
> É por causa da retidão do Salvador
> E de Seu sangue poderoso para limpar.

Nossa dignidade de realeza e nosso sacerdócio derivam dele. Que não contemplemos somente a correnteza, mas também consideremos a fonte. Dobremo-nos diante do bendito e do único Soberano que nos coroa e entroniza; exaltemos o fiel Sumo sacerdote que nos veste e nos unge. Vejamos o divino Ator em cena no grande cenário e lembremo-nos de que Ele vive para sempre, portanto devemos render-lhe glória perpetuamente. João adora o próprio Senhor. Sua mente não está fixa sobre as Suas vestes, Suas coroas, Sua posição de autoridade, Suas obras. Estão no Cristo, em Sua própria pessoa. "Eu O VI", diz o discípulo amado, e esta visão quase obscureceu o resto. Seu coração era todo de Jesus. O incensário deve produzir fumaça *para Ele*, o cântico deve subir em *Seu louvor* — para Ele, para a pessoa de Jesus.

Oro para que cada acadêmico aqui possa ter o Cristo verdadeiro, pois de outra forma ele não será um cristão de verdade. Gostaria que vocês reconhecessem este ensino nessa percepção que João teve de Jesus — que devemos considerar nossa santa fé como baseada em fatos e realidades. Não seguimos "fábulas engenhosamente inventadas". Vocês creem na vida divina de Cristo? Também creem que Ele que é "Deus verdadeiro de Deus verdadeiro" realmente encarnou e nasceu em Belém? Vocês rebaixam a união da divindade com nossa humanidade como o fato histórico de maior influência sobre toda a história do gênero humano? Creem que Jesus viveu na Terra e trilhou os acres da Judeia, trabalhando em nosso favor, e que Ele realmente morreu no lugar dos pecadores? Creem que Ele foi sepultado e no terceiro dia ressuscitou dos mortos? Estas histórias estão num livro ou são fato na vida de um amigo próximo? Para mim, o maior fato de toda a história é que o Filho de Deus morreu, ressuscitou dos mortos e vive para sempre como meu representante. Muitas afirmações históricas são bem atestadas, mas nenhum fato nos registros humanos é metade tão bem comprovado quanto a infalível ressurreição de Jesus Cristo. Isso não é invenção, nem fábula, ou parábola, mas um fato literal, e, sobre ele, está depositada toda a confiança do cristão. Se Cristo não é ressurreto, então, nossa fé é vã; como Ele certamente ressurgiu e está à direita de Deus, o Pai, em breve virá para ser nosso juiz, a nossa fé é justificada e, no devido tempo, terá sua recompensa. Obtenha uma religião de fatos e terá uma religião que produzirá fatos ao atuar sobre a sua vida e caráter. No entanto, uma religião de fantasias será somente uma religião imaginária, e nada prático virá dela.

Ter o Cristo verdadeiro e pessoal é obter firme ancoragem para o amor, para a fé e para a esperança. De certo modo, o homem não pode amar aquilo que não é tangível. Não amam o que não compreendem. Quando eu estava para iniciar o orfanato em Stockwell, certo cavalheiro que tinha grande experiência em um excelente orfanato me disse: "Comece sem jamais esperar a menor gratidão dos pais das crianças, e não ficará decepcionado"; pois, afirmou: "Tenho ligação com um determinado orfanato", o qual ele mencionou, "por muitos anos e, com exceção de um caso raro, nunca testemunhei o menor sinal de gratidão de qualquer das mães cujos filhos foram recebidos". Contudo, minha experiência é muito diferente. Já tive muitos apertos de mão que significavam agradecimento, frequentemente vejo lágrimas principiando nos olhos das mães e recebo muitas cartas agradecidas pela ajuda estendida às crianças órfãs. Como explico a diferença? Não porque nosso orfanato tenha feito mais do que o outro, mas este é dirigido por um comitê que não possui um líder reconhecido, e, portanto, é de certa forma uma abstração; as pobres senhoras não sabem a quem ser agradecidas e, consequentemente, não agradecem a ninguém. Em nosso caso, os pobres dizem a si mesmos: "Aqui está o senhor Spurgeon, e ele aceitou nossos filhos no orfanato". Reconhecem em mim o representante externo e visível de muitos corações generosos que me ajudam. Conhecem-me, pois podem ver-me, e dizem: "Deus o abençoe", por terem alguém a quem o dizer. Não há nada de especial em mim, com certeza, e há outros que merecem muito mais gratidão do que as que chegam a mim, mas é a mim que chegam porque os pobres conhecem o nome e o homem e não precisam olhar para uma mera abstração. Perdoem-me pela ilustração, mas ela se encaixa bem em meu propósito. Se você tem um Cristo que não pode perceber como concreto, não o amará com aquela afeição fervorosa que é tão desejada. Se não pode tocar o Senhor em sua mente, não o adotará em seu coração, mas se você já percebeu o bendito Mestre, se Ele se tornou uma pessoa real para você, aquele que o amou verdadeiramente e o lavou de seus pecados tornando-o rei e sacerdote, então seu amor deve fluir em direção a Ele. Não poderá resistir ao impulso de amar Aquele que o amou tão verdadeiramente e lhe é tão bem conhecido.

Isso também dá suporte à fé. Se você conhece o Senhor Jesus, sentirá que pode confiar nele. "Em ti, pois, confiam os que conhecem o teu nome". Aqueles à quem Cristo se tornou um amigo bem conhecido não acham difícil confiar nele em seus tempos de angústia. Um Cristo desconhecido não é confiável, mas quando o Espírito Santo revela Jesus, também gera fé. Por esse mesmo meio sua esperança se torna vívida, pois você pode dizer: "Ah, sim, conheço Jesus e tenho certeza de que Ele cumprirá Sua palavra. Cristo disse: 'voltarei e vos receberei para mim mesmo', e tenho certeza de que Ele virá, porque não é de Seu feitio enganar aos Seus escolhidos". Os olhos da esperança ficam cintilantes à medida que pensa em Jesus e o percebe como amoroso até o fim. Nele crendo, a esperança se regozija com alegria indizível e repleta de glória. Amar, confiar, esperar são fáceis na presença do verdadeiro Cristo vivo, mas, se como os discípulos no lago da Galileia no meio da madrugada, acharmos que Ele é mero espectro ou aparição, ficaremos temerosos e gritaremos com medo. Nada satisfará um verdadeiro cristão a não ser o verdadeiro Cristo.

A seguir, o apóstolo João, em quem notamos essa explosão de devoção, era um homem *firmemente seguro de sua posse* das bênçãos pelas quais louvou o Senhor. A dúvida não traz explosões; seu gélido hálito congela tudo. Ó, que haja mais certeza! Hoje em dia, vemos cristãos conversando assim: "Àquele que esperamos que nos ame, que humildemente confiamos que tenha nos lavado, e em quem, às vezes, cremos que nos tenha nos tornado reis, a Ele seja a glória!". Ah! A doxologia é tão débil que parece implicar tão pouca glória quanto você quiser. O fato é: se você não sabe que possui uma bênção, não sabe se deve ou não agradecer por ela, porém, quando um homem sabe que tem as bênçãos da aliança, essa segurança divina que o Espírito Santo concede aos cristãos opera neles um entusiasmo santo de devoção por Jesus. Tal homem sabe do que desfruta e bendiz Àquele de quem vem todo o deleite. Amado, eu gostaria que você soubesse, sem sombra de dúvida, que Jesus é seu, para que você possa dizer sem hesitação: "Ele me ama e se entregou por mim". Você nunca dirá: "Senhor, tu sabes todas as coisas, tu sabes que eu te amo", a menos que primeiramente esteja firmado no ponto de que Jesus o ama, pois "nós amamos porque ele nos amou primeiro". João tinha certeza de que era amado, e foi ainda mais claro quanto a ser lavado, portanto, derramou sua alma em louvor. Ó, saber que foi lavado de seus pecados no sangue de Jesus! Alguns acadêmicos parecem meio atemorizados em afirmar que estão purificados, mas ouvinte, se você for um crente em Jesus, a questão é clara: "nenhuma condenação há para os que estão em Cristo Jesus". Quem crê nele tem a vida eterna. Quem nele crê é justificado de todas as coisas das quais não seria justificado pela Lei de Moisés. "Vós estais limpos", diz o Cristo. "Quem já se banhou não necessita de lavar senão os pés; quanto ao mais, está todo limpo."

> Ó, quanto é doce ver o fluir
> Do precioso sangue do Salvador!
> Com divina segurança usufruir
> Da paz com o Pai, que Cristo me proporcionou.

Essa segurança bem fundamentada o levará ao êxtase, e não será muito antes de que seu coração irrompa num revigorante manancial de amor em adoração. A partir daí, você também louvará o Senhor com palavra como estas: "Àquele que nos ama, e em seu sangue nos lavou dos nossos pecados [...] a ele, glória e poder para todo o sempre. Amém!".

Creio que salientamos dois pontos que são muito claros. João percebera seu Mestre e agarrou firmemente a bênção que Ele lhe trouxera. Contudo, *o apóstolo também sentira*, e esse sentimento era muito forte, *a sua comunhão com todos os santos*. Observe o uso do pronome plural. Não deveríamos nos surpreender se ele tivesse dito: "Àquele que *me* ama, e em seu sangue *me* lavou dos meus pecados". Teria havido uma perda de doçura se a doxologia fosse bem estilizada, e soaria muito pouco como João. Ele é o espelho do amor e não pode viver só ou regozijar-se solitariamente nos benefícios sagrados. Precisa ter toda a fraternidade ao seu redor e necessita falar em seus nomes ou será destituído de parte de si mesmo. Amados, é bom que vocês e eu usemos esse "nos" muitas vezes. Há tempos em que é melhor dizer "me", mas no geral, vamos nos prender ao "nos". Nosso Senhor não nos ensinou o "nós" quando oramos dizendo: "Pai nosso, que estás nos céus. O pão nosso de cada dia dá-nos hoje; e perdoa-nos as nossas dívidas", e assim por diante? Jesus não nos ordenou dizer "meu Pai". Nós o dizemos, e está tudo bem em fazê-lo, mas nossas orações devem ser mais ao estilo "Pai nosso", e nosso louvor deve ser: "Àquele que *nos* ama, e em seu sangue *nos* lavou dos nossos pecados". Permitam-me perguntar-lhes, amados irmãos, vocês não amam mais o Senhor Jesus e o louvam ainda com mais coração porque Sua graça e amor não foram dados apenas a vocês? Vejam, esse amor abençoado envolveu nossos filhos, nossos vizinhos, nossos companheiros de igreja, miríades que partiram antes de nós, multidões que nos cercam, e uma ainda mais inumerável que nos sucederá; por isso devemos louvar o Senhor gracioso com gozo ilimitado. Esta salvação parece muito mais encantadora quando pensamos nela não como um copo de água do qual um ou dois de nós pode sorver, mas como um poço aberto no meio do deserto, sempre fluindo, sempre trazendo vida, libertação e restauração para todos os que passam por aquele caminho. "Àquele que nos ama". Ó, meu Senhor, eu te bendigo por teres me amado, porém, às vezes, penso que poderia adorar-te por amares minha esposa, por amares meus filhos e todos meus queridos amigos que me cercam, mesmo que eu não possuísse parte alguma em Tua salvação. Às vezes, parece que a maior parte dele não é que compartilhe da Tua compaixão, mas que todas estas pobres ovelhas fossem reunidas em Teu aprisco e preservadas a salvo por ti. O instinto de um pastor cristão o conduz especialmente a amar a Cristo pelo fato de amar a muitos, acho que o pensamento de cada verdadeiro servo do Senhor segue mais ou menos nessa mesma linha. Ninguém irromperá em tal alegre adoração como jamais provamos anteriormente, a menos que tenha um coração cheio de amor por todos seus irmãos. Assim, quando ele erguer seus olhos para a multidão dos redimidos que o cerca, será desperto para clamar com gozo entusiasta:

> Àquele que a alma dos homens amou,
> E em Seu sangue nos lavou,
> A elevadas honras nossa fronte ergueu
> E nos fez sacerdotes para Deus;
> Que toda língua o louve,
> E todo coração o ame!

A Ele, todas as gratas honrarias da Terra,
E do Céu, as mais nobres canções!

Esta é a condição do coração que sugere essas doxologia.

A EXPLOSÃO EM SI

Esta é uma doxologia e como tal não é a única: *é apenas uma entre muitas*. Em Apocalipse, as doxologias são frequentes, e nos primeiros capítulos elas crescem claramente à medida que o livro se desenvolve. Se vocês têm suas Bíblias consigo, como deveriam, perceberão que nesse primeiro irromper somente duas coisas são atribuídas a Deus. "A Ele seja a glória e o domínio pelos séculos dos séculos. Amém!" (ARA). Agora vá para o quarto capítulo, nono versículo, e leia: "Esses seres viventes [dão] glória, honra e ações de graças ao que se encontra sentado no trono". Aqui temos três expressões de honra. Vá para o versículo 11 e leia o mesmo: "Tu és digno, Senhor e Deus nosso, de receber a glória, a honra e o poder". A doxologia aumentou de duas para três expressões nesses versículos. Vamos para 5:13: "Àquele que está sentado no trono e ao Cordeiro, seja o louvor, e a honra, e a glória, e o domínio pelos séculos dos séculos". Temos, agora, quatro notas de louvor. Há um avanço constante e certo. Quando chegamos a 7:12, chegamos ao número da perfeição e talvez não procuremos mais. "O louvor, e a glória, e a sabedoria, e as ações de graças, e a honra, e o poder, e a força sejam ao nosso Deus, pelos séculos dos séculos. Amém!". Se vocês começarem a louvar a Deus, estarão comprometidos a prosseguir. O exercício amplia o coração. Este se aprofunda e alarga como a correnteza de um rio. O louvor é mais ou menos como uma avalanche; pode começar como um floco de neve sobre uma montanha, facilmente movido pela asa de um pássaro. Mas esse floco encontra outros e se torna uma bola rolante; esta bola reúne mais neve até que fique enorme, imensa. Ela se precipita pela floresta e troveja para dentro do vale e enterra um vilarejo sob sua gigantesca massa. Assim, o louvor pode começar com lágrimas de gratidão; logo o peito se expande com o amor; a gratidão se eleva num cântico; adianta-se em um brado; e se avoluma para se unir aos eternos Aleluias que envolvem o trono do Eterno. Que misericórdia é o fato de que Deus, por Seu Espírito Santo, logo nos concederá mais capacidade do que temos aqui! Pois, se continuarmos a aprender mais e mais sobre o amor de Cristo, que excede o entendimento, seremos conduzidos a um dolorido dilema enquanto confinados na estreita e sonolenta estrutura deste corpo mortal. Esse medíocre aparato da língua e da boca já é inadequado para nosso zelo.

> As palavras são apenas ar e a língua barro,
> Mas Suas misericórdias são divinas.

Queremos livrar-nos dessas penas e alçar para algo melhor adaptado para as emoções de nosso espírito. Não posso imitar os cantos dos pássaros da Terra de Emanuel, embora eu alegremente o faria, como disse Berridge —

> Despoja-me desta habitação de barro,
> E cantarei tão alto quanto eles.

Essas doxologias ocorrem muitas vezes no Apocalipse como se fosse para nos lembrar de sermos frequentes no louvor, e elas crescem à medida que se desenrolam, para nos dar a dica de que também devemos multiplicar a gratidão.

Esta explosão *carregava em si mesma sua justificativa*. Observem-na cuidadosamente e perceberão as razões por que João adora seu Salvador de forma entusiasta. A primeira é "Àquele que nos *ama*". Não tenho tempo adequado para falar o suficiente deste tema fascinante, então ressaltarei apenas poucas coisas. Este amar está no tempo presente, pois a passagem diz: "Àquele que nos ama". Nosso Senhor, em Sua glória, ainda nos ama tão verdadeira e tão fervorosamente quanto nos dias de Sua carne. Ele nos amou antes do mundo existir; e nos ama agora de todo o Seu coração, e nos amará quando o Sol, a Lua e as estrelas expirarem como fagulhas que morrem quando o fogo é extinto na lareira e os homens vão para seus leitos. "Ele nos ama". Ele é o mesmo ontem, hoje e para sempre e o Seu amor é como Ele próprio. Habite no caráter presente deste amor e seja, neste momento, movido ao santo louvor.

Ele nos amou antes de nos libertar: "Àquele que nos ama, e em seu sangue nos lavou dos nossos pecados", não "Àquele que nos lavou e nos ama". Esta é uma das glórias do amor de Cristo, que ele vem a nós enquanto estamos manchados com o pecado — sim, mortos no pecado. O amor de Cristo não apenas chega a nós como lavados, purificados e limpos, mas veio enquanto ainda éramos imundos e vis, sem nada em nós que pudesse ser digno deste amor. Ele nos amou e depois nos lavou; o amor é o nascedouro do rio, a primeira fonte de bênção.

Pense nisso como sendo uma descrição reconhecível de nosso Senhor — "Àquele que nos ama". João queria destacar o Senhor Jesus Cristo e tudo o que disse foi "Àquele que nos ama". Ele tinha certeza de que ninguém confundiria de quem falava, pois de ninguém poderia ser dito nos amar como Jesus. É interessante perceber que João é descrito como "aquele a quem ele [Jesus] amava" e, da mesma forma, esse servo descreve o Mestre mais ou menos nos mesmos termos: "Àquele que nos ama". Ninguém erra em reconhecer João ou o Senhor Jesus em seus vários nomes relacionados ao amor. Quando o apóstolo mencionou "àquele que nos ama", não havia temor dos homens em dizer: "Trata-se do amigo desse homem, ou seu pai, ou irmão". Não, não existe amor como o de Jesus Cristo; Ele obtém o troféu do amor; sim, na presença de Seu amor todos os outros são eclipsados, assim como o Sol oculta as estrelas, por Seu esplendor inigualável.

Novamente, a declaração "Àquele que nos ama" parece descrever tudo o que Cristo fez por nós, ou, pelo menos, menciona primeiramente Seu maior ato, no qual todo o restante se baseia. Não é "Àquele que assumiu nossa natureza; àquele que nos deu um exemplo glorioso; àquele que intercede por nós", mas "Àquele que nos ama", como se esse ato englobasse todos os demais, e realmente os engloba.

Ele nos ama; isso é razão para nos admirarmos e nos maravilharmos. Ó, meus irmãos, esse amor é um abismo de maravilhamento para mim! Posso entender que Jesus tenha misericórdia de nós; também compreendo perfeitamente que tenha compaixão; porém, que o Senhor da glória nos ame é um pensamento profundo, imenso e celestial que minha mente finita consegue captar com dificuldade. Venha, irmão, e beba até a última gota deste vinho bem refinado. Jesus o ama. Entenda isso. Você sabe, até certo ponto, o que essa palavra significa de acordo com a forma de medir do ser humano, mas o infinito Filho de Deus o amou desde a eternidade, e o ama agora! O coração de Cristo está atado ao seu, e Ele não pode se sentir feliz a menos que você também se sinta.

Lembre-se, Ele o ama com o Seu próprio amor, de acordo com a Sua natureza. Portanto, Seu amor por você é infinito e imensurável. Como Ele, também é imutável e jamais pode mostrar mudança. O Imperador Augusto foi notável por sua fidelidade a seus amigos, a quem escolhia criteriosamente. Ele costumava dizer: "Quanto mais retardo o amor, mais tempo demoro para abandoná-lo". Nosso bendito Senhor nos amou desde o começo, mas jamais nos abandona. Não disse Ele: "De maneira alguma te deixarei, nunca jamais te abandonarei"? O amor de Jesus é puro, perfeito e divino, um amor cuja altura e profundidade ninguém pode medir. A natureza de Cristo é eterna e imortal, e assim é Seu amor. Ele não poderia amá-lo mais; e jamais o amará menos. Com todo Seu coração, alma, mente e força Ele o ama. Venham! Isso não é uma forte razão para elevarmos nosso coração e voz em canções sinceras ao Senhor? Por que não exultamos sete vezes por dia, diante dele dizendo: "Àquele que nos ama, e em seu sangue nos lavou dos nossos pecados, e nos fez reis e sacerdotes para Deus e seu Pai, a ele, glória e poder para todo o sempre. Amém!"? Ó, que haja mais coroas para Sua fronte bendita! Mais novos cânticos para Seus sempre renovados presentes de amor! Louvem-no! Louvem-no todo o Céu e toda a Terra.

Então, o apóstolo passa à segunda razão por que deveríamos magnificar assim o Senhor Jesus, dizendo: "em seu sangue nos lavou dos nossos pecados". "Lavou-nos". Antes éramos imundos; Ele nos amou embora fôssemos impuros. Ele *nos* lavou, a nós que estávamos mais maculados do que qualquer um. Como Jesus pôde condescender tanto a ponto de *nos* lavar? Como poderia Ele ter algo a ver com imundice como a nossa? Aquela sublime santidade dele entraria em contato tocando a culpa abominável de nossa natureza e prática? Sim, Ele tanto nos amou que nos lavou de nossos pecados, por mais escuros que fossem. E o fez efetivamente: não tentou nos lavar, mas lavou-nos total e completamente de nossos pecados. As manchas eram profundas e danosas; pareciam indeléveis, mas Ele nos lavou de nossos pecados. Nenhum pontinho permaneceu, embora estivéssemos enegrecidos como a meia-noite. O "lava-me, e ficarei mais alvo que a neve" se concretizou em cada cristão aqui. Porém, pense em como Ele nos lavou — "em seu sangue". Os homens são cautelosos com seu próprio sangue, pois ele é sua vida, embora os mais corajosos o derramem por seu país ou por algo digno; no entanto, Jesus derramou o Seu sangue por pessoas indignas como nós, para que possa, por Sua expiação, afastar para sempre a iniquidade de Seu povo. Como foi grande o custo pelo qual essa libertação foi concedida! Por um preço enorme, quase diria. Vocês já não sentiram como se, caso tivessem a oportunidade de estar lá e ver o Senhor da glória começando a sangrar até a morte por vocês, diriam: "Não, meu Senhor, o preço a ser pago é muito alto por alguém como eu"? Contudo, Ele o fez; irmãos, a Sua obra expiatória pelo sangue está consumada para sempre. Jesus sangrou e nos lavou; somos limpos muito além do temor de uma futura contaminação. Ele não merece glória por isso? Não lhe desejaremos domínio por essa libertação?

> Digno é Aquele que foi morto
> gemeu e morreu o Príncipe da Paz;
> Digno de ressurgir, viver e reinar
> Ao lado do Todo-poderoso Pai.

Essa doxologia não possui sua justificativa em si mesma? Quem pode se recusar a louvar diante da lembrança de graça como essa?

Mas isso não é tudo. O Senhor que nos amou não faria nada pela metade, portanto, quando nos lavou em Seu próprio sangue, Ele nos "fez reis". O que é isso? Somos reis nesta manhã? Não sentimos nossas coroas e, provavelmente, ainda não nos apoderamos de nossos cetros como deveríamos, mas o Senhor nos fez sacerdócio real. Reinamos sobre nós mesmos, e esse é um domínio difícil de se alcançar, na verdade, sem a graça é impossível. Andamos como reis entre os filhos dos homens, honrados diante do Senhor e de Seus santos anjos — a nobreza da eternidade. Nossos pensamentos, alvos, esperanças e desejos são todos mais de natureza mais nobre, do que do homem carnal. Nossa natureza é de ordem mais elevada do que a deles, pois nascemos de novo do Espírito. Os homens não nos conhecem porque não conhecem o Senhor, mas temos uma herança que eles não possuem, e temos preparada para nós a coroa da vida que jamais desvanecerá. O Senhor nos tornou reis e nos favoreceu com poder diante da Sua presença; sim, fez-nos ricos pois todas as coisas nos pertencem. Lemos sobre o tesouro peculiar dos reis e temos a seleta riqueza da graça. Ele nos fez possuir a terra e nos deleitar na abundância da paz, mesmo agora entre os homens.

Além disso, nosso Senhor nos fez sacerdotes. Certamente, os homens buscam, impiamente, ser sacerdotes sobre o restante do povo de Deus. São como Coré, Datã e Abirão e precisam temer que tanto eles quanto seu sistema maligno caiam na profundeza. Independentemente de quem sejam, todo o povo de Deus é sacerdote. Cada homem que crê em Jesus Cristo é, a partir desse momento, um sacerdote, embora não seja barbeado, nem tenha seus cabelos raspados ou esteja vestido de forma especial. Ao verdadeiro cristão suas vestes comuns são seu aparato, toda refeição é sagrada, todo ato é um sacrifício. Se vivermos como deveríamos, nossas casas serão templos; nosso coração, um altar; nossa vida, uma oblação. As campainhas de nossos cavalos serão santidade ao Senhor; nossos potes comuns, vasos diante do altar. É a santificação do Espírito Santo que dá ao homem um caráter especial, para que eles sejam sacerdócio do Universo. O mundo é tolo, precisamos falar por ele; todo o Universo é um grande órgão, mas permanece silencioso; colocamos nossos dedos nas teclas e a música sobe ao Céu. Devemos ser sacerdotes para toda a humanidade. Onde quer que formos, devemos ensinar aos homens e interceder por eles diante de Deus. Em oração e louvor devemos oferecer oblações aceitáveis, e sermos sacrifícios vivos, aceitáveis a Deus por Jesus Cristo, nosso Senhor. Ó, quanto isso é digno! Como estamos obrigados a servir a Deus! Peter Martyr [N.T.: Peter Martyr Vermigh, 1499–1562, teólogo calvinista italiano.] disse à rainha Elizabeth I: "Reis e rainhas têm mais obrigação de obedecer a Deus do que quaisquer outras pessoas; primeiramente como criaturas de Deus, e depois como Seus servos nesse ofício". Isso também se aplica a nós. Se o homem comum deve servir ao Senhor, quanto mais aqueles a quem Ele fez reis e sacerdotes em Seu nome!

O que essa doxologia diz? "A ele a glória e o domínio" (ARA). Primeiramente, "a Ele seja a glória". Ó, dê-lhe glória nesta manhã, meu amado! Estou falando com alguém que nunca aceitou a salvação em Cristo? Aceite-a agora e, assim, dê glória ao seu Salvador. Você nunca creu em Jesus para salvação? A melhor, a única coisa que pode fazer para dar-lhe glória é confiar nele agora, mesmo sendo pecador, para que Ele possa remover suas transgressões. Você é salvo? Então, irmão querido, dê glória ao Senhor ao falar bem do Seu nome e pela adoração perpétua. Glorifiquem-no em seus cânticos, glorifiquem-no em sua vida. Comportem-se como os Seus discípulos devem, e que o Seu Espírito o ajude.

Porém, a doxologia também lhe rende o domínio. Meu coração almeja que Jesus tenha o domínio. Nesta manhã, desejo que possa conquistar o domínio sobre alguns pobres corações que até o momento estão em rebelião contra Ele! Grite, rebelde! Grite para o seu Soberano e Salvador! "Beijai o Filho para que se não irrite, e não pereçais no caminho; porque dentro em pouco se lhe inflamará a ira." A Cristo seja o domínio sobre os corações que nunca se renderam a Ele. Reina, meu Senhor, reina cada vez mais em meu peito; expulsa cada inimigo e cada rival; reina supremo e reina eternamente. Firma o Teu trono mais e mais conspicuamente no coração e na vida daqueles que se chamam de cristãos. Ó meus irmãos, não deve ser assim mesmo? Não está claro que desde que Jesus nos amou e nos lavou, Ele deve ter domínio sobre nós? Ah! Que Ele tenha domínio sobre esse grande mundo, até que aqueles que habitam no deserto se dobrem diante dele e os Seus inimigos lambam a poeira. Reina para sempre, Rei dos reis e Senhor dos senhores.

Depois é acrescentado, que Ele tenha a glória e o domínio "para todo o sempre". Suponho que teremos algum cavalheiro se apresentando para provar que "para todo o sempre", quer dizer somente por um tempo. Eles nos dizem que a punição eterna significa somente por um tempo, e, naturalmente, que a vida eterna significa o mesmo, e esse louvor também deve ter um limite. Não é o que eu quero dizer, nem você, amado. Oro para que nosso Senhor tenha glória infinita nesta geração e nas próximas até que Ele venha, e então possa ser dito: "O Senhor reinará para sempre e sempre". Aleluia! Enquanto houver asas dos anjos e um filho do homem, enquanto Deus viver, que o Senhor Jesus Cristo, que nos ama e nos lavou, tenha glória e domínio.

Agora chegamos à última palavra do texto. Ele termina com "Amém!". "Para todo o sempre. Amém!". Você pode, sinceramente, dizer "Amém!" para isso? Você deseja que Cristo tenha a glória e o domínio para todo o sempre? Se você sabe que Ele o ama, tenho certeza que sim. Se sabe que Ele o lavou, tenho certeza que sim também. Neste momento, permita que seu coração pulsante diga em silêncio solene: "Amém"; e quando o fizer, você acha que poderia se unir a mim, a uma voz, e dizê-lo em voz alta, como um trovão? Agora: "Àquele que nos ama, e em seu sangue nos lavou dos nossos pecados, e nos fez reis e sacerdotes para Deus e seu Pai, a ele, glória e poder para todo o sempre. Amém!", e amém de novo (Aqui a grande congregação se uniu ao pregador em alta voz). As orações de Davi, o filho de Jessé, foram encerradas quando ele chegou a esse ponto, e as nossas também devem sê-lo, e que assim terminemos nosso culto nessa manhã. Deus os abençoe por meio de Seu adorável Filho. Amém e amém!

Sermão extraído de *O Púlpito do Tabernáculo Metropolitano* e pregado na manhã de domingo, 2 de setembro de 1883.

Impressão e acabamento:
Geográfica editora